本书是2020年度国家社会科学基金一般项目"拉丁美洲
（项目编号：20BSH004）、江西财经大学国家一流专业
大学学科创新团队"当代中国经济社会学范式创新研究"阶段性成果

金融
社会工作

唐 俊◎著

中国财经出版传媒集团

经济科学出版社
Economic Science Press

·北 京·

图书在版编目（CIP）数据

金融社会工作/唐俊著 . -- 北京：经济科学出版
社，2023.8
ISBN 978 - 7 - 5218 - 5048 - 2

Ⅰ . ①金…　Ⅱ . ①唐…　Ⅲ . ①金融-社会工作　Ⅳ .
①F830

中国国家版本馆 CIP 数据核字（2023）第 157083 号

责任编辑：顾瑞兰
责任校对：王京宁
责任印制：邱　天

金融社会工作

唐　俊　著

经济科学出版社出版、发行　新华书店经销
社址：北京市海淀区阜成路甲 28 号　邮编：100142
总编部电话：010-88191217　发行部电话：010-88191522
网址：www. esp. com. cn
电子邮箱：esp@ esp. com. cn
天猫网店：经济科学出版社旗舰店
网址：http：//jjkxcbs. tmall. com
北京时捷印刷有限公司印装
787 × 1092　16 开　15.25 印张　330 000 字
2023 年 8 月第 1 版　2023 年 8 月第 1 次印刷
ISBN 978 - 7 - 5218 - 5048 - 2　定价：65.00 元
（图书出现印装问题，本社负责调换。电话：010 - 88191545）
（版权所有　侵权必究　打击盗版　举报热线：010 - 88191661
QQ：2242791300　营销中心电话：010 - 88191537
电子邮箱：dbts@ esp. com. cn）

目 录

第一章

绪　论

◎ **引导性问题**

金融的范畴包括哪些？

金融如何与社会工作结合形成金融社会工作？

金融社会工作的内涵是什么？

与其他学科专业一样，学习金融社会工作的学生在刚刚进入这一学科领域时，首先需要了解这一领域中的基本概念。近年来，金融社会工作作为社会工作的新兴实务领域，取得了较快的发展，但是有关金融社会工作的研究还是一个较新的学术领域，学界对于"金融社会工作"的定义还没有达成共识。

顾名思义，金融社会工作是将金融和社会工作结合在一起的新兴实务领域。要确定和理解金融社会工作的定义，必须从金融和社会工作的基本内涵入手。

第一节　金融社会工作的基本内涵

一、金融的基本内涵

金融（finance）是货币流通和信用活动以及与之相关的经济活动的总称。金融的范畴可以界定为，涉及货币供给、银行与非银行信用、以证券交易为操作特征的投资、商业保险，以及以类似形式进行运作的所有交易行为的集合①。

货币是在价值交换中充当媒介的一般等价物。在人类社会生产力水平提高和私有制

---

① 黄达、张杰编著：《金融学》（第五版），中国人民大学出版社 2020 年版，第 111～112 页。

出现之后，简单直接的以物易物交换形式已经不能满足人类商品交换的需要，必须通过具有某种价值的商品作为媒介进行间接交换。这种充当一般等价物的特殊商品就成了货币。后来，国家掌握了铸造、发行货币的权力，进而以国家信用作为担保发行纸币。在全球性的市场经济体系形成之后，某些国家的货币（如英镑、美元等）成为世界货币。在现代社会，国家成为货币的供给主体，货币承担着价格标示、支付手段、价值储备等基本职能。

信用经济的出现是货币的发展与流通的基本前提。信用是指国家、单位、个人之间在参与社会和经济活动中所建立起来的以诚实守信、相互信任为基础的生产关系和社会关系。约翰·劳、麦克劳德、熊彼特等信用创造学派学者普遍认为信用就是货币，货币就是信用。在人类使用货币作为媒介进行间接交换时，本身就意味着交换者对他人提供的商品货币所具有的价值的信任，也相信使用货币能够在未来交换到等价值的商品。所以，货币的本质不过是向他人要求生产物与劳务的权利或符号，实为一种信用。国家掌握货币发行权之后，货币的使用与流通就以国家信用为背书。同时，国家也将信用纳入法律体系建设中，信用不但受到道德的约束，更受到法律的保障。

银行是信用体系中的重要一环。银行是依法成立的从事货币信贷经营业务的金融机构。银行按照不同类型，可以分为中央银行、商业银行、政策性银行以及其他类型的银行。中央银行一般代表国家负责发行货币、执行货币政策、监管金融机构等职能。在一些国家的金融体系中，商业银行也发行货币，除此之外，商业银行主要负责货币信贷的一般业务。政策性银行一般不以盈利为目的，在特定业务范围内直接或者间接地从事政策性的投融资业务。随着资本市场的发展，一些非银行机构也迅速发展起来，它们以发行股票和债券、接受信用委托、提供保险等形式筹集资金，并将所筹资金运用于长期性投资，如投资银行、信托投资公司、租赁公司、保险公司、小额信贷公司等。第一次世界大战以后，为了满足日益频繁的国际经济和金融交流需要，出现了跨国乃至世界性的银行机构。例如，1930 年成立的国际清算银行、1945 年成立的国际复兴开发银行（即世界银行）、1956 年成立的国际金融公司、1964 年成立的非洲开发银行、1966 年成立的亚洲开发银行等，它们为世界信用体系的建立、国际金融机构的交流与合作、解决全球性问题（如扶贫、防治传染病）作出了巨大的贡献。

金融已经成为现代社会不可或缺的部分。邓小平曾于 1991 年视察上海市时指出，"金融很重要，是现代社会的核心"。这意味着金融在市场经济体系中起着资源配置的核心作用，金融政策已经成为国家宏观调控的重要手段之一。金融与人们的日常生活密不可分，人们的衣食住行、工作学习都离不开金融。越来越多的学者认为，现代社会日益向着"金融社会"迈进。

二、社会工作的基本内涵

社会工作（social work）是随着近代济贫、慈善等事业发展起来的。一般认为，

1601 年英国政府颁布的《济贫法》是社会工作产生的起点，1917 年里士满（Richmond）发表的《社会诊断》一书是社会工作学科化、科学化的开端。如今，社会工作已经发展成为一门拥有一定的理论、方法和专门技术的实用性社会科学学科，成为一项具有广泛就业基础的专门职业①。

下面列举国际和国内几个比较有代表性的社会工作定义。

联合国在 1960 年的文件中指出，社会工作是协助个人及其社会环境，以使其更好地相互适应的活动②。

国际社会工作者协会（International Federation of Social Workers，IFSW）为社会工作作了一个全球性定义："社会工作是一种以实践为基础的职业，也是一门促进社会变革和发展、社会凝聚力以及人类赋权和解放的学术学科。社会正义、人权、集体责任和尊重多样性的原则是社会工作的核心。社会工作以社会工作、社会科学、人文和本土知识的理论为基础，帮助人们和机构应对生活挑战，提高福祉。"③ 这一定义得到了国际社会工作教育院校联盟的认可。

美国学者 O. 威廉·法利、拉里·L. 史密斯和斯科特·W. 博伊尔在《社会工作概论》一书中认为，"社会工作可以定义为一门艺术，一门科学，一个专业，它通过社会工作实践帮助人们解决个人、群体（特别是家庭）和社区的问题，并帮助人们获得满意的人际关系、群体关系和社区关系"④。

在我国，有关部门将社会工作定义为"社会工作是社会建设的重要组成部分，它是一种体现社会主义核心价值理念，遵循专业伦理规范，坚持'助人自助'宗旨，在社会服务、社会管理领域，综合运用专业知识、技能和方法，帮助有需要的个人、家庭、群体、组织和社区，整合社会资源，协调社会关系，预防和解决社会问题，恢复和发展社会功能，促进社会和谐的职业活动"⑤。

国内社会工作领域的权威专家王思斌为社会工作给出了一个一般性的定义，即"社会工作是秉持利他主义价值观，以科学知识为基础，运用科学的专业方法，帮助有需要的困难群体，解决其生活困境问题，协助个人及其社会环境更好地相互适应的职业活动"⑥。

三、金融社会工作的基本定义

进入 21 世纪以后，社会工作的服务领域日益扩大和专业化。美国社会工作学界开

---

① 郑杭生主编：《社会学概论新修》（第三版），中国人民大学出版社 2003 年版，第 445 页。
② 王思斌主编：《社会工作概论》（第三版），高等教育出版社 2014 年版，第 9 页。
③ 国家社会工作者协会官方网站，https：//www.ifsw.org/what-is-social-work/global-definition-of-social-work/.
④ ［美］O. 威廉·法利、拉里·L. 史密斯和斯科特·W. 博伊尔著，隋玉杰等译：《社会工作概论》（第 11 版），中国人民大学出版社 2010 年版，第 9 页。
⑤⑥ 王思斌主编：《社会工作概论》（第三版），高等教育出版社 2014 年版，第 10 页。

始重视金融与社会工作的结合，发展出一个新的专业和实务领域，这就是金融社会工作。2003 年，马里兰大学社会工作学院设立了"金融社会工作中心"（Center for Financial Social Work）。其创始人丽塔·沃尔夫森（Reeta Wolfsohn）提出了"金融社会工作"一词，将其定义为"一般是指有关促进个人、家庭和社区，特别是针对弱势群体的经济稳定、健康的服务与工作。它运用心理社会的介入方法，以服务对象的优势为出发点，并对其进行持续的教育、激励和支持，使其掌握更多的金融知识、提高理财能力以及改善财务状况，从而实现自我意识、自我感知和自尊心的提升以及情绪的稳定，最终达成个人与社会的改变"①。

2019 年，牛津大学出版社的《社会工作百科全书》增加了"金融社会工作"的词条，即"金融社会工作通过完善个体和家庭的金融能力和推动资产积累来改善金融福祉，并进而推动社会工作服务其他目标的实现。实现金融福祉是金融社会工作的主要目标，提高金融能力和推动资产建设则是实现这一目标的核心工作内容"②。

中国社会工作学界很快接受了金融社会工作的概念和理念，并结合中国的社会工作实践进行了深化。黄进、方舒和周晓春提出金融社会工作"是社会工作的一个实践领域，它通过扩展个体和家庭接受普惠金融的机会，改善他们的金融知识和技能，完善他们的金融能力来增进金融福祉，并最终提高个体和家庭的生活质量，实现他们美好生活的需求"③。

李迎生认为，"金融社会工作是通过改善个体和家庭的金融能力来帮助其实现经济利益，并进而促进个体和家庭的全面福祉，包括经济福祉、身体健康、心理健康、行为健康和家庭幸福等"④。

综合以上国内外有关金融社会工作的定义以及其自身特点，我们可以给金融社会工作下一个一般定义：金融社会工作是社会工作与金融服务的有机结合，它秉承社会工作的基本理念和伦理，运用社会工作的方法，帮助服务对象提高金融能力和素养以解决金融领域的各种难题，提高全社会的金融福祉。

对比国内外学者有关金融社会工作的定义，我们可以从金融社会工作的基本特征来进行理解。

（一）金融社会工作是社会工作和金融相互结合形成的一个专业实务领域

作为一项以助人为目标的专业性工作，社会工作可以应用于多种场景，并与这些场景结合起来，发展出不同的分支领域，如老年社会工作、学校社会工作、医务社会工作、企业社会工作等。在这些分支领域中，社会工作者主要是将社会工作的专业知

---

① Reeta Wolfson, "Financial Social Work: What It Is, What It Does, Why It Matters in All Economic Times", Center for Financial Social Work.

② Margaret S. Sherraden and Jin Huang, "Financial Social Work", Encyclopedia of Social Work, National Association of Social Workers and Oxford University Press USA, 2019.

③ 黄进、方舒、周晓春：《美国社会工作专业的思考和探索》，载于《社会工作与管理》2020 年第 2 期。

④ 李迎生：《新时代发展金融社会工作的意义及其路径》，载于《社会建设》2019 年第 4 期。

识与相应的场景结合起来，对相关领域的知识要求并不太高。例如，一个社会工作者从事医务社会工作领域的服务，并不一定要求其全面掌握医学知识。企业社会工作者还需要自觉与人力资源管理者区分开来。但是对于金融社会工作领域而言，要求社会工作者除了社会工作的专业知识之外，还必须全面地掌握金融领域的知识，且具备对服务对象进行金融知识的培训和教育的能力，可见，金融社会工作的知识门槛更高，培训难度更大。

（二）金融社会工作的宗旨是帮助服务对象改善金融福祉

按照美国消费者金融保护局（the Consumer Financial Protection Bureau）的界定，金融福祉（financial well-being）是指"个人可以完全履行当前和持续的金融责任，对其财务未来感到安全，并能够选择享受生活的一种状态"[①]。金融福祉的基础是个人当前以及可预计的将来所具备的财务安全感和自由选择，它具有四方面的维度：一是人们能有效掌控自己的日常财务流水，如收入和消费的平衡；二是有能力消化金融震荡，如获得借贷的社会支持；三是有计划满足特定的金融目标，如购房、完成高等教育等；四是自由作出决策实现美好生活，如有经济实力追求个人兴趣和其他更高目标。

金融福祉是社会福祉（social well-being）的核心内容之一。追求美好生活是人们的普遍追求，而金钱是美好生活的重要保障。但在现代社会中，人们要面临各种不确定的风险，金融系统的复杂性往往使人们在安排当前和未来的生活时显得手足无措。金融能力不足不但会使个人遭受各种风险，正常的生活受到影响，而且还会诱发个人生理、心理的疾病，影响家庭、邻里和社会关系。因此，迫切需要社会工作者在金融领域对个人进行干预和辅导。金融社会工作遵循社会工作帮助服务对象增进社会福祉的一贯宗旨，侧重于改善服务对象的金融福祉，既聚焦于当前金融福祉的改善，又着眼于未来金融福祉的提升，因此金融社会工作是一项长期的服务项目，功在当代，利在千秋。

（三）金融社会工作的方法是提高服务对象的金融能力和素养

金融社会工作秉承社会工作一贯坚持的"助人自助"原则，其方法不仅包括为服务对象链接金融资源，增加其收入，而且包括为服务对象提供金融决策的咨询和建议，以及立足于发挥服务对象自身的优势，为其增权赋能，提高服务对象的金融能力和素养，使其最终能够独立地应对各种金融问题。

因此，金融社会工作主要包括三个基本策略：一是为弱势群体创造和增加接受普惠金融的机会，改变其在金融体系中的弱势地位；二是为服务对象培训金融知识和技能，提升其金融素养；三是为服务对象实现合理的金融决策和行动提供帮助。遵循社会工作的"人在社会环境中"的理念，金融社会工作强调这三个策略的整体性、综合性，而

---

① Consumer Financial Protection Bureau, "CFPB Financial Well-Being Scale", May 2017, www. consumerfinance. gov.

不只局限于聚焦改变服务对象的金融知识和技能。

四、金融社会工作的本质特征

金融社会工作涉及金融、社会和社会工作三大领域，直接指向的是社会工作服务体系、金融服务体系和日常生活世界①。金融社会工作除了具备社会工作的福利性、社会化干预的本质特征之外，又因为其自身的工作特性具有金融指向的特性。也就是说，金融社会工作具有福利性、社会化干预和金融指向的本质特征，既将金融社会工作与一般的金融服务工作区分开，也有别于其他的专业社会工作。

第一，金融社会工作具有福利性的特征。广义上来看，金融社会工作是金融服务的一种。但是，一般的金融服务是为客户人群提供诸如储蓄、信贷、结算、融资投资、证券买卖、商业保险、资产处置、金融信息咨询等服务，本质上是逐利的、有偿的。而金融社会工作也是社会工作的一种，虽然可能会为服务对象提供上述的服务内容，但是其目标不是为了服务对象的获利，而是本着助人自助的原则，帮助服务对象最终能够独立地处理金融领域的事务，因此，金融社会工作的本质是福利性、公益性的。

第二，金融社会工作具有社会化干预的特征。一般的金融服务是针对特定客户的一对一的商业活动，客户与金融机构之间存在着经济关系，金融机构通过收费、分红等形式与客户分享金融服务的收益。而金融社会工作面向社会大众，但凡有金融领域的相关需求都可以为其提供相关的服务，其服务对象甚至可以包括提供一般金融服务的金融从业者。并且，从社会工作的特性出发，金融社会工作带有干预性质，干预的内容是服务对象面临的各种金融领域的问题，与服务对象之间不存在任何经济联系，也不参与分享服务对象的金融收益。

第三，金融社会工作具有金融指向的特征。在社会工作的分工中，金融社会工作专注于服务对象在金融领域的需求。在其他专业的社会工作中，只要涉及金融议题，都可以引入金融社会工作。例如，在家庭社会工作中，如果家庭遇到金融决策困难，或者因金融问题导致家庭关系出现问题，则需要金融社会工作的介入；在老年社会工作中，如果老年人的情绪问题中涉及金融方面的因素，则需要金融社会工作者与老年社会工作者共同介入老年人的情绪治疗中。因此，金融社会工作既可以独立地介入涉及金融议题的社会工作服务中，又可以与其他专业的社会工作服务合作，共同帮助服务对象实现人与环境的良好关系。

综上所述，金融社会工作是一项面向社会大众、采用社会工作的理念和专业方法，专注于金融议题，旨在提高全社会金融福祉的福利性社会行动。

---

① 方舒、兰思汗：《金融社会工作的本质特征与实践框架》，载于《社会建设》2019 年第 4 期。

五、金融社会工作与其他专业的社会工作的联系与区别

金融社会工作与其他专业的社会工作之间有着紧密的联系。在金融社会工作的概念出现之前，其他专业的社会工作实际上承担了相关的服务工作。例如，在儿童社会工作中，为贫困儿童链接金融资源，帮助其走出困境、自我发展，提升儿童的经济福利等；在青少年社会工作中，通过金融手段改善青少年福利和就业，为青少年培养正确的金融观念，帮助青少年中的特殊群体（贫困青少年、残疾青少年等）改变当前的处境，促进其健康发展；在老年社会工作中，通过金融手段和资源为老年人改善收入、医疗、住房等问题，帮助老年人熟练使用银行卡、支付手段等金融工具，防范金融诈骗等风险；在妇女社会工作中，帮助妇女熟练掌握金融工具，做好家庭收支决策和子女教育，使用金融手段为妇女提升就业和福利水平等；在残疾人社会工作中，帮助残疾人链接金融资源，做好自我康复，回归社会的工作，提高残疾人的经济福利等；在家庭社会工作中，帮助家庭做好金融安排和收支计划，促进家庭成员平等，缓解家庭的经济压力；在医务社会工作中，帮助患者合理使用各种金融工具，提升医院的金融服务水平；在企业社会工作中，为企业链接金融资源，帮助员工做好金融安排；在农村社会工作中，链接金融资源提高农村的建设水平，增加农民收入，使用金融手段缓解贫困。金融社会工作的出现，就是将这些社会工作领域的金融职能独立出来，通过金融知识更全面的社会工作者针对服务对象在金融领域的需求提供更为专业的服务。在现代社会中，金融的重要性越来越突出，金融社会工作必须与其他专业的社会工作紧密配合，相互协调，共同增进服务对象的社会福祉，满足人们对美好生活的需求。

金融社会工作与其他专业的社会工作存在着明显的差别。其他专业的社会工作为了目标的达成，虽然也会提供一些金融方面的服务，但这只是其中的一个环节，对整个服务过程起着辅助作用。金融社会工作的目标则非常明确，服务的内容专注于服务对象在金融领域的需求，金融服务的手段、方法贯穿整个服务的全过程。金融社会工作与其他专业的社会工作者主要区别在于社会工作者所处的情景不同。其他专业的社会工作者一般置身于服务对象的情景之外，例如，儿童社会工作者本身不会是儿童，家庭社会工作者自身也不是这个家庭的成员，这使得这些社会工作者能够独立地、客观地评估服务对象所处的情景。金融社会工作者则身处金融系统之中，有些金融社会工作者可能是由金融从业人员兼任，甚至有些金融社会工作者自身也面临着金融服务方面的需求，在服务过程中身兼金融工作者和社会工作者等多重身份，使得金融社会工作者无法独立于服务对象所处的金融情景之外，这给金融社会工作者的客观性和科学性造成了一定的考验。

因此，要站在社会工作服务全过程的角度，一方面要把其他专业的社会工作中与金融有关的实务与服务进行梳理，使之理论化和系统化，提高金融社会工作的专业性和科学性；另一方面，面对社会金融化的趋势，金融社会工作者要正确处理自身与服务对象在金融领域的关系，正确区分一般金融服务与金融社会工作的内容与方法，保证金融社

会工作的独立性与客观性。

第二节　金融社会工作的发展历史

从社会工作发展历史来看，社会工作一直和金融保持着千丝万缕的联系。无论是济贫还是慈善，只要为受助人提供了金钱方面的帮助，那么社会工作就包含了金融方面的内容。因此，金融社会工作是伴随着社会工作一路发展过来的。我们可以根据金融社会工作概念的明确提出，将金融社会工作划分为前发展时期、发展时期和未来深化发展时期三个阶段。

一、金融社会工作的前发展时期

金融社会工作前发展时期是指在金融社会工作理念被明确提出来之前，金融社会工作已经作为社会工作实践的一部分逐步发展的阶段。事实证明，社会工作实践在改善金融福利有着深厚的历史根源[1]。

在对现代社会工作影响巨大的《伊丽莎白济贫法》中就曾明确规定，治安法官有权以教区为单位管理济贫事宜、征收济贫税及核发济贫费。这项规定中出现的征收济贫税和核发济贫费筹事务就涉及金融方面的业务。也就是说，由政府指定的治安法官已经具备了金融社会工作者的萌芽形态。之后，这种由政府指定济贫事务中的经济（金融）职权负责人的规则形成了一种传统。例如，后来兴起的汉堡制和爱尔伯福制社会救济事务中，发放救济款项等经济（金融）职权也是掌握在政府或者教区制定政策的官员手中。可以说，金融社会工作服务最早是由政府来承担并执行的，这与政府负责济贫或者社会救济事务的制度形态是高度统一的。

随着慈善事业的发展，慈善组织逐渐进入社会救助领域，因而相对应地分担了一部分金融社会工作服务。无论是在慈善组织会社（Charity Organization Society）还是汤因比馆，抑或是赫尔馆[2]中，都为受助对象提供了经济（金融）方面的服务，这些服务主要由慈善组织的志愿者实施，不但努力改善受助对象的经济状况，还为他们提供相关的教育和建议，帮助他们能够自立。此时，社会工作者经常与家庭经济学家一起工作，他们开发了一种科学的方法来改善家庭的金融福利[3]。

---

[1]　Margaret S. Sherraden and Jin Huang, "Financial Social Work", Encyclopedia of Social Work, National Association of Social Workers and Oxford University Press USA, 2019.

[2]　慈善组织会社、汤因比馆、赫尔馆都是 19 世纪慈善组织的重要组织形式之一。其中，慈善组织会社是 1869 年成立的英国慈善组织协会，致力于协调政府和民间各种慈善组织共同推动民间志愿救助活动；汤因比馆是由英国牧师巴涅特为纪念汤因比的献身精神及遗志，于 1884 年在伦敦东区建立的一个大学社区睦邻服务中心；赫尔馆是美国社会工作者 J. 亚当斯等人于 1889 年在芝加哥建立的睦邻服务中心。

[3]　Margaret S. Sherraden and Jin Huang, "Financial Social Work", Encyclopedia of Social Work, National Association of Social Workers and Oxford University Press USA, 2019.

19 世纪末 20 世纪初，欧洲各国开始建立包括养老、医疗、失业、社会救助在内的社会福利制度。其中，经济福利的内容越来越多，直接推动了社会工作的正规化、系统化和学科化。与此同时，欧美的金融体系也渐渐覆盖到全社会，由此带来的社会问题日趋增多。被誉为社会工作学科和理论开创者的玛丽·里士满（Mary Richmond）在其标志性的著作《社会诊断》中就指出，个案社会工作者应关注服务对象的社会环境和金融压力①。可见，在社会工作形成初期，有关金融方面的议题已经进入社会工作的视野之内。

1929～1933 年的美国"大萧条"引发的各类社会问题引起了社会各界的广泛关注，这一时期也是美国社会工作取得跨越式发展的阶段。美国政府出台了包括《社会保障法》在内的一系列社会经济援助政策。人们在享受各种政策福利的同时，也暴露出财务管理不善而导致经常陷入贫困陷阱的问题。

这些问题在二战后西方国家的福利制度越发完善之后并没有得到有效的解决。一方面，以美国为首的西方国家通过布雷顿森林体系构建了一个全球性的金融市场，层出不穷、花样翻新的金融衍生工具令非金融专业的普通人无所适从，普通家庭的金融风险日趋放大，尤其是弱势群体抵御金融风险的能力越来越弱。例如，老年人的养老金收入可能在一次不合理的投资中化为乌有。即使是中产阶级努力积累的金融财富，也会在金融危机中荡然无存。因此，即使美国在二战后出台了许多增加家庭补贴和反贫困的措施，其结果未能有效地减少贫困的发生。另一方面，二战后，随着金融体系逐渐嵌入社会的各个层面，人们的日常生活对金融体系的依赖程度越来越高。例如，申报个人所得税需要通过复杂繁琐的金融系统，养老金的发放与领取、社会福利的申请等也需要通过银行系统来实现。个人的金融能力与金融系统之间的鸿沟越来越大。如果一个人不能全面掌握金融系统的使用方法，则很可能就无法享受到原本属于他的社会福利，尤其对于老年人而言，自我提升金融能力变得非常困难。

尽管各国的社会工作越来越完善，但是社会工作者面对案主在金融领域的脆弱和困惑往往表现得无能为力。此外，在日益金融化的社会里，许多社会问题都与金融息息相关，社会工作者在实务中要处理与金融相关联的环节也越来越多，这对社会工作者自身的金融知识和金融素养提出了更高的要求。因此，社会工作必须发展出一个涵盖全面金融知识、专门从事金融领域服务的新领域，这就是金融社会工作。

二、金融社会工作的发展时期

金融社会工作概念的提出，是时代发展之需。它要解决两方面的突出问题：一是社会金融化之后带来的社会问题；二是个人在面对复杂的金融环境出现的金融能力不足问题。

---

① 玛丽·里士满著，刘振主译：《社会诊断》，华东理工大学出版社 2018 年版。

20 世纪 90 年代，面对福利政策给付的收入补贴越来越多却不能有效地抑制贫困的现象，学者们开始突破将增加收入作为反贫困主要途径的窠臼，寻找新的思路。其中，以印裔经济学家阿比吉特·班纳吉（Abhijit Banerjee）为代表的经济学家关于贫困本质的思考带来了新的理论视角。在分析贫困的深层次原因时，班纳吉等人认为，"一些服务于穷人的市场正在消失，或是在这些市场中，穷人处于不利地位"①。他们举例说明穷人的存款是负利息，而贷款的利息却很高。也就是说，贫困的根源之一在于穷人在金融市场中的弱势地位，而依靠金融服务创新可以有效地帮助穷人摆脱贫困。于是，他们呼吁为穷人提供技术创新或制度创新来弥补市场的不足，如小额信贷、赠送的产品和服务等。美国学者迈克尔·谢若登（Michael Sherraden）提出了社会政策应以资产为本的理念。其中心思想是：要使穷人摆脱贫困，仅仅依靠收入补贴是不够的，建立稳定的资产账户并促其实施长期储蓄、抵御波动的收入风险才是消除贫困、获得长远发展的有效途径。显而易见，在穷人无法通过自身努力改变贫困状态的前提下，必须通过外部力量的干预，这就为一直致力于反贫困前沿的社会工作提供了新的思路，即金融社会工作的产生。

与此同时，长期致力于女性经济学（femonomics）研究的美国学者丽塔·沃尔夫森开始将视野转向个人金融能力方面。她首先提出了"金融社会工作"的概念，在马里兰大学社会学院创建了金融社会工作中心。后来，她来到北卡莱罗纳大学，继续从事金融社会工作的教学研究与实践，不仅开设了金融社会工作课程，还推出了面向社会工作者的金融社会工作认证项目。沃尔夫森的"金融社会工作"概念和谢若登等人的"资产建设"理论研究成为金融社会工作的理论支柱。

金融社会工作的实践行动也在逐步扩大。孟加拉国著名经济学博士、教授穆罕默德·尤努斯（Muhammad Yunus）在孟加拉国的乡村推行格莱珉银行试点取得了巨大的成功，被公认为是金融社会工作领域最具代表性的案例之一。谢若登夫妇带领研究团队秉承"资本建设"的理念，主持并实施了一系列面向个体和家庭的资产账户试点，包括"个人发展账户"（individual development accounts，IDA）和"儿童发展账户"（children development accounts，CDA），都取得了不错的成绩。资产发展账户的经验迅速推广到澳大利亚、韩国、中国香港、中国台湾等地。而沃尔夫森带领的金融社会工作团队长期为案主开展金融诊疗服务（financial therapy）和金融教育，影响很大。

金融社会工作的理念迅速传播到中国国内并被广泛接受。中国社会工作学界秉承积极、虚心向国外社会工作学界学习的优良传统，不仅多次邀请谢若登、黄进等学者讲授金融社会工作的最新研究成果，还结合中国反贫困和社会工作的实践，做了大量、探索性的研究。2014 年，谢若登联合邹莉、王思斌、古学斌等中国学者共同编写了《资产建设：亚洲的策略与创新》一书，进一步解读和宣传了"资产建设"的

---

① 阿比吉特·班纳吉、埃斯特·迪弗洛著，景芳译：《贫穷的本质》，中信出版社 2013 年版，第 229 页。

理论。国内学者已经发表了许多关于金融社会工作方面的研究成果。2019 年，国内提出了第一个金融社会工作本土标准——《金融社会工作服务指南》。在金融社会工作教育方面，全国已有 10 多所高校开设金融社会工作本科和专业硕士教育，2020 年中国社会工作教育协会成立了金融社会工作专业委员会。中国社会工作联合会还联合中国金融教育发展基金会和相关机构，面向全国 10 大城市，招募一批社会工作服务机构，建立 30 个社区金融服务站，开展多轮社会工作专业人才的金融能力培训活动，发起一批金融社会工作服务项目。中国台湾辅仁大学成立了金融社会工作教育中心，开展金融资产管理或理财知识培训或咨询，协助家庭建立家庭发展账户，提供短期免费创业课程或顾问咨询等。在实践方面，深圳市地方金融监督管理局率先发起了"深圳市居民金融素养提升工程"，该项目覆盖 66 个社区（试点），包含近 50 个金融社会工作服务项目；中国金融教育发展基金会与 Vsia 中国合作，倡导并发起"金惠工程"，通过在各社区的社会服务站点和社会服务机构中设立金融社会服务站点，培训发展当地金融社会工作服务队伍。中国建设银行、宁波银行等多家金融机构发起了多项有关金融创新、普惠金融的创新试验。2019 年，由上海商学院发起成立了"长三角金融社会工作发展中心"，为上海地区的金融社会工作相关研究和实务工作搭建了平台。近年来的金融社会工作的理论研究和实践发展成果，标志着中国正走在金融社会工作的世界前列。

三、金融社会工作的未来深化发展时期

金融社会工作已经被美国社会工作者协会列为社会工作在 21 世纪的 12 大挑战之一。这意味着，金融社会工作在责任重大、前途光明的同时，也面临着一系列的挑战。

未来，金融社会工作会承担越来越重要的社会责任。一是随着网络支付和数字货币的推广和普及，社会金融化的程度会越来越高，新的金融衍生产品会更加复杂，人们对于提升金融能力的需求也会日益扩大。金融社会工作应承担起为普通群众提供金融教育、提升金融能力的社会责任。二是全球老龄化程度也在逐渐提高，老年人在金融变革面前往往非常脆弱，养老金水平的降低和生活成本的提升使得老年人面临着贫困的风险。因此，金融社会工作肩负着为老年人创造普惠金融的机会和防范老年人贫困的责任。三是随着养老、医疗、育儿等成本的提高，年轻一代越来越需要做好现有资产的保值增值和为未来储蓄的准备。金融社会工作要做好帮助年轻人和家庭作出合理的金融安排的工作。四是 2008 年全球金融危机以来，人们对金融系统的信心尚未完全恢复。近年来，互联网金融"暴雷"事件频发，投资者损失惨重，一定程度上加深了对金融系统的负面评价。金融社会工作要承担协助受损的投资者维护正当合法权益、提升社会对于金融系统的信心的责任。

未来，金融社会工作发展前景可期。从理论上来看，虽然金融社会工作还是一个全新的领域，但是金融学和社会工作已经是非常成熟的学科，有非常丰富的理论成果可以

借鉴。未来，金融社会工作可以围绕特定的方法、干预措施和实践开展理论和实证研究，为金融社会工作的干预实践开发统一的理论模型。从专业队伍来看，开设金融社会工作教育和培训的学校、机构会逐步增多，金融社会工作的专业队伍会逐渐壮大，不仅会扩大金融社会工作在社会的知名度，也有利于金融社会工作实践的开展。从实践方面来看，金融社会工作的应用场域在不断扩大。在总结金融社会工作现有的实践经验的基础上，未来的金融社会工作项目会进一步增多。从政策层面来看，政府会出台有利于金融社会工作发展的相关政策，扶持金融社会工作教育和培训，出台金融社会工作的认证标准，采用政府购买来推广金融社会工作项目。

　　未来，金融社会工作面临着一系列的挑战。挑战之一来自社会可能对金融社会工作和一般金融服务之间存在误解。因为金融社会工作和一般金融服务在工作内容和方法上有很多相似之处，对两者的误解可能会使服务对象要求金融社会工作者提供超越社会工作之外的服务内容，模糊金融社会工作的工作界限。挑战之二来自金融对金融社会工作的影响。由于金融社会工作的工作内容涉及金融领域的广泛议题，与一般金融服务之间存在着竞争关系。后者出于商业、盈利的需要，可能会对金融社会工作形成排斥，甚至会以高薪吸收金融社会工作者转投一般金融领域。挑战之三来自金融社会工作专业的培养难度。金融社会工作需要为学生培养社会工作和金融学两个专业的完整知识体系，花费的周期和成本较大。即使培养成才的金融社会工作者，在社会工作者和金融从业者的收入薪水落差面前，很多人会选择进入金融行业，造成金融社会工作专业人才的流失。挑战之四来自金融社会工作者项目的难度。一方面，人们对于金钱的损失敏感性较高，对金融社会工作者所能带来的改变报以较高的期望，金融社会工作者不是万能的，在金融治疗、投融资决策建议等服务时可能会出现失误，这样可能会降低金融社会工作在社会的认可度。另一方面，金融社会工作的许多项目，如儿童发展账户、个人发展账户等项目，需要较长的实施时间才能够体现出价值，很多参与者会缺乏等待的耐心导致项目半途而废。

♻ 基本概念

　　金融　社会工作　金融社会工作　社会福祉　金融福祉

♻ 本章要点

　　金融是货币流通和信用活动以及与之相关的经济活动的总称。金融的范畴可以界定为，涉及货币供给、银行与非银行信用、以证券交易为操作特征的投资、商业保险，以及以类似形式进行运作的所有交易行为的集合。

　　社会工作是秉持利他主义价值观，以科学知识为基础，运用科学的专业方法，帮助有需要的困难群体，解决其生活困境问题，协助个人及其社会环境更好地相互适应的职业活动。

金融社会工作是社会工作与金融服务的有机结合。它秉承社会工作的基本理念和伦理，运用社会工作的方法，帮助服务对象提高金融能力和素养以解决金融领域的各种难题，提高全社会的金融福祉。（1）金融社会工作是社会工作和金融相互结合形成的一个专业实务领域。（2）金融社会工作的宗旨是帮助服务对象改善金融福祉。（3）金融社会工作的方法是提高服务对象的金融能力和素养。

金融社会工作涉及金融、社会和社会工作三大领域，直接指向的是社会工作服务体系、金融服务体系和日常生活世界。金融社会工作具有福利性、社会化干预和金融指向的本质特征。

要站在社会工作服务全过程的角度，一方面要把其他专业的社会工作中与金融有关的实务与服务进行梳理，使之理论化和系统化，提高金融社会工作的专业性和科学性；另一方面，面对社会金融化的趋势，金融社会工作要正确处理自身与服务对象在金融领域的关系，正确区分一般金融服务与金融社会工作的内容与方法，保证金融社会工作的独立性与客观性。

根据金融社会工作概念的明确提出，可以将金融社会工作划分为前发展时期、发展时期和未来深化发展时期三个阶段。

复习思考题

1. 如何理解邓小平有关"金融是现代社会的核心"的论断？
2. 金融社会工作的定义是什么？它有哪些本质特征？
3. 金融社会工作与一般社会工作存在哪些联系和区别？
4. 金融社会工作未来发展的前景和挑战是什么？

推荐阅读

1. 黄达、张杰编著：《金融学》（第五版），中国人民大学出版社2020年版。
2. 郑杭生主编：《社会学概论新修》（第三版），中国人民大学出版社2003年版。
3. 王思斌主编：《社会工作概论》（第三版），高等教育出版社2014年版。
4. ［美］O.威廉·法利、拉里·L.史密斯和斯科特·W.博伊尔著，隋玉杰等译：《社会工作概论》（第11版），中国人民大学出版社2010年版。
5. 阿比吉特·班纳吉、埃斯特·迪弗洛著，景芳译：《贫穷的本质》，中信出版社2013年版。
6. ［奥］卡瑞恩·克诺尔·塞蒂娜、［英］亚力克斯·普瑞达主编，艾云、罗龙秋、向静林译：《牛津金融社会学手册》，社会科学文献出版社2019年版。
7. 黄进、方舒、周晓春：《美国社会工作专业的思考和探索》，载于《社会工作与管理》2020年第2期。
8. 李迎生：《新时代发展金融社会工作的意义及其路径》，载于《社会建设》2019

年第 4 期。

9. 方舒、兰思汗：《金融社会工作的本质特征与实践框架》，载于《社会建设》2019 年第 4 期。

10. Consumer Financial Protection Bureau，"CFPB Financial Well-Being Scale"，May 2017，www. consumerfinance. gov.

第二章

金融社会工作的理论基础

◎ 引导性问题

以前学过哪些金融学理论，对金融社会工作有什么启发吗？

回忆一下以前学过的社会工作理论，思考哪些对金融社会工作有指导作用？

如何有效地将金融学理论与社会工作理论结合起来，形成金融社会工作的指导理论？

根据马克思主义的实践观，实践是理论的基础，也是理论的出发点和归宿点，理论对实践起着指导作用。通过第一章的学习，我们已经知道金融和社会工作是金融社会工作的两大主要支柱。人们在长期的金融和社会工作的实践中已经总结出科学化、系统化的理论体系。这些理论体系可以构成金融社会工作的理论基础。当然，作为一个新兴的实务领域，金融社会工作也需要从其实践中不断地总结梳理出其特有的理论体系，从而更好地指导金融社会工作的实践。

第一节　金融社会工作的金融学理论基础

金融是金融社会工作的工作场域。金融学理论基础是金融社会工作理论和实践的基础。鉴于金融学已经比较成熟，相关的概念、理论体系繁多，学生们会在金融学相关的课程中学习到相关的内容。这里仅简单介绍金融学中与金融社会工作关系非常紧密的核心概念和理论。

一、利息和时间价值理论

在风险活动中，资金贷出者要承受对方违约而出现损失的风险；同时，如果这笔资金不贷出而选择投资的话，可以获得一定的收益，也就是说，资金贷出也有一定的机会成本。因此，资金贷出者必须要求资金借入者在归还本金时还必须支付额外的支出才能获得资金的使用权，以弥补资金的损失风险和机会成本。这笔额外的支出就是资金的利息。利息与本金之比就是利率。在资本市场中，利率有多种，且变化浮动很大，对借贷双方决策和各种金融交易产生直接影响，进而影响生产、消费、投资等微观金融活动，同时还影响宏观经济总量和内外均衡[①]。

俗话说"时间就是金钱"，利息带来了资金的时间价值。时间价值是指货币经历一定时间的投资和再投资所增加的价值，也称为资金时间价值。从时间价值的概念，延伸出两个重要概念。

1. 终值（final value，FV）

终值是指资产或现金在未来特定日期的价值，相等于现期价值的特定总和。终值与利息的计算方式有直接的关系。一般来说，利率计算方法分为单利和复利两种。

单利是指只对资金的本金按照存取的时间计取利息，而以前各期利息在下一个利息周期内不计算利息。如果按照单利计息的话，资金的终值可以表示为：

$$FV = P(1 + t \times r) \tag{2.1}$$

在式（2.1）中，FV 表示终值，P 代表本金，t 代表时间，r 代表利息。

复利是指在计算利息时，对本金和先前周期所积累利息总额一起来计算利息，即民间通常所说的"利滚利"。如果按照复利计息的话，资金的终值可以表示为：

$$FV = P(1 + i)^t \tag{2.2}$$

在式（2.2）中，FV 表示终值，P 代表本金，t 代表时间，r 代表利息。

2. 现值，也称贴现值（present discounted value，PDV）

现值是将未来资金按照某种利率折合的当期价值。同样，现值的计算与利息的计算方式也有直接关系。

如果按照单利计算的话，现值与终值之间的关系可以表示为：

$$PV = \frac{FV}{1 + t \times r} \tag{2.3}$$

在式（2.3）中，PV 表示现值，FV 表示终值，t 代表时间，r 代表利息。

如果按照复利计算的话，现值与终值之间的关系可以表示为：

$$PV = \frac{FV}{(1 + r)^t} \tag{2.4}$$

在式（2.4）中，PV 表示现值，FV 表示终值，t 代表时间，r 代表利息。

利率是现代金融体系中基础性的要素，利息和时间价值理论是金融理论的基石，也是理解金融社会工作的起点。这一理论体现了金融社会工作不仅具有社会福利性，还具有经济价值：从微观意义上来讲，金融社会工作服务所具有的金融属性，会影响居民的储蓄和投资行为，影响借贷关系的变动，也会对资金价格产生一定的影响；从宏观意义

① 李健主编：《金融学》（第三版），高等教育出版社 2018 年版，第 21 页。

上来讲，金融社会工作会影响社会总供给和资源的配置，因此，金融社会工作是经济活动中非常重要的一个环节。从金融社会工作的社会福利性来看，金融社会工作能够配合国家的利率政策，一定程度上减少市场失灵的负面影响。

利息和时间价值理论对金融社会工作实务具有重要的指导意义。第一，金融社会工作者应当全面掌握市场的利率政策，对各种利率了然于胸，了解利率对金融市场的影响，这是金融社会工作者应具备的最基本的素质之一。第二，金融社会工作者应当具备强烈的时间价值观念，了解自身的服务和工作时间会对服务对象的经济福祉产生的影响，合理安排服务的时长和节奏。第三，金融社会工作者在实践中应在市场效益和社会效益之间实现合理的平衡。第四，金融社会工作者可以根据掌握的市场利率信息对国家的利率政策提供有益的建议。

二、理性选择和有效市场假说

理性经济人和市场信息充分是经济学两大基本假设，应用在金融市场就是理性选择和有效市场假说，成为金融学理论的最基本的假设。

自现代经济学鼻祖亚当·斯密提出理性经济人假设之后，理性经济人假设就成为经济学中最基本的假设之一。理性经济人假设意味着每个人都是自利的，会理性地根据市场环境作出最优化决策。理性经济人应用于金融学领域就是假设每个经济人会根据金融市场环境理性地作出最优化决策，从而使金融市场达到一种均衡状态。尽管随着经济学的发展，理性经济人的假设不断受到挑战，但其作为经济学的基本假设前提仍然没有发生根本性的改变。近年来，随着行为金融学的兴起，人们发现金融市场中的决策者也不完全都是理性的，例如，在金融市场的"羊群效应"影响下，人们的决策会受到他人的影响而变得非理性。从金融学发展现状来看，行为金融学的非理性假说并不是对理性选择的颠覆，更多的是作为理性选择假设的一种补充和修正。

市场信息充分是经济学另一个重要的基本假设，即在市场经济中，信息的传播和流动没有壁垒，所有市场主体能够获得完全的信息。这一假设应用在金融学领域就有了"有效市场"假说。1970 年，法玛（Fama）提出，价格总是充分地反映可获得信息市场是有效的。后来，马基尔（Makier）进一步提出，如果一个资本市场在确定证券价格时充分、正确地反映了所有的相关信息，这个资本市场就是有效的①。有效市场假说实际上结合了市场信息充分和理性经济人两大假设。当然，随着信息经济学等领域的兴起和金融学理论的发展，有效市场假说受到了一定的冲击，例如，信息经济学就提出市场主体之间存在着信息不对称的状况，信息流动并非完全自由的；而公共经济学直言会因市场失灵而变得无效率。不过到目前为止，有效市场假说仍然是金融学的基础性假设前提之一。

---

① 张亦春、郑振龙、林海主编：《金融市场学》（第 5 版），高等教育出版社，2017 年版，第 269 页。

理性经济人和市场信息充分两大假设对金融社会学有着重要的指导意义。理性经济人意味着金融社会工作者要充分尊重服务对象作为经济人的理性认知，不能越俎代庖替服务对象作出各种金融决策，这与社会工作领域的"优势视角"有着异曲同工之处。市场信息充分意味着金融社会工作者不仅要尊重和保证市场信息的流动，其自身也要注意全面掌握市场信息。与此同时，金融社会工作也不应忽略这两大假说的修正。不完全理性意味着服务对象有时候会作出一些非理性的决策造成经济上的损失，而金融社会工作恰恰是为了帮助市场主体克服这种非理性的决策而出现的；信息不对称意味着在获得信息过程中处于弱势地位的主体往往也在市场竞争中处于不利地位，金融社会工作的职责之一就是帮助这些弱势群体，打破信息壁垒，促进信息的自由流通；市场失灵意味着许多人的收入会受到影响，甚至会陷入贫困，而这正体现了金融社会工作介入的合理性和重要性。

三、风险和金融脆弱性

风险是人们在不确定事件中产生的收益或者损失。按照德国社会学家乌尔里希·贝克的观点，现代社会是一个风险社会。在发达现代性中，财富的社会化生产与风险的社会化生产系统相伴[①]。也就说，在现代社会，风险无处不在，人们不仅要面对传统的自然环境和社会环境，还要承受现代化科学技术、生产方式、社会制度和文化造成的新型风险。金融与风险密切相关。可以说，金融就是人类创造的用以规避风险的重要手段。例如，我们前面讲到的利息，就是用来补偿资金贷出者可能面临资金借入者有借无还的风险。在金融投资中奉行"鸡蛋不要放在一个篮子里"的格言就是提醒投资者采用资产投资组合来使风险最小化。

但是，在金融市场中，几乎所有的金融资产都是风险资产[②]。投资收益的回报往往又与风险的大小成正比。金融市场的投资性和投机性决定了金融资产承受着超乎寻常的风险性。有时候看似风险很小的投资手段，如存款等，也会因为战争、政局动荡等政治风险化为乌有。投资者为了获得较高的投资收益，会选择较大风险的投资方式，如证券、期货等。有些金融创新产品和衍生产品还设计了杠杆，使得金融风险会以杠杆倍率被放大。另外，金融体系的发展使得金融机构早已割裂了原有的借贷关系，更多地承担中介机构的角色。随着金融系统向全球扩张，金融机构彼此之间的业务关系非常密切，使得金融风险具有极强的传染性。某一家金融机构发生风险，有可能将这些风险外溢到地区、行业、国内，甚至国际，爆发全球性的金融危机。近代以来的金融危机无一不是以某一家金融机构出现风险为导火索。因此，表面看似风光无限的金融实际上具有很强的脆弱性。

---

① ［德］乌尔里希·贝克著，张文杰、何博闻译：《风险社会：新的社会性之路》，译林出版社 2018 年版，第 3 页。

② 张亦春、郑振龙、林海主编：《金融市场学》（第 5 版），高等教育出版社 2017 年版，第 341 页。

金融的脆弱会导致整个社会的脆弱。金融危机引发经济危机，威胁到整个社会的长治久安。各国无一不把防范和化解金融风险、保障金融安全作为政府和全社会的重要任务。金融社会工作无疑是承担这一任务的重要主体。对于个体而言，由于认知局限和环境约束，很多时候个人无法认识到风险的严重性，或者在风险面前盲目冲动，无法作出合理的金融决策。金融社会工作者应以自身专业的知识和客观的视角，向服务对象作出必要的风险提示，引导其正确认识风险，作出合理的金融决策。在风险发生之后，个人抵御风险的能力较弱，有可能出现财产损失，甚至陷入贫困，金融社会工作者应帮助服务对象掌握更多的信息，从容应对风险，力争将风险损失减少到最小，或者链接资源，助其摆脱不利的局面。金融机构为了盈利，往往会在产品设计中通过杠杆进行风险放大，将风险转嫁给客户，且在推销金融产品时，夸大收益率，对风险内容提示不清，甚至掩盖相关的风险。金融社会工作者应本着客观独立、社会公益性的原则，纠正金融机构的不当做法，向社会提示金融产品的风险，也可以对金融产品的设计提出相关的建议，推动金融机构的健康发展。政府对于金融的监管很难面面俱到，尤其是对于新生的金融创新和衍生产品，监管往往会比市场慢一拍，而这些正是金融风险的高发地带。金融社会工作应承担起相应的社会责任，对于监管的盲区要敢于冲锋陷阵，迅速、及时地排查其中的风险，为政府的金融监管提出合理化意见。当金融风险引发较大的社会危机时，金融社会工作者应及时安抚社会情绪，避免较大的社会动荡；同时收集相关的信息，为政府应对社会危机建言献策。

四、金融市场体系

金融市场是指以金融资产为交易对象而形成的供求关系及其机制的总和①。金融市场包括三层含义：一是进行金融资产交易的市场主体和其所处的有形或者无形的场所；二是金融资产的供应者和需求者之间形成的供求关系；三是为保障金融资产交易顺利进行的运行机制。

金融市场主体包括政府部门、存款性金融机构、非存款性金融机构、工商企业和居民个人。它们分别在金融市场中担任金融资产的调控和监管、筹资、投资、套期保值、套利、使用等角色。有形的场所包括中央银行、商业银行、证券交易所、保险公司等具有的具体办公场所。有时候，金融资产也会通过电话、电报、合约、网络等无固定的场所进行场外交易。

作为市场经济的组成部分，金融资产交易也会有供应者和需求者，它们之间形成供求关系。但是，供求双方的角色会随着金融资产交易的内容发生变化。以最简单、最基础的金融资产——货币为例，当居民个人将货币存进银行的时候，居民个人是货币的供应者，银行就是货币的需求者；而当居民个人向银行贷款的时候，银行就成为货币的供

---

① 张亦春、郑振龙、林海主编：《金融市场学》（第 5 版），高等教育出版社，2017 年版，第 1 页。

应者，居民个人就变成了货币的需求者。供求关系是金融市场的核心，供求平衡是金融市场的基本前提。

为了保障金融资产交易的顺利进行，国家、市场、行业会出台一系列运行机制。政府出台财政、货币、监管、汇率等制度，市场会形成利率、汇率、同业拆借等机制，有时候行业内部也会形成行业管理、自治的一些规则和规范。这些机制形成一个有机系统，共同保障金融体系的有效运转。

作为金融领域的新军，金融社会工作自然也会成为金融市场体系中的一部分。不过，金融社会工作者主要承担的是金融服务，虽然不牵涉金融产品的交易活动，但是对金融产品交易也会有一定的影响。理解金融市场体系的概念，对金融社会工作有重要的指导作用。首先，金融社会工作要确定自身在金融市场体系中的角色和地位，不参与金融产品的直接交易，保持客观中立的立场。其次，金融社会工作者要搞好与其他金融市场主体的关系，这是金融社会工作开展工作的前提。一方面，其他金融市场主体可能会成为金融社会工作的服务对象，另一方面，搞好与其他金融市场主体的关系能够有助于金融社会工作更有效的链接金融资源，方便开展工作。再次，金融社会工作要时刻关注金融市场体系供求关系的变化，尤其是在供求关系失衡时，正是金融社会工作进入工作情景的时机。最后，金融社会工作要全面了解、掌握并且熟练运用金融市场体系的机制，同时，也要自觉遵守相关的法律、制度和行业规范。

五、金融创新

作为经济最为活跃的领域之一，金融在财富增长和业务扩张的驱动下，一直处于高速发展之中。从历史上看，金融从最初的简单的货币借贷，发展到今天，一直都保持不断创新的状态。特别是二战以后的金融创新不管从密度、力度还是影响都远远超过了以前的时期，不仅对传统的金融领域形成了巨大的冲击，而且对经济的发展产生了重大的影响。因此，金融创新受到了前所未有的关注，以至于有人预言 21 世纪将是金融创新的世纪。

金融创新是指金融领域内部通过各种要素的重新组合和创造性变革所创造或引进的新事物[①]。金融创新具有以下几个鲜明的特征：第一，新型化。金融创新意味着金融领域不断吸纳其他领域的新理念、新技术，新应用，开辟新领域、新市场、新场景，采用新工具、新交易、新服务，这些新的变化被视为金融创新。第二，多样化。金融创新包括制度、业务、组织结构等多领域的变化。金融制度创新包括货币、信用、管理、监管等与制度相关方面的创新。业务创新包括工具、技术、交易方式、服务对象等相关方面的创新。组织结构创新包括机构、行业结构、内部管理、行业协会等相关方面的创新。第三，自由化。金融领域聚集了大量的精英人才，创新意识强，且有雄厚的资金支持，

---

① 李健主编：《金融学》（第三版），高等教育出版社 2018 年版，第 567 页。

因此，金融创新的自由化很高。为了保护和激励金融创新，政府一般也会本着"法无禁止即自由"的原则，对金融创新采取鼓励的态度，只有在金融创新趋于成熟的时候才会出台相应的监管制度。第四，开放性。金融领域为了获得竞争优势和超额利润，对金融创新保持很高的开放性，只要是能带来利润的新事务，都被金融领域所吸收。第五，传导性。正是因为金融领域激烈的竞争，因此一旦有一家金融机构推出新的金融创新之后，必然会被其他金融机构竞相学习和效仿，很快就会成为整个金融行业的创新之举。由于金融处于现代经济中的核心地位，金融创新也会很快向整个社会溢出。第六，国际化。二战以后，全球建立了国际金融体系。一国的金融创新很快会被跨国金融机构推广到其业务遍及的国家，国家之间也会竞相学习国际金融创新的经验。因此，金融创新呈现很强的国际化特征。

从广义上来看，金融社会工作也属于金融创新的一种。鉴于金融创新对经济和社会的重要影响，金融社会工作要高度重视金融创新的最新动态，全面了解金融创新的内容，合理评估金融创新对社会的影响，尤其是金融创新的负面影响及其带来的新风险，这样才能提升自身的服务能力。同时，金融社会工作要积极吸收金融创新的成功经验，加强自身在理念、技术，应用，场景，工具、服务等方面的创新。

六、经济金融化和金融全球化

经济金融化是指一国经济中金融资产总值占国民经济产出总量的比重处于较高状态并不断提高的过程和趋势①。二战以后，主要发达经济体的金融产业发展速度超出了整体经济的同期增长速度，两者之比在有些国家甚至达到了 4 倍之多。这就导致金融资产在社会总资产中的比重不断上升，金融在国民经济中的地位日趋重要。金融渗透到国民经济的各个部门，信用关系成为最重要的经济关系。例如，在美国，金融行业早已成为经济的龙头行业，金融资产总量是 GDP 的数倍，全社会组成了一张巨大的信用关系网。经济金融化已经成为衡量一国经济发展水平最为重要的指标之一。经济金融化是一把双刃剑：一方面，经济金融化降低了社会融资成本，提高了经济运行的效率，有利于经济的发展；另一方面，经济金融化程度过高，意味着实体经济逐渐走向虚拟化和空心化，增加了经济运行的风险，一旦爆发金融危机，势必会迅速蔓延到经济的各个部门，引发经济危机和社会危机。例如，2007 年美国爆发的次贷危机，引发全球性的经济危机，其负面影响一直延续到今天。

金融全球化是指世界各国和地区放松金融管制、开放金融业务、放开资本项目管制，使资本在全球各地区、各国家的金融市场自由流动，最终形成全球统一的金融市场和货币体系的趋势②。它是在金融扩张的内驱力和经济全球化的外驱力的双重作用下迅速推进的。金融对于超额利润的追求注定了金融行业势必会从国内向国际上新的利润增

---

① 李健主编：《金融学》（第三版），高等教育出版社 2018 年版，第 580 页。
② 李健主编：《金融学》（第三版），高等教育出版社 2018 年版，第 585 页。

长点扩张。二战以后，美国主导建立的世界政治、经济体系加速了经济全球化的发展。经济全球化既为金融全球化提出了要求，又为金融全球化提供了便利。金融全球化主要表现为金融机构全球化、金融业务全球化、金融市场全球化、金融监管与协调全球化①。金融全球化一方面极大地推动世界各国金融行业的发展，促进贸易、技术、资本、服务在全球范围内的流通，加强金融监管领域的国际协调与合作；另一方面，会加大金融领域的风险程度，增加全球爆发金融危机的可能性，加剧世界政治、经济秩序的不平等。

在经济金融化和金融全球化的趋势下，金融社会工作大有可为。金融不仅成为经济和社会生活最重要的议题之一，也关乎每个人的经济福祉和社会福祉。因此，金融社会工作对于推动经济发展和社会和谐发展具有重大的意义。尤其是在化解经济金融化和金融全球化的负面影响方面，金融社会工作承担着重要的使命。金融社会工作要有全球化视野和格局，各国的金融社会工作者应当互相学习，加强合作与协作，共同应对全球性的金融议题。

第二节　金融社会工作的社会工作理论基础

金融社会工作是社会工作新兴的领域，其理念、理论、方法、工具自然与社会工作保持一致。鉴于学生们已经学习过社会工作的相关理论，为了节省篇幅，这里仅列举一些与金融社会工作联系紧密的理论知识，有助于更为深入地理解金融社会工作。

一、社会工作的理论传统

纵观社会工作近百年的历史，就是在不同的哲理基础上发展出多样的理论、方法和工具。何雪松将社会工作的理论传统分为四种不同的类型：实证主义传统、人本主义传统、激进主义传统和社会建构传统②。

实证主义是社会学创立初期的核心原则，在社会工作学科创始人里士满那里得到了一脉相承，是社会工作被定义为一门科学的基石。实证主义传统强调主观与客观的统一，提倡社会工作用科学的方法进行诊断和治疗。

人本主义传统来自近代以来的人本主义精神，强调以人为本，尊重每个人的价值和尊严，在社会工作中恪守工作伦理，体现了社会工作的人道主义精神和价值。

激进主义传统是基于马克思主义理论、社会批评理论、社会主义思潮并在后期整合了女性主义和后结构主义的理论贡献③。激进主义传统认为案主个人的问题是社会结构

---

① 李健主编：《金融学》（第三版），高等教育出版社 2018 年版，第 585~586 页。
② 何雪松著：《社会工作理论》（第二版），格致出版社，上海人民出版社 2017 年版，第 23~24 页。
③ 何雪松著：《社会工作理论》（第二版），格致出版社，上海人民出版社 2017 年版，第 30 页。

问题的产物，强调社会工作应更加注重关注和解决社会层面的问题，如贫困、社会不平等、社会正义、女性等问题，因此，社会工作者应将为个人赋能和改变社会结构结合起来开展工作。

社会建构传统来源于后现代主义和社会建构主义，认为社会工作面临的问题都是由文化和历史建构而成，因此，应强调从建构主义视角尊重社会工作的多元化。

尽管社会工作的四种理论传统之间存在诸多的争论，甚至有相互矛盾、抵触之处，但是并不妨碍社会工作的发展，它们在社会工作的实践中并行不悖。这些争论不断引发社会工作的反思和改进，促进了社会工作向科学、人文、技术、艺术、政治的融合方向发展。

社会工作的这四种理论传统在金融社会工作中都得到了继承和发扬。首先是实证主义传统的传承。金融社会工作的内容是金融议题，关系到金钱这一敏感话题，必须发扬实证主义传统，以科学的态度来对待工作的内容。否则，如果致使案主发生损失，则会损害金融社会工作的信誉。金融社会工作的创始人沃尔夫森就是从为案主开展"金融治疗"开始，延续了社会工作科学治疗的实证主义传统。就目前看来，不但无明显冲突之处，反而进一步丰富了金融社会工作的内涵。其次是人本主义传统的传承。金融社会工作者放弃有可能进入金融领域获取高薪工作的机会，投身到社会工作的福利性、公益性工作，本身就体现出一种人文主义情怀。在服务过程中，金融社会工作者践行社会工作的原则和伦理，遵守案主自决等原则，尊重案主个人的价值与尊严。此外，金融社会工作通过建立个人发展账户、儿童发展账户等资产建设项目来保障个人和儿童的长期发展，很好地发扬了社会工作的人本传统。再次是激进主义传统的传承。金融社会工作始终认为，案主在金融方面存在的问题更多地源于社会结构和金融结构的缺陷，关注因金融风险产生的贫困、失业、社会不平等、女性等问题。例如，沃尔夫森的金融社会工作理念就来自关注女性经济的问题。此外，金融社会工作还始终关注金融监管问题，为政府防范和化解金融风险、加强金融监管建言献策。这表明，金融社会工作立足于社会结构的视角，增进全社会的金融福祉和经济福祉。最后是社会建构传统的延续。金融社会工作在服务过程中自觉引入社会建构的视角，关注案主面临的金融问题背后的历史和文化因素。同时，金融社会工作也将参与金融文化的创建作为一项重要内容。综上所述，社会工作的四种理论传统在金融社会工作服务中并无根本冲突之处，反而丰富了金融社会工作的理论内涵，共同推动了金融社会工作的深入发展。

二、心理动力理论

心理动力理论由精神分析学说发展而来，包括自我心理学、客体关系心理学、自体心理学和依恋理论，是社会工作理论体系的基础之一。

自我心理学的核心是个人功能，认为自我具有适应性功能，不但要与人格内部的其他部分相适应，也要与外部的环境进行协调。在这种适应与协调过程中产生的冲突会导致各种心理问题，因此，自我心理学取向的社会工作以帮助案主有效利用现有的自我优势或者建立新的自我优势解决问题。

客体关系心理学是一种分析性治疗，主要探索内在的无意识身份和外界事物的内化。它从婴儿时代的经历出发，分析早期的关系对人格的影响以及这种影响反过来进一步影响人际关系和人与环境的互动。客体关系心理学取向的社会工作要从案主的婴儿时代经历出发，聚焦于修正案主病态的、内部的客体关系，创造出一种新的、有利的关系结构。

自体心理学由海因兹·科胡特（Heinz Kohut）提出，主要关注自体的发展及自体客体转移关系。"自体"是自体心理学的核心概念，是指由个人自身体验所构成的主体。当个体产生自体障碍时，会以无意识层面的镜像移情、理想化移情、另我移情三种移情方式去纠正这些自体相关的不足。因此，自体心理学取向的社会工作需要进行近距离体验的同理，实现同理性共鸣和回应，帮助案主建立新的自体结构。

依恋理论由约翰·鲍尔比（John Bowlby）提出，最早聚焦于婴儿—母亲之间的关系对人格的影响。后来，玛丽·爱因斯沃斯（Mary Ainsworth）等人的研究进一步发展了依恋理论，进而将研究领域从儿童研究拓展到成人研究，其核心思想是个体都在试图建立一种可靠的依恋系统，安全程度决定了依恋关系中个体间的差异。因此，个体心理的稳定和健康发展取决于心理结构中心是否有一个安全基地。当依恋理论应用于社会工作实践中，其核心是为案主提供一个安全基地和发展环境，从而学会重塑自我，更好地处理社会关系。

心理因素是金融决策中极为重要的影响因素，金融问题往往会给案主造成许多的心理问题。如前所述，沃尔夫森提出金融社会工作的概念就是从为案主解决金融心理问题中总结出来的。作为社会工作的基础，心理动力理论自然也是金融社会工作的起点。在金融工作实践中，要回溯案主婴儿时代的经历对其人格和关系结构的影响，修正案主病态的、内部的客体关系，为客户建立同理性的共鸣与回应，充分发挥案主的自身优势，为案主处理金融问题建立一个安全基地和发展环境。心理动力学理论在金融社会工作中的应用在后面的内容中会进一步详细介绍。

三、认知/行为理论

进入 20 世纪以来，在华生、斯金纳、班杜拉等心理学家的努力下，行为主义心理学发展成为一个庞大且完备的理论体系，并且发展出认知疗法和行为疗法的实践。20世纪 70 年代以来，行为治疗作为一个重要力量进入社会工作领域，并得到了广泛的应用[1]。80 年代以后，认知理论也被整合进社会工作实践之中，与社会学习理论、行为理论结合，形成了比较完整的认知行为治疗理论。

---

[1] 何雪松著：《社会工作理论》（第二版），格致出版社，上海人民出版社 2017 年版，第 74 页。

社会工作中最常用的认知行为理论是 ABC 人格理论。其中，A 是指与情感相关联的事件（activating events）；B 是指信念（beliefs），包括理性或非理性的信念；C 是指与事件有关的情感反应结果（consequences）和行为反应。ABC 人格理论突破了传统理论中有关事件（A）直接引起情感反应（C）的认知，在事件与情感反应之间加入了信念（B）的中介因素，认为人们的信念（B）会影响到事件对于个体的意义或者是否引起情感反应。

认知/行为理论无疑对金融社会工作有着基础性的指导意义。首先，认知/行为理论为金融社会工作提供了理论框架。认知/行为理论为金融事件与金融压力以及金融认知和能力之间建立了因果关联，解释了金融社会工作实践中的合理性。其次，认知/行为理论为金融社会工作提供了实践框架，指明了金融社会工作应如何进行介入，即金融社会工作者从对案主相关的金融问题和行为后果等内容进行全面评估开始，辨识案主在金融问题上的理性或者非理性的认知，与案主之间建立专业关系，在干预过程中使用社会学习、认知重建、系统脱敏、压力免疫等技巧，改变案主的金融行为或者金融认知。此外，认知/行为理论对金融社会工作者的教育和培训也提出了要求，即金融社会工作者要提升自身对金融知识的认知水平，将认知/行为理论贯穿在社会工作实践之中，才能提高服务的科学性和专业性。

四、系统理论

系统理论是一个庞大的理论体系。1930 年，美国社会工作学者范金斯首次将系统理论引入到社会工作。到了 20 世纪 60 年代，随着系统理论的完善，其在社会工作中的影响进一步深入，到 70 年代成为社会工作重要的理论视角。将系统理论引入社会工作是为了回应对心理动力学理论的不满而出现的众多不同的理论进展之一[①]。从宏观上讲，我们可以把宇宙、地球、人类社会、国家、区域、家庭乃至个人看作从大到小的不同系统，在这些系统中，各个要素之间相互联系，互相影响。每一个要素的变化，必须从整个系统的高度考察。社会工作也是一个系统，包括社会工作者系统、案主系统、目标系统、行动系统，这些系统除了彼此之间相互联系之外，还会和社会工作系统之外的自然系统、社会系统等系统发生互动。因此，社会工作的实践要站在系统的高度，考察案主所处系统的影响，包括案主、家庭、社会关系、社区乃至组织和政府。社会工作者要分析每一个系统关系实质且以适当和诚恳的方式介入关系[②]。

毫无疑问，系统论与金融社会工作有着天然的契合关系。金融本身就是一个比较完整的系统，这个系统又与宏观上的国家政治、经济、社会系统和微观上的案主系统嵌入度较深，因此，金融社会工作的服务对象无论是个人、家庭、还是金融机构，都是金融系统中的主体，就连金融社会工作者自身都是金融系统中的主体。在金融社会工作实践

① 何雪松著：《社会工作理论》（第二版），格致出版社，上海人民出版社 2017 年版，第 88 页。
② 何雪松著：《社会工作理论》（第二版），格致出版社，上海人民出版社 2017 年版，第 95 页

中，金融社会工作者从系统论的视角来分析造成案主问题的系统性因素，协助案主处理好与系统外部和内部各个主体的合作、协作甚至是冲突的关系，同时还可以通过改善系统的结构来优化案主所处的环境。可以说，金融社会工作自带系统论视角。

五、生态理论

生态理论是一个古老、开放的体系。东西方古代的哲学思想中均蕴含了丰富多彩的生态观。近代的生态理论可以追溯到进化论的提出。里士满在《社会诊断》一书中提出"在情景中理解行为"的论断，就将生态理论视角引入了社会工作。其后，随着生态理论的逐步完善，到20世纪70年代，其与社会工作已经有了较为深度的融合。从广义上来看，生态也是一种系统，只不过它更偏重指向环境系统。社会工作的生态理论视角聚焦于人与环境的互动以及环境对个人发展的影响。它有三个维度：一是纵向生态，即个人生命周期中所经历的社会结构和历史变迁对个人产生的影响；二是横向生态，即个人当前所处的自然、社会联系对个人生活的影响；三是互动生态，即个人在与生态的互动中的调适与胜任。在社会工作实践中，生态理论视角要求社会工作者要重视案主与生态之间的互动，分析环境对案主问题的影响，帮助案主增强对生态的胜任能力。

生态理论视角对于金融社会工作同样重要。金融生态环境对于金融决策具有重要的影响。从纵向层面上来看，案主不同的生命周期内的经历和历史文化环境必然会对其金融的态度、认知和能力具有不同的影响。例如，贫苦出身的案主和"含着金钥匙长大"的案主对于金钱的态度存在着天壤之别，其金融能力也会有着不小的差距。同一个人，在未成年、青壮年、老年等不同的生命周期里对于风险的偏好程度也截然不同。因此，金融社会工作在干预时不能忽视纵向生态对于案主的影响。从横向层面上来看，当前的生态环境无疑是对案主面临的金融问题具有重要影响的因素之一。一个简单的例子就是金融危机的大环境使许多人可能失业，面临着还贷无力等窘境，进而造成巨大的精神压力。因此，金融社会工作在干预时要重视案主当前生态环境的影响，帮助案主创造一个支持性的环境。从互动生态来看，金融行业具有很强的流动性、操作性和交易性的特点决定了金融市场与外部政治、经济、社会环境之间会出现密切的互动，这种互动必然影响个人和机构的操作以及情感，反过来又会进一步影响到外部环境。这种互动过程的影响因人而异，必须仔细进行甄别。例如，在股票市场中，一个偶发的外部事件（如政党竞选获胜、经济增长数据公布、新的科学技术或者发明的诞生等）可能会促发股市交易的繁荣，许多投资者会听信来自专家、媒体、亲朋好友或者神秘人士的宣传而盲目投资，短时间内可能会获得一定的收益，这会使得其自信满满，进一步追加投资，在繁荣的假象之前丧失判断力。众多投资者非理性的炒作会使得股票价格虚高，市场过热。一旦因为某个特定的外部突发事件（如战争、疫情、选举等公共事件）引起市场恐慌，进而爆发"股灾"，导致许多投资者发生重大的损失，必然会引发投资者生活和情绪上的重大问题。因此，金融社会工作者在干预过程中要密切关注案主与环境互动的生态造成的影响，帮助案主提升应对环境的适应能力。

六、社会发展理论

社会发展是指社会各个方面、各项事业获得全面发展而不仅是经济增长。马克思认为，只有人的全面发展，才能实现真正意义的社会发展。而一直以来，无论是西方经济学界还是社会学界，只是简单地把社会发展等同于经济增长或者现代化。直到阿马蒂亚·森关于贫困和发展的一系列研究问世之后，人们才逐渐以发展代替增长来定义社会的进步。詹姆斯·米奇利（James Midgley）在《社会发展：社会福利视角下的发展观》一书中提出一个全新的社会发展理论框架，指出社会政策与经济政策相协调，发展以社会投资为导向的积极社会福利政策，强调个人责任、非营利组织的参与以及国家和市场共同作用，推动社会的发展。谢若登提出资产建设理论，主张通过居民的资产建设来应对贫困，推动社会发展。社会发展理论已经融入社会工作中，形成了"发展型社会工作"。发展型社会工作有三个层面，即在个人层面，通过个案介入帮助个人提升能力，推动人的全面发展；从社会层面，通过社区工作方法，链接社区内部和外部的资源，推动社区的和谐与发展；从政府层面，通过社会工作行政方法，推动政府出台和落实包括社会投资在内的积极社会福利政策，促进经济增长和社会发展。

社会发展理论对于金融社会工作的重要意义毋庸置疑。首先，谢若登的资产建设理论直接构成了金融社会工作的重要理论支柱。其次，社会发展理论再次强调金融社会工作不仅是一项金融活动，而且具备着极强的社会福利属性。金融社会工作要从个人、社区和政府三个层面促进社会的发展。

七、其他理论视角

除了以上理论视角之外，社会工作还有其他的理论视角。限于篇幅，下面主要介绍一些对于金融社会工作具有较大指导意义的理论视角。

优势视角是从诸多社会工作基础理论中发展出来、使用最为广泛的工作方法之一。优势视角认为个人在天赋、领悟、品德和资源方面在某种特定条件下都具有优势，社会工作的意义在于帮助案主从自我怀疑中走出来，重新认识和确立自身的优势，并发挥这些优势走出困境。优势视角在金融社会工作中有着广泛的用途。以居民个人为例，即使他在金融活动中遭遇到各种失败，但是不可否认，他在金融方面的天赋、能力、素养、灵性、阅历以及资源等各个方面可能会有某种优势，而这种优势通常被案主个体忽视或者怀疑。因此，金融社会工作可以与案主建立起专业的伙伴关系，帮助案主从自我忽视和怀疑中走出来，发现自身的优势，并利用这种优势战胜当前的困难，开启新的金融活动。

　　增权视角是社会工作实践中广泛采用的工作方法之一。1976年，所罗门（Solomon）在《黑人增权：压制性社区的社会工作》一书中提出了增权的概念，将其定义为"社工针对案主采取的一系列旨在减少污名群体的成员的负面评价而形成无力感的活动。它包括辨识这一问题的权力障碍、减少间接权力障碍的影响和减少直接权力障碍运作的特定策略的发展实施"①。受其影响，20世纪80年代社会工作进入了"增权取向的时代"。增权视角的核心在于帮助案主解决所面临的间接或者直接的权力障碍。在金融系统中，不但居民个体、家庭都会面临权力的压迫，就连单个的金融机构也会在整个金融系统的权力压迫中存在着诸多的权力障碍。因此，金融社会工作协助案主增权非常有必要。在增权视角的实践中，金融社会工作者要帮助案主提高自身的金融能力和素养，从受压迫的权力障碍中解放出来，链接相关的资源，掌握更多的金融知情权、选择权和决策权，重塑案主作为金融主体的角色。

　　结构视角是从系统和生态理论中发展出来并吸收了马克思主义和其他左翼思想中关于社会结构和社会变迁的理论建构。结构社会工作聚焦于社会结构的压迫和不平等，致力于从社会层面寻找案主问题的根源，唤醒案主的权利意识，推动社会变革。结构视角对于金融社会工作具有很强的启发性。金融系统中充满着权力压迫和不平等的结构，比如金融机构对于居民个体的压迫，机构之间的地位和权力的不平等，国际金融秩序中的失序等。如果不从社会上改变这些结构，就很难从根本上解决案主的问题。因此，金融社会工作可以采取增权、意识觉醒、相互学习和正常化等策略，通过促进基于社会正义、社会公平和人道主义的社会变革来改变案主系统。

　　女性主义视角是随着女性解放运动的发展逐渐进入社会工作理论建构。20世纪80年代出现了"女性主义社会工作"（ferminist social work）。女性主义社会工作着眼于尊重妇女在经济和社会生活中的重要作用，追求妇女身份和政治地位的解放，倡导性别平等和相互依赖，通过社会工作为妇女增权，构建一个免于性别歧视和不平等的社会。前面已经提到，金融社会工作脱胎于女性社会工作，其创始人丽塔·沃尔夫森就是一位女性，因此，金融社会工作与女性主义社会工作有着紧密的内部逻辑关系。在金融体系中，很多家庭的金融管理权由女性掌握，而许多女性相对缺乏金融知识，因而承担着更多的金融压力，导致女性出现焦虑、愧疚甚至抑郁等负性情绪。同时，从女性主义立场出发的金融社会工作对于男性也有重要的意义，可以帮助男性认识到女性在金融中的角色，为女性的金融事务提供支持，促进性别平等。因此，女性主义视角的金融工作不仅要帮助女性在金融领域的增权，提高女性的金融能力和素养，还要重新建构金融领域的性别权力结构，促进性别平等。

　　灵性视角来源于社会工作的宗教传统，是在对实证主义、心理动力学等传统理论传统的反思和灵性实践的发展的基础上发展起来的一种新视角。灵性视角从全人模型出发，强调人在精神层面的灵性内容，关注人的灵性需求。金融与灵性之间也有着较为密

---

①　Solomon B．，"Black Empowerment：Social Work in Oppressed Community"，Columbia University Press，1976，P19.

切的关联。比如，慈善捐赠中不可忽视宗教信仰的影响作用；金融对包括爱、安全感、创造性体验、他人的认同、分享、信心等灵性需求的影响。因此，灵性视角可以为金融社会工作带来新的工作方向，例如音乐治疗、艺术治疗、冥想等。

叙事治疗是将叙事理论引入到社会工作实践中的新范式。叙事治疗的社会工作是社会工作者通过倾听案主叙说自己的故事，共同寻找故事中的问题，将案主从生活模式的故事中唤起，从中发掘其自身的优势，重构富有意义和希望的人生。叙事治疗在金融社会工作中有着广泛的发挥空间。金融是一个充满故事性的领域，既有全球性金融危机和国家金融政策和金融系统的宏大叙事，也有每个个体在金融活动中丰富的经历。在金融社会工作的叙事治疗实践中，金融社会工作者可以充当一个故事的倾听者和顾问者，引导案主叙述自己的经历，发现自身问题背后的根本原因，帮助案主发挥自身优势，从过去金融方面的痛苦经历中摆脱出来，重拾在金融领域的生活信心。

♻ 基本概念

利息　时间价值　终值　现值　理性选择　有效市场假说　风险　金融市场　金融创新　经济金融化　金融全球化　心理动力理论　认知行为理论　系统理论　社会发展

♻ 本章要点

利息资金贷出者要求资金借入者在归还本金时必须支付额外的支出。利息与本金之比就是利率。利息带来了资金的时间价值。时间价值是指货币经历一定时间的投资和再投资所增加的价值。

终值是指资产或现金在未来特定日期的价值。现值也称贴现值，是将未来资金按照某种利率折合为当期的价值。根据利息的计算方法分为单利和复利，终值和现值分别有两种计算方法。

理性选择和有效市场假说，是金融学理论的最基本的假设。理性选择假设每个经济人会根据金融市场环境理性地作出最优化决策。有效市场假说是指如果一个资本市场在确定证券价格时充分、正确地反映了所有的相关信息，这个资本市场就是有效的。

风险是人们在不确定事件中产生的收益或者损失。金融就是人类创造的用以规避风险的重要手段。在金融市场中，几乎所有的金融资产都是风险资产。金融的脆弱会导致整个社会的脆弱。

金融市场是指以金融资产为交易对象而形成的供求关系及其机制的总和。金融市场包括三层含义：一是进行金融资产交易的市场主体和其所处的有形或者无形的场所；二是金融资产的供应者和需求者之间形成的供求关系；三是为保障金融资产交易顺利进行的运行机制。

金融创新是指金融领域内部通过各种要素的重新组合和创造性变革所创造或引进的新事物。金融创新具有新型化、多样化、自由化、开放性、传导性、国际化等几个鲜明的特征。

经济金融化是指一国经济中金融资产总值占国民经济产出总量的比重处于较高状态并不断提高的过程和趋势。金融全球化是指世界各国和地区放松金融管制、开放金融业务、放开资本项目管制，使资本在全球各地区、各国家的金融市场自由流动，最终形成全球统一的金融市场和货币体系的趋势。

社会工作的理论传统分为四种不同的类型：实证主义传统、人本主义传统、激进主义传统和社会建构传统。

心理动力理论由精神分析学说发展而来，包括自我心理学、客体关系心理学、自体心理学和依恋理论，是社会工作理论体系的基础之一。

20 世纪 70 年代以来，行为治疗作为一个重要力量进入社会工作领域，并得到了广泛的应用。80 年代以后，认知理论也被整合进社会工作实践之中，与社会学习理论、行为理论结合，形成了比较完整的认知行为治疗。

20 世纪 70 年代系统理论成为社会工作重要的理论视角。将系统理论引入社会工作是为了回应对心理动力学理论的不满而出现的众多不同的理论进展之一。随着生态理论的逐步完善，到 70 年代，其与社会工作已经有了较为深度的融合。

社会发展是指社会各个方面、各项事业获得全面发展而不仅是经济增长。詹姆斯·米奇利在《社会发展：发展视角下的社会福利》提出了一个全新的社会发展理论框架，指出社会政策与经济政策相协调，发展以社会投资为导向的积极社会福利政策，强调个人责任，非营利组织的参与以及国家和市场共同作用，推动社会的发展。

♻ 复习思考题

1. A 企业向 B 银行申请了一笔金额为 200 万元的贷款，双方约定期限为 10 年，年利率为 5%，每年计息一次。试计算贷款到期后分别以单利和复利计息后企业应偿还的金额。

2. 有效市场假说的主要内容是什么？它对金融社会工作有什么指导意义？

3. 社会工作的实证主义传统是什么？对金融社会工作有哪些指导意义？

4. 试分析社会工作的系统论视角和生态论视角之间的联系和区别

♻ 推荐阅读

1. 李健主编：《金融学》（第三版），高等教育出版社 2018 年版。

2. 张亦春、郑振龙、林海主编：《金融市场学》（第 5 版），高等教育出版社 2017 年版。

3. ［德］乌尔里希·贝克著，张文杰、何博闻译：《风险社会：新的社会性之路》，译林出版社 2018 年版。

4. 何雪松著：《社会工作理论》（第二版），格致出版社、上海人民出版社 2017

年版。

　　5. ［美］迈克尔·谢若登著，高鉴国译：《资产与穷人》，商务印书馆 2005 年版。

　　6. Wolfsohn R.，"Financial social work：basics and best practices，" North Carolina：Center for Financial Social Work，2012，P4 - 6，P10 - 14，P17，P21 - 25.

　　7. Center for Financial Social Work，"Financial Social Work：What It Is，What It Does，Why It Matters in All Economic Times"，https：//financialsocialwork. com.

　　8. Center for Financial Social Work，"Financial Wellness In The Workplace：A Mental Health and Bottom Line Issue"，https：//financialsocialwork. com.

第三章

金融社会工作的服务体系和工作范畴

◎ **引导性问题**

你了解的社会工作的服务体系和工作范畴包括哪些内容？

金融社会工作的服务对象较一般的社会工作会有哪些侧重点？

金融社会工作的工作范畴会包括哪些内容？

第一节　金融社会工作的服务体系

金融社会工作的服务体系主要由金融社会工作的服务对象、提供者以及在服务过程中遵循的价值取向三个核心要素组成。

一、金融社会工作的服务对象

金融是现代经济的核心，贯穿全体国民日常的经济和社会生活的各个方面，而金融社会工作的目标是提高全体国民的金融福祉，因此，金融社会工作的服务对象应该是全体国民。

（一）金融弱势群体是金融社会工作优先的服务对象

金融弱势群体，就是在金融领域处于弱势地位的社会群体，包括儿童、老年人、低收入群体、生活在农村或边远地区的居民群体以及其他金融能力较为低下的社会群体。他们一般金融能力比较差，处理日常金融事务有一定的困难，且在社会中也处于弱势地位，金融权利常常遭到忽视或者侵害。因此，金融社会工作要以金融弱势群体作为优先的服务对象，提供包括从帮助他们处理日常棘手的金融事务，如银行开户、税单填写等，到为他们提供金融能力培训，以及重大金融事件中的权益维护和心理抚慰等全方位的服务。通过这些服务，金融社会工作者可以提升弱势群体的金融素养，维护他们的合法权益，为他们创造发展的机遇，从根本上改变这些群体的弱势地位。

（二）家庭是金融社会工作基本的服务对象

家庭是社会的基本单元，也是金融市场的主要参与力量之一。家庭成员的金融决策多是为了提高家庭的收入、资产和福利水平，因而受到家庭诸多因素的影响。金融社会工作应当立足于家庭，帮助家庭及其成员做好金融决策和金融市场参与。金融社会工作者可以以家庭为基本单位，开展个案、小组和社区工作，努力提高家庭及其成员的金融素养，改进家庭的收入、资产和福利水平，促进家庭的团结，从而有利于金融市场的稳定和社会的和谐。

（三）金融机构是金融社会工作重要的服务对象

金融机构是金融体系中的主力军，与金融社会工作有着千丝万缕的联系。金融社会工作者很大一部分可能来自金融机构，在金融体系中与金融机构并肩作战共同为金融用户服务。同时，金融社会工作应当将金融机构作为重要的服务对象，服务的内容包括促进金融机构内部管理机制建设、金融文化建设，协助和督导金融机构实施普惠金融，发放小额贷款等业务。金融社会工作还可以充当金融机构和金融用户之间信息沟通交流的桥梁，为金融机构收集和反馈金融用户的需求，参与金融产品和服务的设计、宣传和推广的过程中。

（四）政府也是金融社会工作不可忽视的服务对象

政府是金融系统的主导者、金融政策的制定者以及金融活动的监管者。政府可以通过购买金融社会工作的服务，为金融社会工作者的活动创造各种政策环境。因而，政府也是金融社会工作不可忽视的服务对象。金融社会工作者可以协助政府进行金融政策的研究、决策、宣传、反馈、评估，向政府提出合理化的建议和意见，协助监管金融市场主体的行为，实施普惠金融政策，并根据政府的需求和指令向国民提供金融社会工作服务，增进整个社会的金融福祉。

二、金融社会工作的提供者

提供金融社会工作服务的主体主要分为政府相关部门、银行等金融机构、公益慈善组织、非金融类企业组织和社会工作机构五大类。

（一）政府相关部门

政府的许多部门都会涉及国民的金融福祉，它们提供许多有关金融领域的服务都具有社会性、公益性、服务性的特征，属于广义上的金融社会工作，如社会保障、民政、扶贫等。在许多国家，政府有专门的社会工作部门，有一些社会工作者属于政府雇员，他们为国民提供包括金融社会工作在内的社会工作服务。有时候，政府也会通过购买社会工作服务的形式为国民提供金融社会工作服务。

（二）银行等金融机构

尽管银行等金融机构具有经营逐利的特性，但是出于执行国家普惠金融政策、履行社会责任、营造金融文化等需要，银行等金融机构也会开展公益性的金融服务，如面向公众开展的金融教育、社区金融服务等。有时候这些公益性的服务会与营利性的服务结合在一起，但也可以将其区分为金融社会工作服务。还有一些政策性银行，如农业发展银行，甚至世界银行这种国际性机构，其金融行为更偏向于社会性、公益性，因而也属于金融社会工作范畴。

（三）公益慈善组织

公益慈善组织是提供金融社会工作的主要力量之一，而且它们的目标明确锁定在金融弱势群体。公益慈善组织所具有的社会性和公益性，加之一定的经济和组织动员能力，可以保证其以项目的形式提供各种各样的金融社会工作服务，包括从即时性的金融帮扶，到中期性的金融能力培训，再到长期性的金融赋能和资产建设。

（四）非金融类企业组织

非金融类企业组织也常常提供金融社会工作服务。比如，非金融类企业会派专人协助客户处理相关的金融事务，或者参与到扶贫工作中，都属于金融社会工作服务。

（五）社会工作机构

社会工作机构是提供金融社会工作服务的专业机构。金融社会工作是一个全新的领域，它给社会工作带来机会，同时也带来挑战。社会工作机构可以凭借专业和组织优势，培养出大量合格的金融社会工作者，并将其派往出现金融社会工作需求的场域；也可以为其他机构从事金融社会工作服务的人员提供专业培训和认证，待其成为合格的金融社会工作者后再提供相应的服务。

以上各类金融社会工作的提供者之间并不是完全独立的。政府的金融社会工作服务就需要金融机构、公益慈善组织、非金融类企业组织和社会工作机构的配合。银行金融机构、公益慈善组织和非金融类的金融社会工作项目也需要社会工作机构提供专业的人才和技术协作。金融社会工作提供主体之间是相互配合的，共同推动全社会的金融福祉。

三、金融社会工作的价值体系

价值是社会工作的根本，不但界定社会工作本身的目标和意义，也决定了社会工作的技巧和方法、机构的项目和目标以及社会工作者的行为和态度[①]。作为金融和社会工作两个专业的交叉领域，金融社会工作的价值取向必须兼顾这两大专业的价值体系。但是强调利润的金融价值取向和强调助人的社会工作价值取向之间存在一定的矛盾性，且在社会工作专业领域也存在着不同流派之间的差异，因此，金融社会工作需要调节这两种专业价值取向上的差异和矛盾，形成统一、独特的价值取向。

按照社会工作价值体系的构成，结合金融专业的价值体系，我们将金融社会工作的价值体系分为经济价值、社会价值、专业价值、专业伦理和操作守则五个层次。

（一）经济价值

经济价值是金融专业的基础，也是金融社会工作区别于其他社会工作的典型特征。金融社会工作处理与金钱有关的事务，必然要求它的服务遵循经济规律，重视金融活动的时间价值，在为客户的金融活动发掘价值和维护价值的同时也要培养客户独立创造价值的能力。这是金融社会工作获得客户、业界和社会认可，体现自身独特价值的基础。

（二）社会价值

社会工作的社会属性决定了金融社会工作必须遵守社会主流的、先进的社会价值观，并将这种社会价值观体现在自己的服务过程中，注重服务的社会效益，做到经济效益和社会效益兼顾。除此之外，金融社会工作还应该引领社会价值观的发展，推动社会的进步。

（三）专业价值

金融社会工作应当在经济价值、社会价值和国际公认的社会工作专业价值的基础之上，结合金融活动自身的专业特色，形成独特的金融社会工作专业价值，那就是效益、敬业、接纳、自决、个别化和尊重。

1. 效益

金融社会工作应当创造效益，这是金融社会工作专业价值的重要体现。金融社会工作的服务要为客户带来效益，做到经济效益和社会效益的统一。通过金融社会工作的服务，既要为客户带来金钱、收入和资产的增加，准确的金融决策，生活水平的改善，又要提升客户的能力、家庭和睦和社会和谐。

2. 敬业

敬业是社会工作者对社会工作专业和实践的根本态度，是社会工作专业价值的基础[②]。金融社会工作者应当高度爱护专业工作，自觉维护专业声誉，全身心投入到工作实践中，不计较个人的荣辱得失，以科学、认真、负责的工作态度赢得客户的认同和

---

① 王思斌主编：《社会工作概论》（第三版），高等教育出版社 2013 年版，第 39 页。
② 王思斌主编：《社会工作概论》（第三版），高等教育出版社 2013 年版，第 52 页。

尊重。

3. 接纳

接纳意味着对客户现实状况的接受、相信和理解，不擅自评判。在金融社会工作中，对于客户的价值观、经济状况以及各种情绪要充分地接纳，不作是非对错的判断，但也不必放弃自己的价值观去迎合客户的价值观。

4. 自决

自决是社会工作者尊重服务对象自我决定和自我选择的权利。在金融社会工作中，即使客户的自决可能会带来价值观上的冲突或者经济上的损失，金融社会工作者也要尊重客户自决的权利，绝不强迫客户接受自己的建议或者越俎代庖替客户作出决定，而是为客户创造绝对清醒和绝对意志的环境，并给出合理化的建议，将最终的决定权交给客户。

5. 个别化

个别化要求社会工作者把每一个客户都看作唯一的、不同的实体，要结合他们的具体情况制定针对性的服务方案。对于金融社会工作，要秉承个别化的价值，就是要根据每一个客户的金融能力水平、收入财产状况、家庭状况和社会地位等具体情况，形成有针对性、个别化的服务方案。同时，要尊重每一个客户的生活、财产和决策等方面的隐私。

6. 尊重

尊重要求社会工作者尊重包括客户在内每一个人。在金融社会工作中，尊重的价值体现在金融社会工作者尊重客户及其家庭成员，尊重与客户联系的金融从业人员以及尊重金融社会工作者身边的人。

（四）专业伦理

专业伦理是指社会工作者应当遵循的职业道德和伦理规范。世界各国对社会工作均规定了比较严格的工作伦理，这也是金融社会工作者在开展服务时的基本遵循。除此之外，金融社会工作者还需要遵循金融领域的伦理，并将两者结合起来，形成金融社会工作独特的专业伦理。

1. 金融社会工作者的自我伦理方面

（1）个人品格。金融社会工作者应当品格高尚，遵守社会公序良俗和基本的伦理道德。（2）能力和专业发展。金融社会工作者应当具备从事工作所需的能力和资格条件，并通过不断学习，保持个人能力与时俱进。（3）工作态度。金融社会工作者应当将服务作为首要职业义务，始终保持认真敬业的工作态度。（4）正确的价值观念。金融社会工作者应当具有正确的金融观，将这种金融观贯穿于服务的全过程，并引导客户树立正确的价值观。

2. 金融社会工作者对服务对象的伦理责任

（1）将服务对象的利益置于核心位置。金融社会工作应当将维护服务对象的利益作为工作的中心任务，提升服务对象的金融福祉。（2）尊重服务对象的权利和特权。金融社会工作者应当最大限度地帮助服务对象实现自决，维护服务对象的各项权利和特权。（3）保守秘密，尊重隐私。金融社会工作者应该严格保守服务对象的一切信息和秘密，尊重当事人的隐私。（4）费用合理。如果需要设定服务费用，金融社会工作者应该保证费用额度与其付出的服务和服务对象的支付能力相比是合理的，而不与其服务带来服务对象收益上的增加值相挂钩，即使服务对象主动提出支付一定比例的收益作为回报。

3. 金融社会工作者对雇主和雇用组织的伦理责任

金融社会工作者应当遵守其对雇主和雇用组织作出的承诺，维护雇主和雇用组织的声誉，推动雇主和雇用组织在专业程度和组织发展方面的进步。

4. 金融社会工作者对同行的伦理责任

（1）秉持尊重、公平和礼貌。金融社会工作者应该以尊重、礼貌、公平和充分信任的方式来对待金融同行，不对金融同行的工作过程、效果和能力进行评价。（2）处理同事的案主。社会工作者对同行转介过来的案主要一视同仁，尽自己的全部能力来提供帮助。

5. 金融社会工作者对金融和社会工作专业的伦理责任

（1）维持专业正直。金融社会工作者应该坚持和推进金融和社会工作两个专业的价值、伦理、知识和使命，维护两个专业的社会声誉和专业声誉。（2）社区服务。金融社会工作者应该通过开展社区服务使这两个专业更加贴近一般大众。（3）专业发展。金融社会工作者应该在实践中总结专业理论，推动金融和社会工作领域的理论更新和知识普及。

6. 金融社会工作者对社会的伦理责任

（1）金融稳定责任。金融社会工作应当通过自己的专业服务促进金融机构的组织变革和业务提升，维护金融系统的稳定。（2）政策倡导。金融社会工作者不仅要担负政策执行者的责任还应该在服务实践中发现政策实施的问题，倡导政策的改善。（3）促进普遍福利。金融社会工作者应该通过提升全社会的金融福祉，来促进全社会的普遍福利的增长。

（四）操作守则

操作守则是在操作观层面上的社会工作价值。金融社会工作应当在服务过程中具体贯彻和实现各个层面上的价值理念，灵活使用社会工作的各种原则和技术，以达到价值、知识和技术的统一。

随着金融社会工作的发展，一些机构开始尝试制定相关的操作守则和行业标准。例如，我国的江苏省泰州市同心社工服务中心就率先发布了《金融社会工作服务指南》，将其作为企业标准（Q/TXSW001－2009）向社会推广。

第二节　金融社会工作的工作范畴

由于金融社会工作发展的时间不长，国际上的许多学者都在尝试对金融社会工作的主要内容进行探讨。目前，关于金融社会工作的研究主要分为两大流派：一个是以沃尔夫森为代表的"金融诊断流派"；另一个是以谢若登、黄进为代表的"金融福祉流派"。我们可以在吸收金融社会工作两大流派已有研究成果的基础上，结合中国金融、经济、社会发展以及社会工作实践的现状，探索中国特色的金融社会工作的主要内容。

一、金融诊断流派的金融社会工作的主要内容

沃尔夫森将金融诊断的实务模式分为五个模块[①]。

模块一：启发金融福祉理念

该模块旨在帮助案主开始接触金融社会工作的理念和实务模式，通过"五步达成"流程，帮助案主改善自身的金融环境并建立"金钱运作"的个人意识和技能。

帮助案主接触金融社会工作是金融诊断的起点。在过去，案主接触到的金融服务多是由金融机构提供的有偿服务，对于金融社会工作的理念和实务比较陌生。即使金融社会工作提供的服务是无偿的，多数案主也可能会因为不愿意将金融事务这一隐私、敏感的领域暴露给外人，从而对金融社会工作者产生疑虑甚至抵触的心态。因此，金融诊断从一开始就需要帮助案主接触、了解和接受金融社会工作的理念和实务模式，与他们建立专业的关系。

帮助案主改善自身金融环境的目标是帮助案主达到"金融稳定"的状态。金融稳定是指每个人能够自由地作出独特的、个性化的、情感化的选择。金融社会工作通过持续的教育、动机和支持来促进这种选择。这就需要金融社会工作者尊重和理解每个案主个性化金融选择的独特性，并为之排除障碍，使客户更容易识别和联系到他们处于当前状态的原因以及未来想要达到的状态，帮助每个案主开启可持续的、长期的金融行为变革的旅程。

模块二：信用和债务入门

该模块主要是帮助案主加深对债务的认知，使其具备辨识良性债务和恶性债务的能力，提供个人信用维护、咨询以及破产管理等服务。

在现代经济中，债务对于个人和家庭生活是比较常见的，如信用卡、房屋按揭、购车按揭、信用贷款等。对于案主而言，存在着对债务比较排斥或者滥用债务等非理性的认知。金融社会工作者需要帮助案主加深对债务的理性认知，使其能够合理利用良性债务盘活金融资产，为生活带来便利；同时，遏制对恶性债务的滥用，根据自己的经济状

---

① Reeta Wolfson, "Financial Social Work: What It Is, What It Does, Why It Matters in All Economic Times", Center for Financial Social Work, P45－46.

况合理规划债务的比重。

现代经济中，个人信用记录对于个人的工作和生活具有重要的影响。但是，许多人并不注意或者不善于维护个人信用，从而造成工作和生活的诸多不便。金融社会工作需要为案主提供个人信用维护、咨询方面的服务。尤其是在案主处于破产状态下，金融社会工作要帮助案主在满足有关破产法律法规规定的前提下做好资产安排和生活安排，能够早日摆脱破产约束，恢复正常状态。

模块三：个人储蓄与消费计划的制订

个人储蓄和消费计划是个人金融事务的重点内容。许多人的金融状况不佳的重要原因可能是消费无节制且储蓄习惯不佳。该模块主要是金融社会工作者从帮助案主回溯个人消费的诱因和习惯入手，分析其消费的重点、是否有过度消费习惯、是否有良好的储蓄习惯、消费与储蓄之间是否形成良好的互动关系等；帮助案主树立良好的个人储蓄习惯，使其认识到个人消费与储蓄计划是金融安全的基础；根据个人金融事务的重点和目标，帮助案主着手制订个人储蓄与消费计划并一以贯之地执行下去。

模块四：储蓄和投资基础入门

面对金融市场中的机会，很多人虽然具有积极的投资意识，但是由于缺乏投资知识和手段，导致投资结果不尽如人意，不仅扭曲了个人对于金融的理性认知，而且对个人的生活造成了负面的影响。该模块主要是金融社会工作帮助案主学习投资的基本知识，掌握包括投资组合、保险、房产规划、财务计划、风险管理等金融方面的相关内容，对案主的储蓄和投资进行基础性的指导。

模块五：金融社会工作与个案和组织工作的整合

该模块主要是金融社会工作者自身素质的提升，主要内容包括金融社会工作者培养良好的道德规范、职业责任和工作标准，并将这些素质与金融社会工作组织的使命、项目和（或）个案工作进行整合，发挥金融诊断的作用。

二、金融福祉流派的金融社会工作的主要内容

谢若登、黄进等人以资产建设为核心概念，逐步发展出金融社会工作的金融福祉流派[①]。他们认为，金融社会工作有两大核心理念：金融福祉和金融能力，前者是金融社会工作的目标，后者是实现前者的手段和基础。

金融福祉包括金融稳定和金融发展，具有收入维持、资产建设、消费管理、信用建设和金融保护五项功能。金融稳定由金融机会和金融知识与技能两个基本要素组成。在每个二维空间之内，增加以下思考维度：（1）宏观、中观和微观的社会工作实践；（2）针对不同人群与服务对象的社会工作实践；（3）针对不同生命周期的社会工作实践；（4）使用不同社会工作干预方法的实践；（5）在不同工作场景中的社会工作实践；

---

① Margaret S. Sherraden and Jin Huang, "Financial Social Work", Encyclopedia of Social Work, National Association of Social Workers and Oxford University Press USA, 2019.

（6）与其他社会工作服务的互动。

根据上述金融社会工作的定义和理论框架，可以从多个维度形成金融社会工作的主要内容（见表3-1）。当然，随着未来金融社会工作的场景不断延伸，其服务的内容也会逐渐扩大到新的领域。

表3-1　　　　　　　　　　　金融社会工作的主要内容

	金融福祉要素	金融能力实务	
金融社会工作	收入维持和创造	1. 普惠金融项目	2. 金融知识与技能项目
		为案主进入收入支持项目提供便利	在员工金融教育计划中提供就业待遇信息
		协助案主获得税收补贴	帮助案主填写中低收入税收优惠申请表
		在老年社区就业计划中提供银行服务	培训案主使用福利 Web 计算器
		协助案主倡导最低工资政策的变革	在青年就业项目中创建金融教育计划
		捍卫福利国家政策	协助案主参加就业和收入支持政策
		代表案主倡导收入支持项目	
	资产建设	制订福利计划中的个人发展账户计划	为老年人提供退休收入计划的咨询服务
		帮助案主申请国家和地方的住房公积金计划，支持低收入群体购房	为案主提供购房补贴申请的咨询服务
		设计包容性儿童发展账户并进行政策评估	为小企业主提供金融辅导
		鼓励案主参与政策变革	为低收入学生进入大学提供援助性咨询服务
		排除政策歧视，设计包容性资产建设政策	在资产建设项目中融入金融教育计划
	消费管理	支持公共实物援助项目（如营养、住房、公用事业）	指导家庭制定预算和管理支出
		为公共福利接收者创造安全的电子支付环境	为存在发展障碍的儿童提供预算教育和规划
		帮助残疾儿童加入学生个人发展计划	为鳏寡孤独者提供财务咨询和财务现状评估
		努力消除营养援助计划和其他收入支持计划的资格限制	向尚未拥有银行账户的案主提供低成本开户的比较方案
			为受扶养人使用支出账户制订计划
	信用建设	在社区经济发展项目中为小企业主提供小额贷款信息	
		为小额贷款计划和其他福利计划之间建立伙伴关系	为成瘾者及受害家庭成员提供金融治疗和债务咨询服务
		倡导对掠夺性信贷产品进行规制	培训客户使用免费信用报告和评分服务
		组织全国性的小额信贷/微金融联盟	为女性企业主提供信贷咨询服务
	金融保护	帮助低收入企业主加入微保险项目	为企业主提供保险和风险管理的教育材料
		指导案主在医疗保险市场购买医疗保险	帮助案主获得政府为低收入家庭提供的汽车保险补贴
		支持低收入购房者与联邦房屋贷款计划的贷款人进行谈判	

资料来源：根据 Margaret S. Sherraden and Jin Huang，"Financial Social Work"，Encyclopedia of Social Work，National Association of Social Workers and Oxford University Press USA，2019，P10-12 整理。

总体看来，金融社会工作的主要内容具有以下特征。

1. 金融社会工作的服务内容分为微观、中观和宏观三个层面。在微观层面，金融社会工作的目标是增长案主的金融知识和技能，优化案主的金融行为。在中观层面，金融社会工作者主要承担组织、提供和倡导金融教育以及帮助案主获得各种项目的任务。在宏观层面，金融社会工作者的工作重心放在反对歧视性政策，倡导金融能力改善的政策和方案。

2. 金融社会工作实务旨在解决个人和家庭在不同生命阶段的金融需求。例如，它支持儿童保育和发展，青年时期的大学教育、就业、医疗、健康、创业、住房等，老年阶段的退休和收入安排。

3. 金融社会工作实务的服务对象重点放在受到历史和当代的政策所排斥的各种群体，如少数族裔、低收入家庭、妇女、残疾人和鳏寡孤独者。此外，它还服务那些遭受金融化冲击特别严重的群体，如无法使用互联网金融工具的人。

三、中国特色的金融社会工作的主要内容

金融诊断和金融福祉这两大金融社会工作流派是在美国的金融社会工作实务中发展出来的，具有重要的借鉴意义。但是美国的金融发展状况与中国有很大的不同：首先，美国的金融化程度更高，国民的金融素养更高；其次，美国金融的市场化程度更高，而中国金融领域的政府调控因素更强；最后，美国的社会工作整体水平发展比中国更高。这些差异决定了中国的金融社会工作绝对不能照搬美国金融社会工作发展的模式，而应立足于中国经济、社会和金融发展的基本国情，吸收美国金融社会工作发展的经验，发展出中国特色的金融社会工作。

中国特色的金融社会工作主要内容应当包括三个层面。

（一）微观层面

1. 金融诊断

随着我国经济金融化的程度加深，金融健康越发成为影响个人、家庭和社会发展的重要问题。在充分学习和吸收沃尔夫森提出的金融诊断理论和技术的基础上，我国的金融社会工作者可以针对案主的金融健康问题进行金融诊断，提升案主的金融素养，开展相关的金融治疗服务。

2. 家庭金融决策介入

随着我国家庭收入和金融资产的增加，家庭在金融决策方面的难度进一步加大。我国金融社会工作可以根据我国家庭成员特有的文化、年龄和知识结构以及国家的金融政策，介入家庭金融决策的过程中，提高家庭金融决策的科学性和合理性，促进家庭和谐和社会稳定。

（二）中观层面

1. 金融文化介入

与我国快速发展的金融行业相比，我国的金融文化还稍显滞后。我国的金融社会工作应以我国优良的传统文化为基础，广泛吸收世界各国金融文化的优秀、合理部分，充分投入到金融文化的建设中，打造中国特色的金融文化体系，使金融文化成为我国金融的国际竞争力和中华民族优良文化的重要部分。

2. 普惠金融介入

我国政府历来十分重视普惠金融的发展，这是中国金融事业发展的重要特征和重要方向。推动普惠金融是金融社会工作义不容辞的责任担当。金融社会工作应当主动宣传普惠金融政策，协助政府和金融机构做好普惠金融的硬件和软件建设，补齐短板，扩大普惠金融的覆盖面和水平，并适应时代的发展，积极推动数字普惠金融的普及。

3. 互联网金融介入

近年来，我国互联网金融发展势头迅猛，但由于制度建设和监管机制的滞后，互联网金融领域风险丛生，成为金融违法犯罪和重大事件爆发的重灾区。金融社会工作应当主动介入互联网金融，帮助金融用户熟悉、掌握互联网金融资源，协助规范互联网金融机构的金融行为，参与互联网金融事件受害者的维权和心理安抚，维护金融稳定和社会稳定。

（三）宏观层面

1. 社会福利政策倡导

金融社会工作应当积极改变服务对象的生态系统和自身的工作环境，倡导发展型社会福利政策。我国金融社会工作可以充分利用社会政策的全过程民主的优势，从政策的准备工作开始，金融社会工作可以全程参与到政策的调研、讨论、起草、发布、宣传、实施、反馈等过程，推动社会福利政策的优化，提高整个社会的福利水平。

2. 资产建设

我国的金融社会工作可以充分借鉴国际上资产建设的成功经验，发挥我国金融体系和其他制度优势，为儿童、低收入家庭以及其他社会弱势群体建立个人或家庭发展账户，帮助他们进行资产积累，使他们走上自力更生、自我发展的道路。

3. 小额信贷

我国的金融社会工作可以充分借鉴格莱珉银行等金融机构的先进经验，在已有小额信贷实践经验的基础上，全程参与面向农村和小微企业的小额信贷工作，帮助他们获得急需的金融资源并管理、使用好小额信贷，增强他们自力更生、自我发展的能力。

4. 乡村振兴

我国拥有广袤的乡村和规模巨大的乡村人口，这是我国的基本国情。党的十九大提出"实施乡村振兴战略"，是决胜全面建成小康社会、全面建设社会主义现代化国家的重大历史任务，是新时代"三农"工作的总抓手。金融社会工作应自觉贯彻乡村振兴战略，发挥自身的技术优势，深入到乡村地区，为乡村振兴的各项工作贡献自己的力量。

基本概念

金融社会工作的服务体系　金融社会工作的服务对象　金融社会工作的价值取向　金融社会工作专业价值　金融社会工作专业伦理　金融社会工作的金融诊断流派　金融社会工作的金融福祉流派　中国特色的金融社会工作

本章要点

金融社会工作的服务体系主要由金融社会工作的服务对象、提供者以及在服务过程中遵循的价值取向三个核心要素组成。

金融社会工作的服务对象应该是全体国民。（一）金融弱势群体是金融社会工作优先的服务对象。（二）家庭是金融社会工作基本的服务对象。（三）金融机构是金融社会工作重要的服务对象。（四）政府也是金融社会工作不可忽视的服务对象。

提供金融社会工作服务的主体主要分为政府相关部门、银行等金融机构、公益慈善组织、非金融类企业组织和社会工作机构五大类。以上各类金融社会工作的提供者之间并不是完全独立的。金融社会工作提供主体之间相互配合，共同推动全社会的金融福祉。

作为金融和社会工作两个专业的交叉领域，金融社会工作的价值取向必须兼顾这两大专业的价值体系。按照社会工作价值体系的构成，结合金融专业的价值体系，我们将金融社会工作的价值体系分为经济价值、社会价值、专业价值、专业伦理和操作守则五个层次。（一）经济价值是金融专业的基础，也是金融社会工作区别于其他社会工作的典型特征。（二）社会工作的社会属性决定了金融社会工作必须遵守社会主流的、先进的社会价值观，并将这种社会价值观体现在自己的服务过程中，注重服务的社会效益，做到经济效益和社会效益兼顾。除此之外，金融社会工作还应该引领社会价值观的发展，推动社会的进步。（三）金融社会工作专业价值包括效益、敬业、接纳、自决、个别化和尊重。（四）金融社会工作专业伦理包括金融社会工作者的自我伦理方面、金融社会工作者对服务对象的伦理责任、金融社会工作者对雇主和雇用组织的伦理责任、金融社会工作者对同行的伦理责任、金融社会工作者对金融和社会工作专业的伦理责任、金融社会工作者对社会的伦理责任。（五）金融社会工作应当在服务过程中具体贯彻和实现各个层面上的价值理念，灵活使用社会工作的各种原则和技术，以达到价值、知识和技术的统一。

金融诊断流派的金融社会工作将金融诊断的实务模式分为五个模块。（一）模块一：启发金融福祉理念。该模块旨在帮助案主开始接触金融社会工作的理念和实务模式，通过"五步达成"流程，帮助案主改善自身的金融环境并建立"金钱运作"的个人意识和技能。（二）模块二：信用和债务入门。该模块主要是帮助案主加深对债务的认知，使其具备辨识良性债务和恶性债务的能力，提供个人信用维护与咨询以及破产管理等服务。（三）模块三：个人储蓄与消费计划的制订。该模块主要是金融社会工作者从帮助案主回溯个人消费的诱因和习惯入手，分析其消费的重点、是否有过度消费习惯、是否有良好的储蓄习惯、消费与储蓄之间是否形成良好的互动关系等；帮助案主树立良好的个人与储蓄习惯，使其认识到个人消费与消费计划是金融安全的基础；根据个人金融事务的重点和目标，帮助案主着手制订个人储蓄与消费计划并一以贯之地执行下去。（四）模块四：储蓄和投资基础入门。该模块主要是金融社会工作帮助案主学习投资的基本知识，掌握包括投资组合、保险、房产规划、财务计划、风险管理等金融方面的相关内容，对案主的储蓄和投资进行基础性的指导。（五）模块五：金融社会工作与个案和组织工作的整合。该模块主要是金融社会工作者自身素质的提升，主要内容包括金融社会工作者培养良好的道德规范、职业责任和工作标准，并将这些素质与金融社会工作组织的使命、项目和（或）个案工作进行整合，发挥金融诊断的作用。

金融福祉流派的金融社会工作有两大核心理念：金融福祉和金融能力，前者是金融社会工作的目标，后者是实现前者的手段和基础。金融福祉包括金融稳定和金融发展，具有收入维持、资产建设、消费管理、信用建设和金融保护五项功能。金融能力由金融机会和金融知识与技能两个基本要素组成。

中国的金融社会工作应立足于中国经济、社会和金融发展的基本国情的基础上，吸收美国金融社会工作发展的经验，发展出中国特色的金融社会工作。中国特色的金融社会工作主要内容应当包括：（一）微观层面：1. 金融诊断，即针对案主的金融健康问题进行金融诊断，提升案主的金融素养，开展相关的金融治疗服务。2. 家庭金融决策介入，即根据我国特有的家庭文化、年龄和知识结构以及国家的金融政策，介入家庭金融决策的过程中，提高家庭金融决策的科学性和合理性，促进家庭和谐和社会稳定。（二）中观层面：1. 金融文化介入，即以我国优良的传统文化传统为基础，广泛吸收世界各国金融文化的优秀、合理部分，充分投入到金融文化的建设中，打造中国特色的金融文化体系，使金融文化成为我国金融的国际竞争力和中华民族优良文化的重要部分。2. 普惠金融介入，即主动宣传普惠金融政策，协助政府和金融机构做好普惠金融的硬件和软件建设，补齐短板，扩大普惠金融的覆盖面和水平，并适应时代的发展，积极推动数字普惠金融的普及。3. 互联网金融介入，即主动介入互联网金融，帮助金融用户熟悉、掌握互联网金融资源，协助规范互联网金融机构的金融行为，参与互联网金融事件受害者的维权和心理安抚，维护金融稳定和社会稳定。（三）宏观层面：1. 社会福利政策倡导，即利用社会政策的全过程民主的优势，从政策的准备工作开始，金融社会工作可以全程参与到政策的调研、讨论、起草、发布、宣传、实施、反馈等过程，推动社会福利政策的优化，提高整个社会的福利水平。2. 资产建设，即借鉴国际上资产建设的成功经验，发挥我国金融体系和其他制度优势，为儿童、低收入家庭以及其他社会弱势群体建立个人或家庭发展账户，帮助他们进行资产积累，使他们走上自力更生、自我发展的道路。3. 小额信贷，即借鉴格莱珉银行等金融机构的先进经验，在已有小额信贷实践经验的基础上，全程参与面向农村和小微企业的小额信贷工作，帮助他们获得急需的金融资源并管理、使用好小额信贷，增强他们自力更生、自我发展的能力。4. 乡村振兴，即自觉贯彻乡村振兴战略，发挥自身的技术优势，深入到乡村地区，为乡村振兴的各项工作贡献自己的力量。

♻ 复习思考题

1. 金融社会工作的服务对象包括哪些？
2. 论述金融社会工作的价值体系的层次。
3. 论述金融诊断的实务模式的模块。
4. 论述中国特色的金融社会工作的主要内容。

♻ 推荐阅读

1. 王思斌主编：《社会工作概论》（第三版），高等教育出版社 2013 年版。

2. 邓锁等主编：《资产建设：亚洲的策略与创新》，北京大学出版社 2014 年版。

3. ［美］迈克尔·谢若登著，高鉴国译：《资产与穷人》，商务印书馆 2005 年版。

4. Reeta Wolfson，"Financial Social Work：What It Is，What It Does，Why It Matters in All Economic Times"，Center for Financial Social Work.

5. Margaret S. Sherraden and Jin Huang，"Financial Social Work"，Encyclopedia of Social Work，National Association of Social Workers and Oxford University Press USA，2019.

第四章

金融诊断

◎ **引导性问题**

你有自己的财务规划吗？平时都是怎么进行财务规划的？

你遇到过金融难题吗？具体有什么表现？

遇到金融难题时，你会向谁求助？能够获得什么样的帮助？

社会工作始于玛丽·里士满的"社会诊断"，是对 19 世纪中后期第二次革命逐步深入带来的急速工业化、快速城市化引发的一系列社会问题的积极回应。二战后，随着金融行业的飞速发展和全球金融体系的形成，经济金融化和金融全球化也造成一系列新的金融问题。因此，对这些金融问题开展金融诊断成为社会工作的重要议题之一，从而诞生了金融社会工作这一新的领域。

第一节　金融诊断理论体系

金融诊断理论是丽塔·沃尔夫森根据女性经济学和社会工作理论，结合其 20 多年作为注册社会工作师的工作实践，总结出的一套以金融诊断为核心的金融社会工作理论体系。

一、女性经济学

女性经济学脱胎于女权主义理论，是由沃尔夫森于 1997 年创立的一个新概念。沃尔夫森敏锐地观察到，随着二战后女性解放运动和女权主义的发展，女性在政治、经济、社会活动中的地位和影响力逐渐提升。

（一）女性经济学产生的背景

1. 女性经济地位提高

第二次世界大战造成了世界青壮年男性人口的大规模伤亡，妇女主动或者被迫走出家庭，接受雇佣。女性在经济活动中的参与度和影响力的提高，显著提升了女性的经济地位。

2. 女性政治地位提升

二战后民主浪潮和性别平权主义运动的发展，促成了女性和男性一样拥有政治家们不可忽视的选票。同时，越来越多的女性参与到政治活动中，女性的政治地位获得极大的改善。例如，叱咤政坛的"铁娘子"撒切尔夫人和德国总理默克尔等都是具有世界影响力的政治家。

3. 女性教育水平的提高

二战后教育事业的发展，使得女性受教育程度普遍提高，推动了女性解放运动和女权主义的发展。

4. 女性的解放意识和平等意识空前高涨

随着女性政治地位的提升和经济地位的独立，越来越多的女性不甘于成为男性的依附，而是大胆地追求平等、独立的生活方式。女性解放意识和独立意识又推动很多女性的生育意愿下降，她们不愿意过多承担传统家庭模式下的家庭照料义务，而二战造成的人口损失又迫切需要妇女在人口再生产中承担更重要的责任。女性在家庭中拥有更大的自主权和主导权，越来越多的女性成为家庭的"经济学家"。

但是，政治上和经济上的性别歧视依然十分严重，女性的收入相比男性普遍较低，加上女性不得不承担家庭照料的义务，使得女性仍然承受着巨大的经济和社会压力。在正常家庭中，虽然女性承担着家庭"财务主管"的职责，这份工作看似风光无限，但是巨大的金融风险和繁重的事务，仍然让女性感觉如履薄冰。在单亲家庭中，女性作为户主和子女的监护人的比重远远超过男性。她们一方面要应付繁忙的工作，收入不高；另一方面还要照顾子女和家庭劳动，心力交瘁。单亲母亲的收入状况直接决定了家庭的经济状况、子女的健康和受教育质量，一旦单亲母亲失业，整个家庭就会陷入贫困的深渊。

（二）女性经济学的主要议题

沃尔夫森在社会工作实践中深刻体会到女性的经济劣势，希望借助"女性经济学"的研究唤醒社会对于女性的关注。后来，她发展出"女性经济2.0"，重点关注女性在金融领域的困境。这些困境包括七个方面的议题：一是女性的收入更低；二是在子女身上所承担的财务和心理上的责任；三是特别时期的健康照料需要的开支，例如妊娠期的照料，加上可能遭遇的失业问题；四是生活支出更多（源于女性独特的需要，如服装、护肤、保养等）；五是金融知识不足导致的财务管理不善甚至投资失败；六是寿命更长，导致养老金不足，孤苦无依，生活来源无着；七是因性别障碍导致的经济困境。

女性经济学试图从女性的视角，突出女性在经济生活和社会生活中的重要作用，发现女性经济特有的运行规律，着手解决女性在金融和经济领域中面临的困境，提出的解决方案包括但不限于：第一，改善女性在政治和经济生活中的地位，促进女性在教育、工作等方面与男性的平等权利，实现性别的同工同酬；第二，缓解女性在家庭中的照料、财务和心理上的压力，提倡和鼓励男性承担更多的家庭责任；第三，发展照料经济和生育福利，保障女性在妊娠、哺乳期间的基本收入和生活水平；第四，发展女性服务产业；第五，提高女性的金融素养；第六，增加女性的养老金收入；第七，保障特殊女性群体的平等就业权。

二、金融所有权

所有权是拥有某物的行为、状态或权利。沃尔夫森将所有权概念引入到金融社会工作领域，提出了金融所有权理论（financial ownership theory）。沃尔夫森认为，金融所有权有三层含义：一是要认识到金钱的重要性和有价值；二是强调个人对于自身金融行为的完全掌握；三是重视金融所有权伴生的责任。金钱的价值和重要性不言而喻。沃尔夫森强调，个人要与金钱建立朋友关系，对金钱保持着应有的尊重、关心和考虑。这意味着，个人不能对金钱抱有敌意，即使是在投资失败时，也不能逃避或者忽视，否则会引发金融问题。金钱没有天生的好或坏。它是一种资源，有能力改善或降低人们的生活质量。与金钱打交道时需要重新思考和更新不健康的金钱思想、情感和态度，避免金融行为和金融选择受到错误的干扰。

对自身金融行为的完全把握，意味着要承认金钱的相关性及在生活中的优先顺序。树立健康的金融思想、感觉和态度，有利于改善金融行为（收入、支出、储蓄、持股、借贷等）。传统的、健康的金融行为侧重于增加收入、减少债务和创造预算，但是随着时间的推移，生活和价值观也会发生变化，金融思想、情感和态度也要随之改变，才能保证金融健康和心理健康，从而实现金融福祉。

金融所有权意味着个人必须承担更多的责任，即掌握了金钱之后，不但可以改善自己的金融健康和生活质量，还要承担对家庭、他人、组织、社会更多的责任。这些责任包括带给家人更好的生活和照料、为他人提供在金融上力所能及的帮助和指导、提升所在组织的士气、绩效、生产力和底线意识以及利用金钱为社会作出更多的贡献。

三、金融素养

金融行为是金融素养的外在表现。沃尔夫森在金融社会工作实践中发现，不健康的金融行为实际上是因为金融素养不足（financial illiteracy）的内因造成的。金融素养不足的现象不仅非常普遍，而且会在代际之间传递和延续，即"金融素养不足的父母抚养出金融素养不足的孩子，而他们未来又会成长为金融素养不足的父母，形成金融素养不足的代际循环"①，沃尔夫森构建了"金融素养不足循环模型"（cycle of financial illiteracy）（如图4-1所示）。

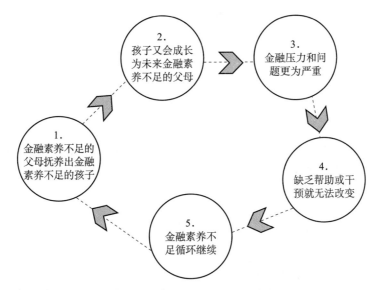

图4-1　金融素养不足循环模型

资料来源：作者根据 Reeta Wolfson，"Financial Social Work：What It Is，What It Does，Why It Matters in All Economic Times"，Center for Financial Social Work，https：//financialsocialwork.com，P9 绘制。

金融素养不足循环模型揭示出家庭和教育对全社会金融素养不足问题的影响。首先，金融素养是家庭教育的重要内容。父母要从小培养孩子的金融素养，对孩子的人生意义重大。其次，金融素养不足会传染给整个家庭。如果父母金融素养不足，伴生出金融问题，导致家庭经济状况出现困难，父母的各种不良情绪会对孩子产生消极的影响，尤其是不利于孩子金融素养的培育。最后，金融素养培养需要社会的努力。尤其是金融社会工作，应当对案主的金融素养不足问题进行介入，帮助案主培养改善金融状况的技巧、责任和优势，培训社会成员的金融素养，阻断金融素养不足问题的世代循环。

四、金融健康

沃尔夫森在金融社会工作实践中发现，人们现实的金融状况往往无法达到其金融预期（financial expectations）。例如，入不敷出、资不抵债、告贷无门，这种经济困境会带来心理、生理和情感方面严重的不适，从而影响到工作和生活的各个领域。因此，个人的金融状况不仅是一个经济问题，而且涉及心理健康问题。

---

① Reeta Wolfson，"Financial Social Work：What It Is，What It Does，Why It Matters in All Economic Times"，Center for Financial Social Work，https：//financialsocialwork.com，P9.

沃尔夫森将金融健康定义为个人有能力管理生活中的金融从而使金钱不再是一个持续的关注点和压力源，且对掌控金钱和生活更加有自信感。金融健康是由个人的金融行为决定的，金融行为反过来又影响个人的金融健康。

金融健康是一个非常具有挑战性的目标，其反面就是金融问题（financial problems）。金融问题意味着个人在金融事务上的不安全，既包括现期的收入中断、投资失败、债台高筑、拖欠房租、贷款断供、信用卡偿还困难等，也包括在未来缺乏足够的应急基金、养老金、子女的教育储蓄以及可靠的现金流等。金融问题会引发个人的压力、焦虑、担忧，并一直面临精神、身体和情感健康问题的风险。

金融问题不仅是个人的问题，而且可能会转化为雇主的问题。沃尔夫森构建了"金融健康在工作场所中的影响模型"（如图 4-2 所示）。她指出，如果工作中的个人出现金融问题时，他们往往会出现工作迟到或缺席、为补充收入兼职而降低本职工作投入和生产效率、提前支取养老金、更容易犯错以及出现与压力有关的健康问题。

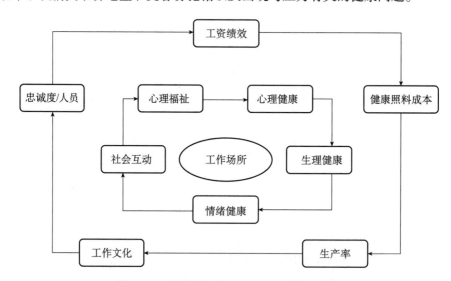

图 4-2　金融健康在工作场所中的影响模型

资料来源：作者根据 Reeta Wolfson，"Financial Wellness In The Workplace：A Mental Health and Bottom Line Issue"，Center for Financial Social Work，https：//financialsocialwork.com，P6 绘制。

金融问题与自我意识结合在一起，就会形成金钱自我综合征（my money myself syndrome），对精神、身体、情感和社会福利产生负面影响。金钱自我综合征是指不健康的金钱思想、感情和态度扭曲了那些存在经济问题的个人看待自我和世界的视角，从而使其经济状况和自我意识、自尊、自我价值等陷入困境。沃尔夫森构建了"金钱自我综合征"模型（如图 4-3 所示），阐述了金钱与自我意识的影响。金钱自我综合征本质上是一种与身份的斗争：自我意识要求个人不能把因金钱产生的羞耻、焦虑、恐惧和担忧等不良情绪表现给其他人或者带入工作场所，而个人因金钱和自我不和谐而发生消极行为时，个人的身份往往会影响工作或者其他人的情绪，金融行为会对人际交往产生影响。因此，金钱自我综合征具有一定的传染性。

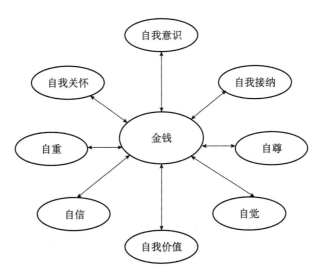

图4-3　金钱自我综合征模型

资料来源：作者根据 Reeta Wolfson，"Financial Wellness In The Workplace：A Mental Health and Bottom Line Issue"，Center for Financial Social Work，https：//financialsocialwork.com，P9 绘制。

沃尔夫森根据社会工作的心理动力学、认知行为理论、系统论、生态论等理论基础，将"全人"模型和金融健康概念结合起来，创建了"全人金融健康模型"（如图4-4所示），旨在揭示个人非金融的生活领域如何影响金融领域。她指出，每个金融决策都存在着阴影，收入水平和教育既不能预测也不能抵御这一问题。

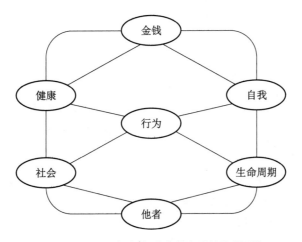

图4-4　沃尔夫森的"全人金融健康模型"

资料来源：作者根据 Reeta Wolfson，"Financial Social Work：What It Is，What It Does，Why It Matters in All Economic Times"，Center for Financial Social Work，https：//financialsocialwork.com，P15 绘制。

全人金融健康模型的核心要素包括以下内容。

1. 金钱

金钱是导致许多思想、感情、态度和信仰存在区别的来源。但是人们在对金钱的讨论、理解或管理上存在很大的困难。因此，金钱对于金融健康和康复非常重要。

2. 自我

个人与自我的关系和个人与金钱的关系一样重要。个人自身的想法和信念会影响到金融行为，而金融行为决定了金融状况。

3. 行为

金融行为包括个人收入、消费、储蓄和借贷等。金融行为的改变，会带来一系列的改变。

4. 他者

他者包括配偶、子女、亲戚、朋友、同事、合作伙伴以及在个人生命中出现的其他人，都会直接或间接地影响个人的金融决策。甚至还不为人知的是，个人还会受到所在社区的金融意愿、需求和选择的影响。

5. 社会

金钱存在于一个不断受到媒体、社交、政治和其他影响刺激的社会中。这些刺激塑造了个人与金钱以及个人与自身的关系。

6. 生命周期

在整个生命周期中，总有一些需要去满足的金融任务和期望。这些任务和期望曾经是雇主或政府的责任，但现在成了个人或家庭的责任，但是他们大多还没有准备好应对这些问题。

7. 健康

金融问题及其造成的压力会损害人的身体、情绪和心理健康。在大多数情况下，这种因果关系往往被忽略，随之而来的高血压、溃疡、焦虑、抑郁、心脏病以及许多其他疾病正在摧残着人们的身体和心灵。

五、金融治疗

金融治疗（financial healing）是金融社会工作者根据"全人金融健康模型"，使用科学、专业的社会工作方法，对案主的金融素养不足问题和金融问题以及由此产生的不健康的金融行为进行介入、诊断和治疗，帮助案主恢复金融健康，实现社会福祉增进。

沃尔夫森构建了"金融治疗模型"（如图 4 - 5 所示），并提出了金融治疗的四个核心原则，即重新思考和重构与金钱以及自我的关系、培养更健康的金融习惯、与金钱建立朋友关系以及增长金融知识。

1. 重新思考和重构与金钱以及自我的关系

沃尔夫森认为，人们与金钱的关系随着生命周期的变化而不断演变。在童年阶段，人们与金钱受到抚养人和抚养方式的影响，家庭对待金钱的态度与氛围、家庭的经济状况、父母对于金钱的态度和金融行为等都会产生深刻的影响。在成年时代，人们与金钱的关系会受到配偶、亲戚、朋友、导师、同事、伙伴等他者的影响。此外，媒体和社会媒介也是强有力的影响因素。这些影响会形成个人对金钱的想法、感受、信念和态度，以及如何与金钱建立联系的认知，进而决定人们的各种金融抉择。

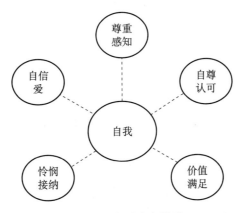

图4-5　金融治疗模型

资料来源：作者根据 Reeta Wolfson，"Financial Social Work：What It Is，What It Does，Why It Matters in All Economic Times"，Center for Financial Social Work，https：//financialsocialwork.com，P29 绘制。

个人与金钱的关系很复杂。在以财富衡量成功的文化环境中，人们很容易把自我价值与净资产相混淆。当个人的金融现状与期望相距甚远时，就会陷入一种自尊感低、自我意识差和缺乏自信的情感陷阱。因此，个人要重构金钱与自我意识的关系，树立强大的自我意识，避免成为金融环境的受害者，掌握如何预防伤害、规避风险，走出债务、贫困、失业等较差金融状况对自我意识全面压制的状态。

金钱是人们生活中的重要压力源，也是导致抑郁、焦虑、虐待、犯罪、离婚和家庭暴力的重要原因。这些社会问题给不同种族、宗教、文化和社会经济背景的人们带来恐惧、担忧、羞耻和内疚。金融治疗就是在传统心理健康的基础上加入金融健康理念以及社会工作帮助案主的专业技巧，帮助案主重新思考与金钱的关系以及对于金钱的自我意识，解决金融问题所带来的消极情绪以及由此产生的消极后果，改善案主的生活状态，使案主获得更全面的保障。

2. 培养更健康的金融习惯

沃尔夫森认为，人们的金融行为（赚钱、消费、储蓄、持股和借贷）是其与金钱以及自我关系的结果。简单地说，金融行为决定了金融状况，金融状况决定了金融健康。她认为，一个良好的金融习惯应该是"每天都可以选择如何使用金钱：存钱、花钱、分享、增值"。[1]

金融社会工作应以案主为中心，与案主建立友善关系，通过帮助案主实现内部对话和自我反思，将案主的视角从金钱转向金融习惯和金融行为，增强金融环境中的抗逆力，减少不熟悉的金融概念和语境带来的焦虑，为自己创造一个更有利于改善金融健康和金融福祉的环境。

3. 与金钱建立朋友关系

沃尔夫森指出，很多人与金钱的关系是错误的：有些人对金钱抱有敌视的态度，认

---

① Reeta Wolfson，"Financial Social Work：What It Is，What It Does，Why It Matters in All Economic Times"，Center for Financial Social Work，P31.

为不配拥有自己想要的东西或者有罪恶感；有些人认为自己没有能力把钱花在正确的地方；有些人认为他们任何时候都不会有足够的金钱；还有一些人不愿意放弃被国家救济的幻想，甚至有部分人在谈及更好的金融未来时不够自信，或者因为不知道如何谈论金钱而感到羞愧和不安。

有金融问题的人经常处于不断被归类和被标签的危险中，使得他们的生活更加困难。他们要独自去处理金融问题，并应对随之而来的心理、身体、情绪和社会问题。由此产生的压力让他们很容易把生活中的所有问题都归咎于"金钱"，并且用这种思维来逃避和忽视他们的金钱。这些行为使得他们的金融健康更差，金融问题进一步加剧。

因此，沃尔夫森认为，金融社会工作要帮助案主与金钱之间建立以共同的价值观、尊重和目标为重要品质的朋友关系，"帮助案主提升金融健康的最佳方式是帮助他们与金钱做朋友"①。

4. 增长金融知识

金融知识对于金融行为的重要性毋庸置疑。无论是金融问题还是金融素养不足，根本原因都在于金融知识的欠缺。沃尔夫森在多年的金融社会工作服务实践中总结出，案主迫切需要掌握资金管理信息（信贷、债务、储蓄、投资等）以引导其生命周期的每个阶段。沃尔夫森构建了"金融生命周期模型"（financial life cycle model）（如图4-6所示），阐明个人在各个生命周期内金融知识提升的重点方向。

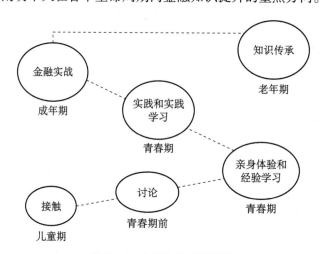

图4-6　金融生命周期模型

资料来源：作者根据 Reeta Wolfson，"Financial Social Work：What It Is，What It Does，Why It Matters in All Economic Times"，Center for Financial Social Work，https：//financialsocialwork. com，P35 改编。

因此，金融社会工作必须通过整合金融教育（内容、动机、验证、支持和活动），帮助案主参与金融和个人成长，提升案主管理金钱和生活的能力，从而改变案主的生活方式。金融知识的增长不仅意味着案主掌握金融技能和工具，而且将其对金钱消极的思

---

① Reeta Wolfson，"Financial Social Work：What It Is，What It Does，Why It Matters in All Economic Times"，Center for Financial Social Work，P33.

想、感受和态度转变为积极和充满希望的思想、感受和态度。

第二节　金融诊断实务

金融社会工作是一种互动性、内省性、体验性的行为模式，具有高度的心理社会性。在 20 多年的金融社会工作经验积累的基础之上，沃尔夫森总结出以金融诊断为核心的金融社会工作实务模式，即根据金融社会工作的理念和金融诊断的理论，帮助案主确立金融所有权，通过持续的教育提高案主的金融素养，并对案主的金融问题开展金融治疗，确保案主的金融健康。

一、金融诊断实务的核心原则

沃尔夫森认为，金融诊断实务除了遵循社会工作实务一般的原则之外，还要结合金融行业的特点和金融社会工作心理社会特性，遵循三条核心原则。

（一）综合性原则

金融诊断是一项促进个人金融行为变革的综合性工程，因此，必须将金融社会工作者对案主的支持、指导、理解、共情、激励和案主自身通过继续教育掌握金融工具和技能以及对未来生活的希望和社会贡献有机结合起来。

（二）个性化原则

个人的金融行为是一项非常独特的、人格化和情绪化的选择，贯穿于个人的整个生命周期。不但每个人的金融行为存在着很大的区别，即使是同一个人在不同时期、不同状态下的金融行为也会出现较大的差异。因此，金融诊断必须秉承个性化原则，根据每个案主的具体情况为其设置针对性的服务方案。

（三）可持续发展原则

金融诊断的目标是通过帮助案主实现金融行为，从而提高其金融福祉。因此，金融诊断实务模式应着眼于案主可持续、长期的金融行为变革。

二、金融诊断实务的策略

沃尔夫森从多年的金融诊断的实践经验中总结出金融诊断实务的 10 个策略①，这些

---

① Reeta Wolfsohn，"How and Why to Engage Clients in Financial Behavioral Change"，Center For Financial Social Work，http：//www.financialsocialwork.com/，2012.

策略有助于案主积极接受金融诊断的服务，促进自身的金融行为变革。

策略一：帮助案主了解金融诊断的意义

承受金融压力或者生活贫困的人们无不希望能够改善现状，但他们不一定确切知道产生现状的原因、需要做什么、从哪里开始以及自己能发挥什么作用。如果金融诊断只是简单地告诉案主如何做以及该做什么来创造更加美好的未来，其结果很可能是案主被动地亦步亦趋或者置若罔闻，不会产生积极的实质性影响。金融社会工作者需要做的是帮助客户了解并接受金融诊断过程，主动确认金融所有权。

金融诊断应当以向案主提出开放式问题作为起点，帮助他们开始思考如何变革自身的金融行为来改善未来的金融状况和生活方式，并开始主动寻找作出改变所需的解决方案。

策略二：帮助案主把握当前所处的真实状态及其原因

很多案主其实对自己真实的金融状态无法作出清晰的判断，或者对造成当前状态的原因缺乏准确的把握，致使他们对自己的现状和未来缺乏必要的洞察力，迷失作出金融行为变革的方向。

对于金融社会工作者而言，在金融诊断开始阶段，需要帮助案主分析当前的真实状态以及造成这种状态的原因所在。当案主自己分析出来的结果与金融社会工作者的分析结果存在一定的出入时，金融社会工作者可以从帮助案主分析何以得出这样的结果入手，引导案主将现状分析与过往的选择联系起来，确认案主作出现状判断的历史性或者习惯性因素，从而了解案主的金融行为习惯，为案主寻找变革的方向。

策略三：帮助案主确定未来的方向

以帮助案主把握当前所处的真实状态为基础，金融社会工作者要进一步帮助案主确定金融行为变革的未来方向。金融行为变革不是一朝一夕的事情，需要案主在日积月累的过程中逐步地改变。因此，一旦案主完成了策略二，就需要进一步确定实现目标所需的具体步骤。除了明确的方向之外，这个过程还需要案主始终保持高度的热情和恒心，也需要金融社会工作者坚持不懈的指导和鼓励。

在实际操作过程中，金融社会工作者不妨帮助案主将未来的远景方向拆分为短期和中期的方向，以便具有更强的操作性。例如，金融社会工作者可以帮助案主分别确定一年以后、三年以后、五年以后的远景方向，并根据这些目标制定相应的具体步骤。

策略四：帮助客户主动把握选择权

案主常常会感到自己没有选择，或者有时候作出选择也并非出于自己的意愿。如果案主能够意识到在未来会有更好、更多的选择，那么他们就会主动把握住当前的每一个选择。因此，金融社会工作者需要帮助客户树立主动选择的意识，同时向案主传授良好的决策技能。在金融诊断实务中，金融社会工作者一方面可以引导案主主动分享其在选择决策时的真实想法和状态，分辨哪些选择是主动意愿或者被动接受的结果；另一方面，帮助案主分析在决策过程中采取的步骤以及产生的结果，促使他们重新思考如何作出选择，把握选择的主动权并承担决策的后果。

策略五：帮助案主将自我评估融入日常生活

自我评估是一个与时俱进、逐步深入的过程，可以帮助案主跟踪和监控他们的努力是否奏效，从而使案主能够有意识地保持金融行为的变革，迈向更美好的未来。金融社会工作者需要帮助案主掌握自我评估的工具，在日常生活中不断评估金融知识的增长和金融行为的变化，并根据评估的结果不断更新或者修改目标和时间表。当自我评估结果显示案主已经取得了一定的进步和成功时，金融社会工作者可以和案主一起分析总结已有的成功经验，鼓励案主继续持之以恒；当案主已有的选择和决策不利于个人金融行为的变革和金融目标的实现时，则需要在金融社会工作者的指导下检讨金融行为和策略，及时进行调整，避免负面强化。

策略六：帮助每个案主联结其生活中的金融相关内容

每个案主都是独一无二的。当他们接触金融社会工作者时，所处的生命周期、职业生涯、认知水平、财务状况各有不同，因而所面临的问题和议题也大相径庭。一些案主改变金融行为的愿望可能会比较强烈，但大多数案主可能还处于懵懂或者观望的状态。无论案主具有什么样的身份，或者案主与金融社会工作者之间的关系从何开始，金融社会工作者都需要引导案主与生活中的金融相关内容的现实联系起来，因为这对案主生活的其他所有领域都有重大影响。通过这种联结，案主可以了解金融的重要性以及过去的金融行为与选择对于目前的状况的相关性，认识到自我与金钱之间的关系对金融现状的重要影响。

策略七：帮助案主理解金钱对于他们的意义和效用

金钱对每个人具有不同的意义和效用，对他们的思想、情感以及金钱观有着重要的影响。了解金钱对人生的意义是案主推动自身金融行为变革的关键部分。

金融社会工作者在帮助案主理解金钱的意义和效用时，可以尝试列举一些词语（见表4-1），供案主选择用来表达他们对金钱的意义和效用的感知。在案主反馈的基础之上，金融社会工作者和案主一起反思案主与金钱的关系以及金钱对于他们的意义和效用，有助于提高案主的金融意识。金融社会工作者也可以尝试类似的活动，引导案主列出与金钱有关的感受（如消极、积极、绝望、希望、可能性等），因为个人对金钱的感受是其与金钱如何互动以及产生相应的金融行为的一个主要因素，并对个人的金融状况产生重大的影响。

表4-1 案主用于表达金钱的意义和效用的词语

成功	失败	承诺	恐惧
慷慨	剥夺	奖励	失败
生存	死亡	真理	依赖
独立	效率	控制	操作
失去	依恋	利益	不利
贪婪	积累	丰裕	自由

续表

泛滥	稀缺	贫穷	富裕
财富	慷慨	剥削	信任
安全	危机	其他	……

策略八：帮助案主设定个人及其金融的边界

谈论金钱在文化中常常是一种严重的禁忌，这点在中国和美国的文化中都不例外，因此，个人及其金融问题都存在一定的边界。

个人界限确定其与他人互动时感到舒适的方式，以及每个人设定安全体验生活参数的权利，因而提供了一种有助于满足个人的身体、情感和精神需求，并尊重他人的相同需求的"规则"。设定一系列明确的个人界限，可以为更健康、更幸福的生活铺平道路。

金融边界为个人提供控制金钱和生活的方向，是学习如何更好地管理金钱的重要一步；同时，金融边界也是个人的金融策略之一，是其与他人发生金融互动的指导性原则，决定个人如何在金融实务上与外界联系的方式。

金融社会工作者需要帮助案主了解个人及其金融的边界在哪里以及如何设定这些边界，排除任何人或任何情况的干扰，从而在未来作出情绪更稳定和财务更安全的选择，促使案主在生活的各个领域保持健康。

策略九：帮助案主识别他们的金融习惯或金融模式

收入、支出和储蓄是个人最基本的金融习惯，在日常基础练习的基础上逐步形成终身的行为模式。一旦形成之后，就很难改变，除非个人能够识别自己的金融习惯及其全部影响，并且改变这些金融习惯能够带来改善个人财务稳定性的益处。收入、支出和储蓄反映个人的选择，这些选择往往是为了短期结果，而不是考虑其长期影响，因为大多数人对自己的财务模式并没有足够清醒的认识，金融习惯的改变也并非一朝一夕的事情。

金融社会工作者可以从询问案主想要他们的金钱达到什么样的目标入手，这个问题的答案代表着案主的希望、梦想和目标，并为创造新的、不同的财务习惯设定方向，从而能够创造一个情绪和财务更稳定的未来。只有帮助案主正确识别他们的金融习惯和金融模式，并且意识到改变金融模式的必要性和未来的收益，案主才有可能对自己的金融行为负责，并尝试开始改变。

策略十：帮助案主支配金钱而不是受金钱支配

在消费主义文化中，金钱意味着权力，有钱人掌握着权力，而贫穷或金融问题被认为是一种羞耻的、持续的生活方式，从而导致穷人不健康的金融行为或者放弃自己的金融责任。这种金钱意识还会进行代际传递，成为贫困文化的重要组成部分。

金融社会工作者要帮助案主培养正确的金融所有权意识，使他们认识到只有建立对金钱的支配权，才能取得对生活的自主掌控权。即使身处贫困之中或者遭遇金融问题，也不能自暴自弃，放弃对金钱的责任。

三、金融诊断实务的要点

金融诊断实务是案主在金融社会工作者的帮助和引导下反思自己的金融习惯和金融模式，改善对金钱的关系和金钱意识，通过金融决策和行为的改变，达到未来的金融健康状况和美好的生活目标。金融社会工作者的任务是运用社会工作的方法，根据案主的特点，提供不同的帮助和支持，来教育、激励和支持案主提高个人的金融素养。因此，金融社会工作者在其内容诊断实务中要恪守社会工作的伦理与准则，保证专业性，注意以下工作要点。

（一）尊重案主的个体差异和隐私

现代社会，每个人都可能面临金融问题，因此，金融社会工作服务的对象覆盖的范围非常广泛。案主在种族、民族、宗教、性别、年龄、资产状况、金融认知等各方面都存在着巨大的差异。因此，金融社会工作者要充分认识、尊重案主个体上的差异性，并根据这些差异设计个性化的、有针对性的服务方案。由于金融选择具有很强的个人性、隐私性和情感性，金融社会工作者在金融诊断实务中要充分保护案主的隐私和情绪，切忌批评或评价案主过往的金融行为和选择。

（二）尊重案主的主体性和愿望

金融社会工作者要牢记自己的角色定位，在金融诊断过程中要尊重案主的主体性，切忌越俎代庖，为案主作出任何决定，而是要为案主提高金融认知和变革提供各种帮助，即帮助案主加深对自我的了解，协助案主提高在金融认知上的自我意识、自尊、自信和自我价值，鼓励和引导案主作出基于自身条件和需求的决策，帮助案主制定金融行为变革的目标，给予案主改变现状的希望并协助其通过各种具体步骤达成既定的目标。

（三）坚持系统性、全局性的服务视角

金融问题是一个系统性问题。因此，金融行为变革需要坚持系统性、全局性的视角。金融社会工作者应帮助案主认识到产生金融问题的系统性根源，以及这些系统性根源对其金融状况产生的影响，尤其是将金融要素与家庭和工作场所等系统联结起来，协助案主对其在家庭和工作场所的金融行为和情感保持警觉，帮助案主认识个人和金融边界的关联性、意义及其重要性，同时提高案主增进金融沟通技巧以使其能更理性地讨论金融问题，引导案主通过改变系统环境来解决金融问题和促成金融行为变革。

（四）持续跟进服务

金融行为变革是一项长期、艰巨的任务。案主可能会因为自身困难或者各种因素的干扰中途放弃原先设定的目标，致使金融诊断前功尽弃。因此，金融社会工作者要对案

主持续地跟进服务，督促案主短期、中期和长期目标的分步达成，帮助案主对目标达成和实施过程进行自我评估。当案主的金融境况稳定时，金融工作者还要协助他们预防未来可能出现的金融恶化风险。

基本概念

金融诊断理论　女性经济学　金融所有权　金融健康　金融问题　金钱自我综合征　全人金融健康模型　金融治疗

本章要点

金融治疗理论是丽塔·沃尔夫森根据女性经济学和社会工作理论，结合其 20 多年作为注册社会工作师的工作实践，总结出一套以金融诊断为核心的金融社会工作理论体系。它包括女性经济学、金融所有权、金融素养、金融健康、金融治疗等理论。

随着二战以后女性解放运动和女权主义的发展，女性在政治、经济、社会活动中的地位和影响力逐渐提升。但是，政治上和经济上的性别歧视依然十分严重，女性的收入相比男性普遍较低，加上女性不得不承担家庭照料的义务，使得女性仍然承受着巨大的经济和社会压力。女性经济学试图从女性的视角，突出女性在经济生活和社会生活中的重要作用，发现女性经济特有的运行规律，着手解决女性在金融和经济领域中面临的困境，提出的解决方案包括但不限于：第一，改善女性在政治和经济生活中的地位，促进女性在教育、工作等方面与男性的平等权利，实现性别的同工同酬；第二，缓解女性在家庭中的照料、财务和心理上的压力，提倡和鼓励男性承担更多的家庭责任；第三，发展照料经济和生育福利，保障女性在妊娠、哺乳期间的基本收入和生活水平；第四，发展女性服务产业；第五，提高女性的金融素养；第六，增加女性的养老金收入；第七，保障特殊女性群体的平等就业权。

金融所有权有三层含义：一是要认识到金钱的重要性和有价值；二是强调个人对于自身金融行为的完全掌握；三是重视金融所有权伴生的责任。金钱的价值和重要性不言而喻。金融所有权意味着个人必须承担更多的责任，即掌握了金钱之后，不但可以改善自己的金融健康和生活质量，还要承担对家庭、他人、组织、社会更多的责任。这些责任包括带给家人更好的生活和照料、为他人提供在金融上力所能及的帮助和指导、提升所在组织的士气、绩效、生产力和底线意识以及利用金钱为社会作出更多的贡献。

不健康的金融行为实际上是因为金融素养不足的内因造成的。金融素养不足的现象不仅非常普遍，而且会在代际之间传递和延续。金融素养不足循环模型揭示出家庭和教育对全社会金融素养不足问题的影响。

沃尔夫森将金融健康定义为个人有能力管理生活中的金融从而使金钱不再是一个持续的关注点和压力源，且对掌控金钱和生活更加有自信感。金融健康的反面是金融问题。金融问题意味着个人在金融事务上的不安全，既包括现期的收入中断、投资失败、债台高筑、拖欠房租、贷款断供、信用卡偿还困难等，也包括在未来缺乏足够的应急基金、养老金、子女的教育储蓄以及可靠的现金流等。金融问题会引发个人的压力、焦虑、担忧，并一直面临精神、身体和情感健康问题的风险。沃尔夫森构建了"金融健康在工作场所中的影响模型"。她指出，如果工作中的个人出现金融问题时，他们往往会出现工作迟到或缺席、为补充收入兼职而降低本职工作投入和生产效率、提前支取养老金、更容易犯错以及出现与压力有关的健康问题。

金融问题与自我意识结合在一起，就会形成金钱自我综合征，对精神、身体、情感和社会福利产生负面影响。金钱自我综合征是指不健康的金钱思想、感情和态度扭曲了那些存在经济问题的个人看待自我和世界的视角，从而使其经济状况和自我意识、自尊、自我价值等陷入困境。沃尔夫森构建了"金钱自我综合征"模型，阐述了金钱与自我意识的影响。

沃尔夫森创建了"全人金融健康模型"，旨在揭示个人非金融的生活领域如何影响金融领域。她指出，每个金融决策都存在着阴影，收入水平和教育既不能预测也不能抵御这一问题。全人金融健康模型的核心要素包括金钱、自我、行为、他者、社会、生命周期、健康等。

金融治疗是金融社会工作者根据"全人金融健康模型"，使用社会工作科学的、专业的方法，对案主的金融素养不足问题和金融问题以及由此产生的不健康的金融行为进行介入、诊断和治疗，帮助案主恢复金融健康，实现社会福祉。沃尔夫森构建了"金融治疗模型"，并提出了金融治疗的四个核心原则，即重新思考和重构与金钱以及自我的关系、培养更健康的金融习惯、与金钱建立朋友关系以及增长金融知识。

金融社会工作是一种互动性、内省性、体验性的行为模式，具有高度的心理社会性。在20多年的金融社会工作经验积累的基础之上，沃尔夫森总结出以金融诊断为核心的金融社会工作实务模式，即根据金融社会工作的理念和金融诊断的理论，帮助案主确立金融所有权，通过持续的教育提高案主的金融素养，并对案主的金融问题开展金融治疗，确保案主的金融健康。

金融诊断实务除了遵循社会工作实务一般的原则之外，还要结合金融行业的特点和金融社会工作心理社会特性，其核心原则包括综合性原则、个性化原则、可持续发展原则。

金融诊断的实务模式分为五个模块：启发金融福祉理念、信用和债务入门、个人储蓄与消费计划的制订、储蓄和投资基础入门、金融社会工作与个案和组织工作的整合。

金融诊断实务的10个策略包括：帮助案主了解金融诊断的意义、帮助案主把握当前所处的真实状态及其原因、帮助案主确定未来的方向、帮助客户主动把握选择权、帮助案主将自我评估融入日常生活、帮助每个案主联结其生活中的金融相关内容、帮助案主理解金钱对于他们的意义和效用、帮助案主设定个人及其金融的边界、帮助案主识别他们的金融习惯或金融模式、帮助案主支配金钱而不是受金钱支配。

金融诊断的要点包括：（1）尊重案主的个体差异和隐私；（2）尊重案主的主体性

和愿望；（3）坚持系统性、全局性的服务视角；（4）持续跟进服务。

🔄 复习思考题

1. 如何理解女性经济学？
2. 阐述全人金融健康模型的基本内容和指导意义。
3. 金融诊断实务有哪些策略？
4. 金融诊断实务中要注意哪些要点？

🔄 推荐阅读

1. Wolfsohn R. ，"Financial Social Work：What It Is，What It Does，Why It Matters in All Economic Times"，North Carolina：Center for Financial Social Work，https：//financial-socialwork. com.

2. Wolfsohn R. "Financial Social Work：Basics and Best Practices"，North Carolina：Center for Financial Social Work，https：//financialsocialwork. com.

3. 林典、薛稚宁、钱宇璇：《浅析 Reeta Wolfsohn 的金融社会工作思想》，载于《重庆城市管理职业学院学报》2019 年第 3 期。

第五章

家庭金融决策介入

◎ **引导性问题**

你的家庭每年都会制订金融计划吗？哪位家庭成员在制订家庭金融计划中拥有更多的话语权？

据你观察，你的父母亲在家庭金融决策中采取什么样的步骤？你是否曾经参与其中？

你的家庭在金融决策中遇到过什么样的困难？是否求助过他人？

家庭是社会的基本单元，是金融市场重要的参与主体之一。家庭参与金融市场的各种决策行为，直接关系到每个家庭成员的福祉，更关系到经济的发展和社会稳定。受家庭成员金融素养、内部关系以及外部环境的诸多影响，家庭金融决策往往会遇到许多困难，因而需要金融社会工作的介入。

第一节　家庭金融决策的基本概念

一、家庭的内涵及其主要特征

（一）家庭的定义和基本功能

家庭（family）是一种以血缘为基础、以情感为纽带、以共同的住处、经济合作和繁衍后代为主要特征的社会单元。英国社会学家安东尼·吉登斯将家庭定义为"直接由亲属关系连接起来的一群人，其成年成员负责照顾孩子"[1]。

---

[1]　［英］安东尼·吉登斯著，赵旭东等译：《社会学》（第4版），北京大学出版社2003年版，第217页。

　　结构功能主义认为，家庭是承担初级社会化、人格稳定化和经济合作等基本功能的社会单元。初级社会化是指家庭承担着抚养子女帮助其完成早期社会化的责任。人格稳定化是指家庭承担着支持家庭中成年成员人格发展和心理健康的功能。经济合作是指家庭在组织成员之间互相协作进行生产和再生产方面的职能。

　　马克思主义认为，家庭本质上是自然关系和社会关系的矛盾统一体，具有生育与经济生产两种基本功能。恩格斯认为，家庭是以生产为目的的社会结合的最简单的和最初的形式。他依据夫妻婚姻关系的结合方式，将家庭形态划分为血缘家庭、普那路亚家庭（伙婚制家庭）、对偶制家庭、专偶制家庭，强调家庭的形成是建立在婚姻关系基础上的。恩格斯指出，伴随着一夫一妻制家庭的产生，妇女通过依托大工业投身到公共事业中得到自身的解放，夫妻是以相互性爱和真正自由的协议为基础的，父母与子女在权利与义务方面更加平等，子女不再受父母的支配与剥削，子女的成长及教育均由社会来负责，真正实现了父母子女关系的平等。

（二）家庭的类型

1. 按照规模和结构划分

　　我们可以按照家庭的规模和结构将家庭类型划分为：（1）核心家庭（nuclear family）：即由一对已婚父母和未婚子女组成的家庭。（2）主干家庭（stem family）：由一对已婚父母和一对已婚子女（或者再加上其他亲属）组成的家庭。（3）扩展家庭（extended family）：由不同代的有亲子关系的多个核心家庭组成。（4）联合家庭（joint family）：由同代的两位以上的亲属及其配偶子女共同组成。（5）单偶和多偶家庭：单偶家庭是由一夫一妻制（monogamy）组成的家庭。多偶家庭是由一夫多妻制（polygyny）和一妻多夫制（polyandry）组成的家庭。（6）收养家庭（adoptive family）：由一对已婚父母及其非亲生的子女组成的家庭。（7）寄养家庭（foster family）：由寄养家长按照法定程序照料因遭受遗弃、监护人死亡、流浪避难等原因而由民政部门监护的儿童组成的家庭，其中家长与寄养儿童没有婚姻、血缘、收养关系，同时共同居住。（8）重组家庭（blended family/stepfamily）：夫妻一方再婚或者双方再婚组成的家庭。（9）单亲家庭（single-parent family）：不结婚或离婚以后不再婚，一个人生活的家庭。（10）丁克家庭（DINK family）：是指夫妻共同生活但不养育孩子的家庭。（11）空巢家庭（empty-nest family）：子女离家，只有父母双方生活的家庭。（12）同性婚姻家庭（same-sex marriage family）：由同性家长抚养子女的家庭。（13）多元家庭：即在血亲或姻亲关系之外组成的家庭。

2. 按劳动分工区分

　　我们可以根据家庭成员的劳动分工将家庭划分为：（1）单职工家庭（single-earnerfamily）：即夫妻一方工作，另一方全职承担家务和照顾责任的家庭。（2）双职工家庭（dual-earner family）：即夫妻双方都有全职工作的家庭。（3）通勤夫妇（commuter couples family）：即夫妻双方在不同的城市里有全职工作、周末在其中一方的住处度过的家庭。

二、家庭金融决策的定义

(一) 家庭金融资产的定义

家庭金融资产是指家庭拥有的以债权、权益及其他形式存在的资产，包括现金、储蓄存款、债券投资、权益投资、票据、保险、养老金等。

随着金融行业的飞速发展，家庭金融资产的规模在不断扩大。根据德国著名金融集团安联保险公司于 2021 年 10 月发布的《2021 年安联全球财富报告》，自 2010 年以来，全球家庭金融资产基本保持增长趋势（如图 5 - 1 所示）。尽管遭受到新冠疫情的影响，但在各国财政和货币政策的推动下，2020 年全球金融资产实现了 9.7% 的增长，达到了 200 万亿欧元的新高度，首次超过了全球 GDP 的 300%。其中，2020 年全球家庭金融资产净值达到 5.233 万亿欧元，比 2019 年增长了约 2.266 万亿欧元[①]。

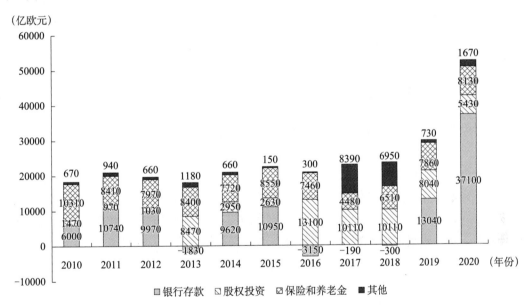

图 5 - 1　2010～2020 年全球家庭金融资产净值

资料来源：Allianz Research，"Allianz Global Wealth Report 2021"，2021，10（7），P11，https：//www.allianz.com/content/dam/onemarketing/azcom/Allianz_com/economic-research/publications/specials/en/2021/october/2021_10_07_Global-Wealth-Report.pdf.

无论从微观还是宏观上，家庭金融资产都具有重要的意义。对于家庭而言，金融资产是家庭赖以生存和发展的基础性资源，家庭成员的日常生活、教育、医疗、养老等方面的开支都依赖于家庭金融资产；家庭金融资产也是家庭应对突发性风险的坚强后盾，

---

① Allianz Research，"Allianz Global Wealth Report 2021"，2021，10（7），P11，https：//www.allianz.com/content/dam/onemarketing/azcom/Allianz_com/economic-research/publications/specials/en/2021/october/2021_10_07_Global-Wealth-Report.pdf.

尤其是在家庭成员面临重大疾病、失业、生育等需要重大开支或者暂时失去收入来源的情况下，家庭金融资产是维持稳定的生活水平的重要保证；家庭金融资产还是家庭收入可持续的重要来源，在许多家庭，金融资产收入甚至超过了工资收入。对于国家而言，家庭金融资产是金融市场的主力军之一，维系着经济增长和社会稳定。

（二）家庭金融决策的定义

家庭金融决策，是指家庭如何选择不同金融工具组合，实现金融资产效用最大化的决策过程。家庭金融决策包含两个层次的内容：第一是消费储蓄决策，即家庭如何在当期消费和储蓄（存款、投资等满足未来消费的行为）间配置财富；第二是配置决策，即如何将储蓄的财富在无风险资产与风险资产间配置以及如何构建包含实物资产与金融资产的风险资产组合，以实现效用最大化目标。

对于家庭而言，家庭金融资产决策要实现盈利性、安全性和流动性三个目标。盈利性是指通过理性选择金融工具和投资组合实现家庭金融资产的增值，能够为家庭创造持续的收入流。安全性是指通过理性选择金融工具和投资组合实现家庭金融资产的保值，能够使家庭应对各种风险。流动性是指合理配置家庭金融资产，能够满足各种资金需求。

（三）家庭金融决策的特征

尽管家庭的类型和组成情况各有不同，但是家庭金融决策具有一些共同的特征。

1. 决策的多样性

家庭金融决策的多样性不仅表现为不同家庭的金融决策存在着千差万别，对于家庭而言，家庭要根据其成员结构、收入和资产的状况、当前和未来面临的任务等具体情况来安排家庭金融资产组合；而且同一家庭在不同生命周期阶段选择也存在着巨大的差别，例如，对于刚组成的家庭而言，金融资产可以选择侧重于股权投资等风险较大且收益较高的资产组合，而对于家庭成员中有老人和小孩时，则侧重于银行存款等风险较小且流动性较高的资产组合。

2. 影响因素的复杂性

家庭金融决策关系家庭成员的福祉，除了要考虑到经济和金融的外部环境因素之外，还要考虑到家庭内部的具体情况，而且内外部诸多因素还会交互影响。因此，家庭金融决策不像机构金融决策那样具有较高的自由度，其影响机理会更为复杂。

3. 规律性

尽管每个家庭的金融决策有着很大的差别，但是家庭作为行为主体在动机、行为和目标上具有许多方面的共性，因此家庭金融决策仍遵循一定的规律。

三、家庭金融决策的影响因素

家庭金融决策是一项复杂的活动，要考虑到家庭内部和外部的诸多因素。这些因素对家庭金融决策都会起到一定的影响作用。

（一）内部因素

1. 家庭的生命周期

家庭生命周期是一个家庭形成、发展直至消亡的过程，一般可以分为单身阶段、新婚阶段、满巢阶段、空巢阶段、退休阶段和鳏寡阶段六个阶段。随着家庭越来越多样化，家庭的生命周期愈加复杂化。

不同的生命周期中，家庭面临的发展任务各不相同，其收入、资产来源状况也不同，决定了家庭金融决策目标的侧重点存在着较大的差异（见表5-1）。在单身阶段，家庭成员只有一个，主要的任务是解决个人的生存和发展问题，此时的家庭金融决策由个人独断专行，可以选择收益率较高、风险性较高且流动性较低的金融资产组合。到了新婚阶段，家庭金融决策要考虑夫妻双方的意愿和处境，由两人协商作出相应的决策，且此时收入和储蓄中的一部分可能用于购置房产等非金融资产，金融资产的比重会有所下降；但由于家庭的收入增加，家庭金融资产的总量会增加，一般选择盈利性高、风险性较高且流动性较低的资产组合，以获得更多的收入来源为将来的生活做准备。在满巢阶段，家庭的收入的较大部分要用于支付生育、抚养子女以及房屋按揭、教育成本，因而家庭资产决策要侧重于安全性和流动性。在空巢阶段，子女已经长大成人离开原生家庭，家庭支出负担减轻，家庭可以选择收益性高、风险性高、流动性低的金融资产组合，为即将到来的退休进行储蓄。在退休和鳏寡阶段，由于家庭成员收入锐减且健康状况下滑，家庭金融资产决策必须选择安全性高、流动性高的资产组合，以应对各种可能的风险。与此同时，由于家庭成员年老体衰，子女在家庭金融决策中可能会发挥重要的作用。

表5-1　　　　　　　家庭各个生命周期中的金融资产决策目标的侧重点

生命周期	盈利性	安全性	流动性
单身阶段	高	低	低
新婚阶段	高	低	低
满巢阶段	低	高	高
空巢阶段	高	高	低
退休阶段	低	高	高
鳏寡阶段	低	高	高

2. 家庭的组织结构

影响家庭金融决策的家庭组织结构因素主要包括家庭的人口结构、年龄结构和权力架构等。

家庭的人口结构因素包括家庭人口数量和年龄结构。家庭人口数量越多，金融资产决策时需要考虑每个人的需求和意见，过程相对来说复杂且繁琐。

家庭中的年轻人口越多，金融资产决策的效率就越高，如果家庭中有老年人口的话，就必须考虑到老年人防范养老、医疗的风险，而且老年人金融意识偏向于保守，会对家庭金融决策产生重要的影响。

家庭的权力结构主要是指家庭成员的地位分布状况。如果夫妻双方权力地位平等的话，那么家庭金融决策一般是由两人协商决定；如果家庭中有一位成员拥有绝对的话语权，那么家庭金融决策的结果很可能由其个人意志决定。

3. 家庭成员的金融素养

家庭成员的金融素养无疑是家庭金融决策的根本保证。家庭成员的金融素养可以帮助家庭正确认识当前的国内外经济和金融市场的外部环境，识别各种金融风险，寻找合适的金融资产组合，选择理性的投资策略，从而使家庭金融资产投资既能够在金融市场中获得可观、持续性的收入，又能够兼顾家庭各个成员对金融资产安全性和流动性的需求。

家庭成员的金融素养是否能够得到有效发挥，受到家庭成员的关系结构和决策机制的制约。如果家庭氛围比较民主，家庭成员之间关系平等和谐，家庭金融决策采取协商的方式，那么家庭成员可以取长补短，发挥各自的金融素养，集思广益，作出比较合理的金融决策。反之，如果家庭氛围比较专制，某个家庭成员在家庭关系中拥有绝对的主导权，并由他对家庭金融决策采取独断专行的方式，那么家庭金融决策的效果就由其个人金融素养所决定。

4. 家庭的社会资本

家庭的社会资本是指家庭成员在社会网络中所处的位置及其所带来的资源总和。每个家庭成员都有一定的社会关系，他们与外界交换信息，建立信任机制，对家庭金融决策产生一定的影响。

社会资本对家庭金融决策的影响表现在三个方面：（1）同群（或攀比）效应。家庭成员会与具有相同兴趣、偏好、认知的外部人员交流信息，作出类似的金融决策，或者与这些人进行攀比，对家庭金融决策进行调整。例如，原本并没有参与股票投资的家庭可能会在家庭成员朋友的影响下进入到股市，并在他们提供的信息的指引下作出买卖股票的判断。同群（或攀比）效应是一把双刃剑，既可能增进家庭的金融资产收益，也可能导致盲目的金融决策从而遭受一定的损失。（2）学习效应。家庭成员会积极在社会关系网络中学习金融知识，参加各种金融活动，与他们进行互动交流，学习借鉴其他家庭金融决策，从而对自己的家庭金融决策产生影响。例如，家庭成员可能会在朋友或者同事的介绍下，参加金融俱乐部组织的各种学习活动或者会议，从中获取金融知识，提高金融素养，与其他人的互动过程中获得新的金融信息，并将其作用于家庭金融之中。（3）资源整合效应。家庭可以整合社会资本，为家庭金融决策引入更多的资源，为己所用。例如，家庭成员可以利用社会关系争取到优质的贷款，或者有利可图的投资渠道，从而为家庭金融投资创造更多的可用资源。

（二）外部因素

影响家庭金融决策的外部因素主要是指宏观因素，包括经济和社会形势、金融市场的发展形势、国家金融政策以及金融教育的环境等。

1. 经济和社会发展形势

经济和社会发展形势决定家庭的经济收入以及对未来风险的预期，从而对家庭金融决策产生重大的影响。

当经济和社会发展形势向好且就业充分时，家庭成员收入比较稳定，对未来的风险预期比较乐观，因而敢于将家庭财富更多地投入金融资产，且在金融资产组合选择中倾向于风险较高、收益高的资产。

当经济发展形势不太明朗，或者社会出现动荡时，家庭成员收入受到比较大的影响，甚至有可能失业，家庭对未来的前景比较担忧，不得不未雨绸缪，在家庭财富配置中趋于保守，在家庭金融决策中会极力规避风险、谨慎从事。不过，也不排除有些风险偏好型家庭，为了获得更多的收入来源，敢于投资风险较大的金融资产。

2. 金融市场的发展形势

家庭是金融市场的重要参与者之一，因此，家庭金融决策必然会受到金融市场发展形势的影响。

当金融市场发展形势向好时，金融机构众多且运行情况良好，能够推出形式多样、收益率较好的金融产品。金融机构也会鼓励、引导家庭积极参与到金融市场中。家庭金融决策时会对市场前景进行比较，选择面较广，其倾向于进行大胆的、进取的金融产品组合。在家庭金融决策收益较好时，会激励家庭进一步扩大金融资产的规模；即使收益暂时不够理想，家庭金融决策进行调整的空间也比较充裕，面临的压力较小。

当金融市场发展形势不佳时，金融机构收益率不太理想，可能会作出战略调整，市场风险较大，可供家庭选择的金融组合不多。家庭要充分考虑市场的金融风险，在金融决策时会比较谨慎，在金融资产组合选择时趋于保守。如果出现较大的损失时，家庭可能会面临较大的经济压力，从而对金融资产决策作出相应的调整。

3. 国家金融政策

国家金融政策主要包括货币政策、利率政策和汇率政策，是金融市场运行的指挥棒，也是家庭金融决策的重要依据。

货币政策会影响金融市场中货币总量供应以及家庭的收入来源。当国家实施宽松的货币政策时，金融市场中的货币供应量增多，金融交易活跃，从而激发家庭加大对金融资产的投入；反之，当国家实施紧缩的货币政策时，金融市场中的货币供应量减少，金融交易萎缩，家庭可能会转而采取较为稳健的金融资产组合选择。

利率政策会影响金融市场中的收益率水平以及家庭金融资产的获利水平。当国家提高利率水平时，金融市场的融资成本上升，收益率可能下降，家庭在进行金融资产决策时可能会选择收益率较为稳定的银行存款、国债等金融产品；当国家调低利率水平时，金融市场的融资成本下降，收益率上升，家庭在进行金融资产决策时可能会减少银行存款、国债等金融产品的配置，倾向于选择证券、保险等收益率较高的金融产品。

汇率政策会影响一国的国际贸易水平和国际收支水平，对家庭的收入也会产生间接的影响。汇率政策会影响配置外汇资产的家庭的金融资产决策。当汇率下调时，家庭可能会买入一定的外汇资产；当汇率上升时，家庭可能会减持一部分外汇资产。

4. 金融教育环境

金融教育环境会决定国民的金融素养和全社会的金融氛围。良好的金融教育环境可以为每一个国民普及金融知识，从而加深他们对金融运行规律的认知，提高他们对金融资产决策的技能，同时在全社会范围内营造一种对金融具有正确认知和亲近态度的氛围。

对于家庭而言，在良好的金融教育环境下，每一个家庭成员从婴幼儿时代就能够学习和接触到金融知识和实践，在金融资产决策时既能够具备必要的金融素养，又能够拥有良好的外部氛围，有利于作出理性的判断和抉择。

第二节　金融社会工作介入家庭金融决策

金融社会工作介入家庭金融决策是指金融社会工作者在社会工作理念和理论的指导下，运用专业、科学的方法，帮助家庭作出理性的金融决策，选择合理的金融资产组合，实现家庭收益的最大化。

一、金融社会工作介入家庭金融决策的必要性

无论是从微观的家庭层面、中观的金融市场层面还是宏观的国家层面，社会工作都有必要介入家庭金融决策，以满足各个层面的需要。

（一）微观层面：优化家庭金融决策，提高家庭金融福祉的需要

家庭金融决策是家庭生活的一件大事，决定着家庭是否拥有持续的收入和良性的资产组合，关系到家庭成员的生活水准和关系和谐。特别是在经济和社会环境不好的时期，家庭金融决策不善，可能会使家庭遭受巨大的财产损失，家庭生计出现困难，威胁着家庭成员的生存与发展，甚至会使家庭成员之间互相埋怨，关系恶化。因此，家庭金融决策必须慎之又慎，不能出现较大的失误。

同时，家庭金融决策又不是一件简单的事情，既需要家庭成员尤其是金融决策的最终决定者具有较高的金融素养和心理素质，又需要家庭成员之间民主协商、群策群力，动用家庭内部资源和外部的社会资本。很多家庭成员金融素养不高，甚至对金融知之甚少，容易在金融决策中出现盲目行动。如果家庭金融决策出现重大失误，家庭成员要承担着巨大的心理压力，彼此之间还要相互关心，抚慰内心的挫伤。因此，家庭金融决策不但是一项金融活动，也是一项心理社会行动，在面临外部压力无法靠自身能力实现期望中的效果时，需要外部力量的介入和帮助。

社会工作者介入家庭金融决策活动，旨在提高家庭成员的金融素养和心理素养，联结家庭内外部资源，优化家庭金融决策的过程与效果，促进家庭成员之间的关系，从而提高家庭的金融福祉。

（二）中观层面：连接金融市场资源，提高金融市场的活力

作为金融市场的主要参与者之一，家庭的财富是金融市场重要的资金来源。但是，面对金融市场瞬息万变、错综复杂的环境，家庭经常会显得手足无措，甚至会产生惧而远之的心理。特别是在经济和社会环境不佳或者金融市场收益率不良的时期，家庭出于规避风险的目的，往往会选择降低金融市场的参与度，或者采取较为保守的投资策略，导致金融市场急需的资源大幅度减少，进而出现进一步的萎缩，这样会加重家庭对金融市场的不信任感，形成恶性循环。

增进家庭对金融市场的了解和信任，建立家庭和金融市场之间畅通的信息交流渠道，是金融社会工作者的一项重要工作。一方面，金融社会工作者帮助家庭连接金融市场资源，及时了解和掌握金融市场的走向，助力家庭在金融市场中的有效参与；另一方面，金融社会工作者需要帮助金融市场及时了解家庭的需求和意向，设计符合家庭偏好和需求的金融产品，引导更多的家庭积极参与到金融市场中来，助力金融市场与家庭之间的良性互动，增加金融市场的活力。

（三）宏观层面：贯彻国家政策，维护家庭和社会稳定的需要

国家的经济和金融政策的贯彻需要包括家庭、金融机构和社会工作者在内的全社会的参与。但是，很多时候由于家庭成员金融素养和信息获取渠道等方面的限制，家庭并不能完全掌握或者理解国家的经济和金融政策，执行上有一定的难度。金融机构虽然对经济和金融政策的把握程度较深，但可能会出于自身利益的考虑，对相关的政策进行选择性的执行。因此，国家的经济和金融政策在贯彻执行过程中常常会出现偏差，不但没有达到预期的效果，而且会被社会所曲解，造成社会矛盾和政府公信力的削弱。

社会政策倡导是社会工作的一项重要工作内容。金融社会工作者一方面需要向家庭宣传和讲解国家经济和金融政策的主要内容，答疑解惑，增进家庭对相关政策的了解；另一方面，需要监督金融机构对国家经济和金融政策的贯彻执行，防止相关政策在实际执行过程中出现偏差。同时，金融社会工作者需要将实务过程中发现的相关政策问题以及家庭、金融机构等社会层面的需求反馈给政府有关部门，帮助政策部门评估、完善相关的政策内容。

二、金融社会工作介入家庭金融决策的原则

金融社会工作者在介入家庭金融决策的过程中，要结合金融事务的规律和特点，遵

循并贯彻社会工作的一般原则。

（一）尊重原则

金融社会工作者在介入家庭金融决策的过程中，要尊重和理解所服务的家庭及其每个成员生命存在的价值、获得发展以及改善生活水平的权利和机会，尊重家庭金融决策的过程和结果，并为这种需求链接恰当的资源和提供优质的专业服务。

（二）接纳原则

金融社会工作者在介入家庭金融决策的过程中，要接纳家庭及其成员的价值观和金融理念，接纳服务对象知识和素养上的缺陷以及金融决策中的失误，切勿将自己的价值观和金融理念强加给服务对象。但是，接纳并不意味着金融社会工作者放弃自己的价值观一味地迎合服务对象，而是要正确地处理两者之间的关系。

（三）个别化原则

金融社会工作者在介入家庭金融决策的过程中，要重视家庭及其成员在数量、年龄结构、金融素养、决策机制、心理素质、社会资本等各方面的独特性，并根据这些特性设计个性化的服务方案。

（四）保密原则

家庭金融决策事关家庭的隐私。金融社会工作者在介入家庭金融决策的过程中，要对家庭及其成员的个人信息、财产收入、金融决策过程和结果以及个人偏好等隐私信息严加保密，不得向外泄露。即使服务对象没有提出保密的要求，金融社会工作者也要尽到保密的责任。

（五）案主自决原则

金融社会工作者在介入家庭金融决策的过程中，要一如既往地遵循案主自觉原则，即相信家庭及其成员具有自我决定的能力。即使他们的金融素养和心理素质有所欠缺，经常无法作出合理的决策，或者逃避、放弃、推卸"自我决定"的趋向，金融社会工作者也不能代替他们作出任何决定，而是以容忍的态度鼓励其作出自我决定，从旁提示、劝导和协助他们分析所面临的金融问题，作出合理的金融决策，培养家庭及其成员的独立决策能力。

（六）非批判原则

金融社会工作者在介入家庭金融决策的过程中，即使面对家庭及其成员作出不合理的金融决策，也不应该持批判态度，而是接受其优缺点和情绪，引导家庭成员的成长和家庭的发展。

三、金融社会工作介入家庭金融决策的主要策略

（一）从认知能力方面着手提升家庭整体的金融素养

毋庸置疑，家庭整体金融素养是优化家庭金融决策的关键所在。除了正规的金融学历教育之外，金融素养的形成更多是通过居民在日常工作生活中自学完成的，这取决于居民的认知能力。大量研究表明，认知能力对家庭参与金融市场和股票市场以及家庭配置到风险资产和股票资产的资产比例都有显著的正向影响。因此，金融社会工作者可以从认知能力方面提升家庭整体金融素养。

首先，提升家庭成员的基本认知能力。学习复杂的金融知识，需要有较好的认知能力基础。进行金融决策，是这些"内在"能力的综合体现。金融社会工作者可以开展一些活动或者项目，提升家庭成员在识记、计算以及学习等方面的基础认知能力，使其以后可以自主学习并不断更新金融知识，打好金融决策的基础。

其次，向家庭成员开展金融教育。金融社会工作者可以开设金融教育课程，向家庭成员系统性地传授金融知识，使他们能够全面掌握现代金融的基本知识体系和能力体系。

再次，提升家庭成员的决策能力。优化家庭金融决策，不仅需要家庭成员具备相当的金融知识，而且需要有很强的决策能力。金融社会工作者可以开展一些活动或者项目，培养家庭成员分析复杂信息、制定决策方案并进行最优选择的能力。

最后，锻炼家庭成员的心理素质。家庭金融决策往往会受到各种因素的干扰，承受较大的心理压力，因此需要家庭成员具备抗干扰、抗压力的心理素质。金融社会工作者可以开展一些活动或者项目，锻炼家庭成员排除外在干扰和压力的能力，尤其是在经济和金融环境不佳的条件下如何调试个人情绪的能力。

（二）从系统论的视角提升家庭的社会资本

家庭身处社会系统之中，因此，家庭金融决策是国家经济和社会运行以及金融市场的组成部分。金融社会工作者应从系统论的视角出发，关注家庭金融决策所处的系统之中的联系和变化，通过提升家庭的社会资本来为家庭联结外部资源，为家庭金融决策提供更多的帮助。

一方面，金融社会工作者可以通过组织若干个家庭的小组活动方式，帮助他们建立信息交流和沟通的渠道。在小组活动中，小组成员可以交流家庭金融决策的经验与教训，分享彼此对经济形势和金融市场的观点，探讨优化家庭金融决策的方法。通过这些小组活动，家庭成员可以结识更多的朋友，扩大信息交流渠道，分享金融决策的经验与教训，舒缓精神压力，甚至可以实现资源的相互交换。

另一方面，金融社会工作者可以为家庭联结金融市场中的资源。金融社会工作者可以为家庭整理、提供金融市场中有价值的信息，提供开户、搜寻、咨询、报告等相关的服务，帮助家庭进入金融市场并作出优化的金融决策。与此同时，金融社会工作者可以

帮助金融机构了解家庭金融需求，帮助金融机构设计有针对性的产品，并将这些产品信息传达给有关的家庭。

（三）从政策倡导层面优化家庭金融决策的政策环境

政策环境是影响家庭金融决策的重要因素。金融社会工作者应从政策倡导的层面入手，推动优化家庭金融决策的相关政策，为家庭金融决策创造一个良好的外部环境。

金融社会工作者可以参与政府制定有关家庭金融政策的全过程。在政策酝酿阶段，金融社会工作者可以利用广泛接触到第一线服务对象的机会，广泛收集家庭对于金融政策的需求、期望以及现有金融政策中迫切需要改进的地方，将这些一手资料反馈给政策制定部门，作为政策制定的重要参考材料。在政策形成阶段，金融社会工作者可以提出相应的提案，参与政策议案的讨论过程，为广大家庭的利益发声。在政策实施阶段，金融社会工作者身体力行，通过自己的服务为家庭传达、讲解有关家庭金融政策，帮助家庭更好地结合有关的政策利好优化金融决策，推动有关政策的贯彻实施，同时，收集家庭对于政策的有关反馈，探索政策在实施过程中的不足之处，将其反馈给政府部门，为政策的评估和进一步完善作出贡献。

♻ 基本概念

家庭　家庭金融资产　家庭金融决策

♻ 本章要点

家庭是一种以血缘为基础、以情感为纽带、以共同的住处、经济合作和繁衍后代为主要特征的社会单元。结构功能主义认为，家庭是承担初级社会化、人格稳定化和经济合作等基本功能的社会单元。马克思主义认为，家庭本质上是自然关系和社会关系的矛盾统一体，具有生育与经济生产两种基本功能。

家庭金融资产是指家庭拥有的以债权、权益及其他形式存在的资产，包括现金、储蓄存款、债券投资、权益投资、票据、保险、养老金等。家庭金融资产无论从微观还是宏观上都具有重要的意义。

家庭金融决策，是指家庭如何选择不同金融工具组合，实现金融资产效用最大化的决策过程。家庭金融决策包含两个层次的内容：第一是消费储蓄决策，即家庭如何在当期消费和储蓄（存款、投资等满足未来消费的行为）间配置财富；第二是配置决策，即如何将储蓄的财富在无风险资产与风险资产间配置以及如何构建包含实物资产与金融资产的风险资产组合，以实现效用最大化目标。对于家庭而言，家庭金融资产决策要实现盈利性、安全性和流动性三个目标。家庭金融决策具有一些共同的特征：决策的多样性、影响因素的复杂性、规律性。

家庭金融决策是一项复杂的活动，要考虑到家庭内部和外部的诸多因素。这些因素对家庭金融决策都会起到一定的影响作用。内部因素包括家庭的生命周期、家庭的组织结构、家庭成员的金融素养、家庭的社会资本等；外部因素包括经济和社会发展形势、金融市场的发展形势、国家金融政策、金融教育环境等。

金融社会工作介入家庭金融决策是指金融社会工作者在社会工作理念和理论的指导下，运用专业、科学的方法，帮助家庭作出理性的金融决策，选择合理的金融资产组合，实现家庭收益的最大化。

无论是从微观的家庭层面，中观的金融市场层面还是宏观的国家层面，社会工作都有必要介入家庭金融决策，以满足各个层面的需要：（1）微观层面：优化家庭金融决策，提高家庭金融福祉的需要；（2）中观层面：连接金融市场资源，提高金融市场的活力；（3）宏观层面：贯彻国家政策，维护家庭和社会稳定的需要。

金融社会工作者在介入家庭金融决策的过程中，要结合金融事务的规律和特点，遵循并贯彻社会工作的一般原则：包括尊重原则、接纳原则、个别化原则、保密原则、案主自决原则、非批判原则。

金融社会工作介入家庭金融决策的主要策略包括：（1）从认知能力方面着手提升家庭整体的金融素养。首先，提升家庭成员的基本认知能力。其次，向家庭成员开展金融教育。再次，提升家庭成员的决策能力。最后，锻炼家庭成员的心理素质。（2）从系统论的视角提升家庭的社会资本。一方面，金融社会工作者可以通过组织若干个家庭的小组活动方式，帮助他们建立信息交流和沟通的渠道。另一方面，金融社会工作者可以为家庭联结金融市场中的资源。（3）从政策倡导层面优化家庭金融决策的政策环境。金融社会工作者应从政策倡导的层面入手，推动优化家庭金融决策的相关政策，为家庭金融决策创造一个良好的外部环境。金融社会工作者可以参与政府制定有关家庭金融政策的全过程。

♻ 复习思考题

1. 家庭金融决策的影响因素有哪些？
2. 金融社会工作介入家庭金融决策要遵循哪些原则？
3. 金融社会工作介入家庭金融决策的主要策略是什么？

♻ 推荐阅读

1. 王阳著：《财富分层、社会网络与家庭金融资产选择：基于中国家庭金融调查（CHFS）数据的实证研究》，中国经济出版社 2019 年版。

2. 王阳著：《中国城镇居民家庭金融资产选择研究》，西南财经大学出版社 2020 年版。

3. 陈磊著：《社会资本与农村家庭金融资产选择：基于金融排斥视角》，人民出版社 2019 年版。

4. 杜朝运、丁超著：《中国居民家庭金融资产配置：规模、结构与效率》，西南交通大学出版社 2017 年版。

5. 王聪等著：《中国家庭金融资产选择及财富效应研究》，经济科学出版社 2015 年版。

6. 卢亚娟著：《农村家庭金融资产选择行为研究》，经济科学出版社 2022 年版。

7. 张志伟著：《中国家庭金融研究》，西南财经大学出版社 2022 年版。

8. 黄倩著：《社会网络、信贷约束与家庭金融资产选择》，经济科学出版社 2017 年版。

第六章

金融文化建设介入

◎ **引导性问题**

学校组织过"金融文化节"或者类似的活动吗？你参加过吗？

你参加过金融机构组织的宣传活动吗？

第一节　金融文化的基本内涵

一、文化的基本内涵

（一）文化的定义

文化的定义有很多种。据统计，在 20 世纪 80 年代之前，文化的定义就达到了 160 种之多。比较有代表性的定义有如下几种。

德国学者普芬多夫将文化定义为社会人的活动所创造和有赖于人和社会生活而存在的东西的总和①。根据这个定义，文化包含物质和非物质方面的因素。

也有学者认为，文化并不包括物质层面的因素，只包括精神层面的因素。比较有代表性的观点当属英国人类学家 E. B. 泰勒提出的文化定义。他认为文化是一个完整的整体，包括知识、信仰、艺术、道德、法律、风俗以及人作为社会成员之一分子所获得的任何技巧与习惯②。

在我国，比较有代表性的文化定义来自郑杭生等人的观点。他们认为，文化是与自

---

① 郑杭生主编：《社会学概论新修》（第三版），中国人民大学出版社 2003 年版，第 66 页。
② 《中国大百科全书·社会学卷》，中国大百科全书出版社 1991 年版，第 409 页。

然现象不同的人类社会活动的全部成果，包括人类所创造的一切物质的与非物质的东西①。

（二）文化的特性

一般来说，文化具有以下特性。

1. 超生理性和超个人性

文化的超生理性是指文化不能够通过生理遗传，而是通过后天习得和创造的。文化的超个人性是指个人虽然具有创造和接受文化的能力，但是只有被大众接受之后才能成为文化。文化的超生理性和超个人性意味着文化必须由大众创造、接受和传承。

2. 复合性

文化的复合性是指任何一种文化都是多种文化要素的复合体。例如，我们提到中国文化，就是指在中国范围内的所有物质文化以及语言、知识、信仰、艺术、道德、法律、风俗等非物质文化构成的复合体。

3. 象征性

文化的象征性是指文化会以一种符号的形式表现出广泛的意义。例如，白色本来是自然界中的一种颜色，但是在文化中，它就以符号的形式呈现出各种不同的意义。在中国文化中，白色的旗帜象征着投降，"白色"恐怖意味着反动派的统治。在欧洲，许多国家将白色作为国旗颜色中的一种配色，被赋予了代表不同阶层和理念的意义。

4. 变迁性

文化不是一成不变的，而是处于不断发展变迁中。产生文化的自然环境发生变化，文化随之会发生变迁；不同文化之间互相交流、融合，也会使各自的文化发生变迁；大众的生活方式和科技水平的变迁，也会创造出新的文化。因而，文化变迁是一种历史发展的常态。

（三）文化的功能

文化对于国家、民族和社会都发挥着重要的功能。

1. 文化是国家、民族实力的象征和表现

习近平总书记在党的十九大报告中指出，"文化是一个国家、一个民族的灵魂。文化兴国运兴，文化强民族强"。文化是一个国家、一个民族形成的重要推动因素，也是其内在本质上的区别所在。纵观人类历史，一个国家、一个民族的强盛表面上看是经济、军事实力的强大，但从根本上看是文化的强盛。相反，一个国家、一个民族的衰落甚至消亡，归根到底是其文化的衰弱和灭亡。文化既是一种软实力，又是一种硬实力，是国家、民族实力的象征和体现。

---

① 郑杭生主编：《社会学概论新修》（第三版），中国人民大学出版社 2003 年版，第 67 页。

2. 文化是社会创造力和凝聚力的源泉

文化是由大众创造和传承的，可以激发每个社会成员的创造性。有些社会个体为了引领社会文化的潮流，创造出很多新颖的文化要素，继而在全社会中传播，逐渐形成一种新的文化现象。在广泛的文化认同基础上，共同的语言、价值观、信仰等文化要素会在社会大众中形成一种凝聚力和向心力。尤其是在国家、民族危亡的时刻，文化往往会唤起社会大众内心的危机感和责任感，起到团结社会大众救亡图存的作用。

3. 文化是经济社会健康发展的重要支撑

首先，文化部门是经济中的重要部门，本身也创造着巨大的经济效益。其次，文化为经济和社会的运行提供知识、法律、道德、价值观、契约精神等软环境支撑，形成一种规范约束，能够支撑经济和社会的稳定运行。最后，文化对经济和社会中的各个主体进行熏陶、培养和塑造，培育人力资本，凝聚社会共识，有利于经济发展和社会和谐。总而言之，文化为经济社会健康发展提供强有力的重要支撑。

4. 文化是社会大众的热切期望

文化是由社会大众创造的，反映了社会大众对精神生活的追求，是社会大众对美好生活的热切期望。良好的文化氛围能够催人奋进，使人们的精神生活更加丰富，使人际关系更加和谐，使社会行为更为规范。

二、金融文化的基本内涵

金融文化作为文化的重要组成部分，在金融活动中早已产生和形成。但是，人们在很长时间内对金融文化并未给予足够的重视，更多地关注文化对金融的影响。在我国，陈岱孙于 1934 年在《金汇本位与战后之欧洲金融》一文中首次使用"金融文化"一词，指出金本位制度是世界所公认的金融文化演进的结晶。改革开放之后，随着我国金融事业的蓬勃发展，金融文化才引起学界广泛关注。1989 年，者贵昌发表《试论我国金融文化》一文，重新提及"金融文化"的概念。随后，有关金融文化的研究逐渐丰富。

（一）金融文化的定义

金融文化是人们在金融交易活动中创造出来的货币、票据等物质文化以及对主体的经营和管理行为产生直接或间接影响的金融理念、价值观、道德规范、法律规范及风险规范等非物质文化的总和。金融文化不是金融与文化两者简单的合并，而是在金融活动中产生的文化部分，它既是金融活动中产生的一切物质部分和精神部分的文化要素的总和，又是社会文化中的价值观与价值取向、道德准则与伦理观、法律意识与规范、经营及管理理念在金融领域中的具体体现。

（二）金融文化的主要内容

根据文化的分类和金融文化的定义，金融文化可以分为金融物质文化和金融非物质文化。

金融物质文化是指人们在金融活动中产生的一切以物质形式存在的，反映金融思想的东西。例如，我国各个时代制造的贝币、金属货币、纸币等货币，它们不但具有充当着经济活动中一般等价物的经济属性，还体现了中国人民的宇宙观和审美感。如今，这些货币的收藏、展示和欣赏也成为一种独特的文化现象。

金融非物质文化是指人们在金融活动中形成的一切精神层面的东西，包括金融制度、金融规范、金融观念、金融知识等。这些非物质文化来源于金融活动，又能对金融活动起到引领和指导的作用。

金融物质文化和金融非物质文化并不是截然分开的，通常是结为一体的。比如，货币制度是一种金融非物质文化，同时货币等实物形式又表现为一种物质文化。

（三）金融文化的特征

金融文化以金融体系为其载体，具有社会文化的显著特征，同时又具有金融体系的特点。

1. 金融文化具有社会文化和金融特质的双重特性

金融文化是社会文化的一部分。金融活动是人们经济活动中的重要组成部分，因此金融也会影响到人们的日常生活，并且与其他的社会文化部分相辅相成，相互影响。例如，金融理念中的金钱观念会影响人们日常的生活观念；社会道德中倡导的诚信原则在金融文化中逐渐发展成为一种强制性的原则加以遵循。

金融文化又是金融体系不可或缺的组成部分。自金融活动产生之后，金融文化随之产生，并与金融活动相伴相随。没有金融文化的指引，金融活动就会失去约束，金融体系就会瞬间坍塌。随着金融活动逐渐和人们的生活紧密结合，社会文化中的要素也随之进入金融体系并被接受，形成新的金融文化。因此，金融文化是社会文化在金融体系中的具体体现。

2. 金融文化是文化要素与金融机构、金融环境间的信息交换机制

随着现代金融的全球化、网络化和电子化发展，金融文化对社会文化的影响发生了质的飞跃，已经成为社会文化中不可或缺的要素，对于金融、经济活动的促进和制约作用也愈发显著。随着金融科技的不断发展，金融活动日益广泛地渗透和应用到经济活动与社会生活的各个方面，包括从国家经济调控、金融资源配置到金融存贷款、投资与理财等，"金融是现代经济的核心"逐步得到社会广泛认同。由于金融交易的本质是以货币为媒介的交换，故货币关系构成了金融生态系统中的核心交换关系，并对金融交易双方的关系认知、价值认知和利益认知产生潜在而深刻的影响。在金融交易体系中，金融价值观、金融规制观、金融伦理观和金融风险观等要素共同构成了金融生态主体的金融文化体系。由于金融生态主体处于复杂的金融生态环境中，故生态系统中各金融机构之间的金融文化因素会直接或间接决定和影响金融交易双方的交换行为，从而深刻影响金融交易关系和金融交易结果，并延伸至对金融秩序、经济生活、社会生活等产生影响。

另外，金融文化的培育和体系构建，需要进行大量的组织引导、领导与员工培训、形象设计与广告宣传等资源投入，从而使企业组织的全体成员形成对知识的理解和共享，最终形成具有组织整体性的金融文化。金融文化对金融生态系统及金融生态主体的影响，实质上是金融文化要素与金融机构、金融环境之间进行能量与信息交换的一种机制，是一种系统演进的过程。

3. 金融文化是推进金融体系动态演化的重要机制

从传导过程来看，金融文化的传导起点是金融生态系统中各金融机构各自拥有的金融文化要素集——金融价值观、金融伦理观、金融规制观、金融风险观等要素的集合；之后，金融交易主体根据各自的金融文化认知、秩序和规则进行金融交易活动，并在交易过程中会形成一定的金融文化冲突和碰撞；当双方达到金融文化共同认知点和平衡点，共同遵守双方约定的金融秩序后，即完成金融交易。从金融生态系统演进视角而言，处于金融交易全过程中的金融生态系统，因各金融机构的金融文化要素之间产生的相互作用，以及外部金融生态环境因素的共同作用下，促使生态系统发生时间及状态上的迁移变化。生态系统的初始状态和新状态是相对平衡的，在出现新的金融交易过程时，这种平衡即被打破，金融生态系统又开始了下一个循环。不同状态的金融生态系统因为金融机构的金融文化作用、金融生态环境因素的影响，形成系统性的金融文化。需要指出的是，金融文化源于持续的金融实践和金融交易过程中，通过价值观、伦理观、规制观和风险观等要素作用于金融机构组织与金融从业人员的经营管理思想、行为，而经营管理思想、行为的形成和改变，又会反过来影响金融机构与金融从业人员对金融文化的吸收、接受程度，甚至还可能对金融文化的社会文化源头产生反作用[①]。

第二节　社会工作介入金融文化建设

一、金融文化建设的重要性

随着我国市场经济的飞速发展，作为服从服务于高质量发展的金融业，其地位作用越来越突出，已经成为国家的命脉与核心竞争力之一。因而，金融领域亟须与时代发展同频共振的价值观、行业精神、行业道德、行业法规、行业思想等行业文化。加强金融文化建设，是金融行业刻不容缓的使命任务和不可推卸的责任担当。

（一）加强金融文化建设是构建完善的金融体系的现实需要

金融体系的完善，不仅需要发达的金融基础设施，还需要金融文化强有力的支撑。先进的金融理念是金融体系建设的思想指引，完善的金融制度是金融体系得以有效运行

---

① 梁力军、陈晓华：《金融文化》，载于《财经界》2019年第10期。

的可靠保障，规范的金融道德为金融体系的运行和金融主体的行为提供道德遵循。如果金融文化的建设跟不上金融基础设施的发展，那么物质条件的提升只会为各种违反金融道德和制度的金融行为提供温床，只会爆发更多、更大的系统风险和道德风险。例如，前几年曾经甚嚣尘上的互联网贷款，虽然借助互联网的技术优势披上了金融创新的外衣，但由于有关金融理念、金融制度和金融道德建设的滞后，致使互联网贷款成为非法集资、金融诈骗等金融犯罪的重灾区。由此可见，加强金融文化建设已成为构建完善的金融体系的迫切需要。

（二）加强金融文化建设是提高金融从业人员综合素养的根本途径

发展金融事业，关键在人才。金融从业人员的综合素质不但包括专业知识，还应该包括全方位的文化素养。试想，如果在一个缺乏金融文化引领的工作环境中，金融从业人员必然会信仰崩塌、道德败坏、法治观念模糊，那他们只会遵循丛林法则，唯利是图，毫无底线地为一己私欲牟利，损害投资人的利益，严重破坏金融生态。因此，只有加强金融文化建设，通过文化来引领人、塑造人，使金融从业人员的制度认知、金融理念、道德水准、法治观念得到大幅度的提高，才能营造一个良好的金融生态环境，支撑起金融业健康、高质量的发展。

（三）加强金融文化建设是对传承中华民族优秀文化传统的责任担当

中华民族创造了辉煌的金融文化，这些金融文化已经融入中华民族的优秀文化传统中，成为民族之魂。作为炎黄子孙，每一个金融从业人员都要承担起传承和发扬中华民族优秀文化传统的责任，自觉学习中华民族的金融文化传统，并结合时代背景和行业发展新特征，创造新的金融文化要素。对于外来的金融文化，要吸取精华，去其糟粕，使之与中华民族优秀金融文化相结合。创造优秀的金融文化对于继续开创优秀民族文化，使中华民族继续屹立于世界民族之林具有重要的意义。

（四）加强金融文化建设是提升我国金融竞争力的迫切需要

当前，国际金融领域的竞争日趋激烈，各国都在努力提升金融领域的竞争力。金融领域的竞争力不仅表现在金融基础设施的先进性，而且表现在金融文化的领先性。从世界上来看，在国际金融领域领先的国家，无不具有引领性的金融文化，并对其他国家施加不可估量的影响。当前，我国金融事业发展迅猛，在国际上的地位日益提高，因此，必须建设中国特色的金融文化，塑造中国金融形象，传播中国金融声音，展示中国金融活力，讲好中国金融故事，体现中国金融价值，进一步提高我国金融竞争力，确立与我国金融市场规模相当的国际地位。

二、金融文化建设的主要问题

党的十八大以来，习近平总书记非常重视文化建设，围绕文化建设作出了一系列重要指示，提出了一系列科学论断，为加强文化建设指明了前进方向，提供了基本遵循。金融系统深入学习贯彻党中央的决策部署，对金融文化建设重要性的认识逐步增强，在继承和发扬我国优秀文化传统的同时创造了新的金融文化要素，取得了一定的效果。但是，与金融业的蓬勃发展相比，我国的金融文化建设仍然比较滞后，与新时代的高质量发展要求不相适应，与我国金融的国际地位不相适应，主要表现为以下方面。

（一）对金融文化的重视程度仍然不够

金融文化是一个需要长期投入、收效较慢的基础性工作。金融机构往往追求短期的、高收益的回报，因此对金融文化不够重视，不愿意投入人力、物力和精力。有的金融机构对金融文化的理解不够深入，误认为金融文化仅限于员工培训、制度建设、团队建设，忽视了从社会面全面建设金融文化。学界对于金融文化的研究也不够深入，没有产出足够的研究成果为金融文化的发展提供理论指导。

（二）缺乏金融文化建设方面的人才

当前，国内开办金融专业的高校很多，培养了大量的金融人才。但是金融专业课程体系主要关注传授专业知识，缺乏金融文化方面的理论课程。金融专业毕业的学生从业以后从事的也是专业技术方面的工作。考虑到工作任务和收益，他们更愿意从事投资、保险等"前台"工作，而不愿意从事金融文化建设等"后台"工作。实际上，金融文化建设需要既懂金融又懂文化的复合型人才，且需要投入相当大的精力，收效较慢。因此，金融文化领域的人才非常匮乏。

（三）缺乏金融文化建设方面的顶层设计

金融文化建设需要全国一盘棋，做好顶层设计。目前，我国在金融制度、法律法规等方面的建设成果可圈可点，但是在金融道德方面的建设还是依靠行业自律和个人自律，缺乏强有力的约束机制。何况，金融行业的创新日新月异，制度建设往往落后于实践的发展。因此，缺乏顶层设计，在金融文化建设方面依然是硬约束有余，而软约束不足。

（四）金融文化建设缺乏全民参与，长效机制不足

金融文化建设不能只局限于金融领域内部，而是需要全民参与，与整体的文化建设形成互动。当前，全民的金融意识还很薄弱，群众对金融的认识不足。金融文化与传统民族文化之间的结合还不够紧密，对国外先进的金融文化的吸收和对国外有害的金融文化的摒弃等方面的长效机制建设仍然存在很多短板。

三、社会工作介入金融文化建设的策略

利用专业理念、方法和技术介入金融文化建设，是金融社会工作者理所当然的责

任。金融社会工作者介入金融文化建设有其独特的优势：作为独立第三方，他没有利益诉求，也没有业绩压力，可以长期扎根于金融文化建设；与案主之间的专业关系，有助于他能够根据案主的需求设计金融社会文化建设的方案；立足于社会性和公益性，金融社会工作者可以倡导全社会的金融文化建设，为顶层设计提供参考建议。

金融社会工作介入金融文化建设可以从微观、中观和宏观三个方面的策略实施。

（一）微观策略

金融社会工作介入金融文化建设的微观策略的对象可以是金融从业人员、金融机构和金融用户。其策略包括：采用个案或者小组的方法加强金融文化宣传，使金融法律法规、金融道德、金融理念深入人心；参与金融机构的企业文化建设，尤其是金融法律法规、金融道德方面的培训；参与金融文化理论的创新，弘扬我国优秀的文化传统并结合国外优秀的金融文化要素，构建新时代中国特色的金融文化体系。

（二）中观策略

金融社会工作介入金融文化建设的中观策略的对象主要是金融市场和金融系统。其策略主要包括：积极推进社会信用体系建设，深化信用体系与其他领域联动发展，参与打造信用中国"金名片"；在金融市场和金融系统中宣传金融文化，监督金融市场主体严守法律法规、职业道德，营造守法、诚信的金融环境；参与建设"云端"金融博物馆，加快形成一批具有中国特色、中国气派、中国标识的金融文化品牌，加强中国金融文化的宣传。

（三）宏观策略

金融社会工作介入金融文化建设的宏观策略的对象主要是国家层面的金融文化体系建设。其策略包括：宣传、贯彻党中央关于金融工作的重要论述，引导全社会形成正确的金融理念、金融道德和金融法治观念；参与金融文化建设的顶层设计，从本专业和工作的角度为其提供合理的建议；参与完善金融文化公共服务体系，开展金融文化周活动，举办金融文化公益讲堂，推进农村的金融文化阵地建设；加强国际交流，对外积极宣传中国特色金融文化，塑造中国金融形象，传播中国金融声音，展示中国金融活力，讲好中国金融故事，体现中国金融价值，进一步提高我国金融竞争力。

♺ 基本概念

文化　金融文化

♺ 本章要点

文化是与自然现象不同的人类社会活动的全部成果，包括人类所创造的一切物质的与非物质的东西。文化具有超生理性和超个人性、复合性、象征性、变迁性等特性。文化对于国家、民族和社会都发挥着重要的功能：文化是国家、民族实力的象征和表现；文化是社会创造力和凝聚力的源泉；文化是经济社会健康发展的重要支撑；文化是社会大众的热切期望。

金融文化是人们在金融交易活动中创造出来的货币、票据等物质文化以及对主体的经营和管理行为产生直接或间接影响的金融理念、价值观、道德规范、法律规范及风险规范等非物质文化的总和。金融文化不是金融与文化两者简单的合并，而是在金融活动中产生的文化部分，它既是金融活动中产生的一切物质部分和精神部分的文化要素的总和，又是社会文化中的价值观与价值取向、道德准则与伦理观、法律意识与规范、经营及管理理念在金融领域中的具体体现。

金融文化可以分为金融物质文化和金融非物质文化。金融物质文化是指人们在金融活动中产生的一切以物质形式存在的，反映金融思想的东西。金融非物质文化是指人们在金融活动中形成的一切精神层面的东西，包括金融制度、金融规范、金融观念、金融知识等。金融物质文化和金融非物质文化并不是截然分开的，通常是结为一体的。

金融文化以金融体系为其载体，具有社会文化的显著特征，同时又具有金融体系的特点：金融文化具有社会文化和金融特质的双重特性；金融文化是文化要素与金融机构、金融环境间的信息交换机制；金融文化是推进金融体系动态演化的重要机制。

加强金融文化建设，是金融行业刻不容缓的使命任务和不可推卸的责任担当；加强金融文化建设是构建完善的金融体系的现实需要；加强金融文化建设是提高金融从业人员综合素养的根本途径；加强金融文化建设是对传承中华民族优秀文化传统的责任担当；加强金融文化建设是提升我国金融竞争力的迫切需要。

与金融业的蓬勃发展相比，我国的金融文化建设仍然比较滞后，与新时代的高质量发展要求不相适应，与我国金融的国际地位不相适应。主要表现为：对金融文化的重视程度仍然不够，缺乏金融文化建设方面的人才，缺乏金融文化建设方面的顶层设计，金融文化建设缺乏全民参与，长效机制不足。

利用专业理念、方法和技术介入金融文化建设，是金融社会工作者理所当然的责任。金融社会工作介入金融文化建设可以从微观、中观和宏观三个方面的策略实施：金融社会工作介入金融文化建设的微观策略的对象可以是金融从业人员、金融机构和金融用户。其策略包括：采用个案或者小组的方法加强金融文化宣传，使金融法律法规、金融道德、金融理念深入人心；参与金融机构的企业文化建设，尤其是金融法律法规、金融道德方面的培训；参与金融文化理论的创新，弘扬我国优秀的文化传统并结合国外优秀的金融文化要素，构建新时代中国特色的金融文化体系。金融社会工作介入金融文化建设的中观策略的对象主要是金融市场和金融系统。其策略主要包括：积极推进社会信用体系建设，深化信用体系与其他领域联动发展，参与打造信用中国"金名片"；在金融市场和金融系统中宣传金融文化，监督金融市场主体严守法律法规、职业道德，营造守法、诚信的金融环境；参与建设"云端"金融博物馆，加快形成一批具有中国特色、中国气派、中国标识的金融文化品牌，加强中国金融文化的宣传。金融社会工作介入金融文化建设的宏观策略的对象主要是国家层面的金融文化体系建设。其策略包括：宣传、贯彻党中央关于金融工作的重要论述，引导全社会形成正确的金融理念、金融道德和金融法治观念；参与金融文化建设的顶层设计，从本专业和工作的角度为其提供合理的建议；参与完善金融文化公共服务体系，开展金融文化周活动，举办金融文化公益讲堂，推进农村的金融文化阵地建设；加强国际交流，对外积极宣传中国特色金融文化，塑造中国金融形象，传播中国金融声音，展示中国金融活力，讲好中国金融故事，体现中国金融价值，进一步提高我国金融竞争力。

♻ 复习思考题

1. 什么是文化？它有哪些特质？
2. 文化的主要功能有哪些？
3. 什么是金融文化？它有哪些特征？
4. 我国金融文化建设主要有哪些不足？
5. 社会工作介入金融文化建设的主要策略有哪些？

♻ 推荐阅读

1. 周建松、章金萍编著：《中国金融文化》，高等教育出版社 2017 年版。
2. 吉林省金融文化研究中心编：《金融文化研究》（第三辑），中国财富出版社 2015 年版。
3. 中国金融思想政治工作研究会、中国金融文化建设协会主编：《全国金融系统思想政治工作和文化建设调研成果（2019）》，中国金融出版社 2020 年版。
4. 储建国著：《钱塘江金融文化》，杭州出版社 2013 年版。
5. 唐丽华著：《中国伦理文化与金融现代化》，经济管理出版社 2020 年版。
6. 张晓晖、吕鹰飞主编：《吉林省金融文化发展战略研究》，中国财富出版社 2015 年版。
7. 周建波著：《金融的边界与创新：历史视野下的金融文化与社会》，知识产权出版社 2016 年版。

第七章

普惠金融介入

◎ **引导性问题**

你目前能够获得哪些金融产品和服务？

你曾经有过被某些金融机构拒绝提供金融产品和服务的经历吗？

以你的观察，哪些人群在获得金融产品和服务方面存在困难？

金融是现代国家经济的核心。理论上，金融应当由全社会共同参与、共同享有。但实际上，由于地理障碍、金融基础设施建设、商业金融机构经营决策以及政策方面的因素，许多人被排斥在金融产品和服务的提供范围之外，严重阻碍了他们的个人发展、经济的发展以及社会的稳定与和谐。因此，如何为全体国民提供可以获得的金融产品和服务，成为金融发展和政策关注的重点问题之一。普惠金融的概念诞生于 2006 年，在全世界范围内已得到广泛的响应。

金融社会工作是为了帮助案主获得更好的金融服务和产品，因而金融社会工作是普惠金融的重要组成部分。如何使用专业的技术和方法，介入普惠金融政策的实施，便成为金融社会工作的中心任务之一。

第一节　普惠金融的基本内涵

一、普惠金融的由来

普惠金融的出发点是为了纠正和克服金融排斥。所谓金融排斥，是指一些社会成员因为某种原因被排斥在金融体系之外，很难获得金融产品和服务。1993 年，美国两位学者雷森（Leshon）和斯里弗特（Thrift）首次提出了"金融排斥"的概念，即银行关闭分支机构后影响了民众对银行服务的可获得性①，他们主要关注的是地理因素造成的金融排斥。1999 年，学者肯普森（Kempson）和韦雷（Whyley）进一步探索了金融排斥的原因，认为除了地理因素之外，造成金融排斥的原因主要来自经济和社会因素，包括条件排斥、评估排斥、价格排斥、营销排斥和自我排斥②。其后，学者们对金融排斥的内涵基本达成共识，即金融排斥包括三个维度：一是金融排斥的主体，普遍认为是低收入人群；二是金融排斥的内容，涵盖现代金融产品和服务，包括存取款、汇兑、信贷、保险、投资、救助、金融教育等；三是金融排斥的原因，主要来自地理、资格、条件、价格、市场或自我排斥等多方面的原因。

随着金融行业的发展，金融排斥日益成为一个复杂的、动态的、长期的社会问题。据世界银行统计，2014 年全球范围内仍有一半的成年人（超过 25 亿人）无法获得金融服务，这一比例在低收入经济体中达到 76%，在非洲、中东、东南亚国家中超过 80%③。对于个人而言，金融排斥会剥夺低收入人群获得正常的金融产品和服务的机会，只能寻求非正规的金融渠道，从而增加生活成本和交易成本，阻碍个人人力资源的积累和发展，使低收入人群的生活更加困难，无法平等分享经济增长的成果；对于社会而言，金融排斥会带来许多方面的经济和社会性的危害，包括地下黑市交易、衍生金融风险、威胁金融稳定、对低收入人群的社会排斥以及破坏社会和谐。

金融排斥是市场失灵的一种表现，依靠金融机构自发去克服显然无法实现。因此，必须由政府出台纠正金融排斥的政策。这样，旨在促进全体国民都能平等获得金融产品和服务的普惠金融就应运而生了。

二、普惠金融的定义

2005 年，联合国首次提出普惠金融（inclusive finance）的概念，即一个能有效、全面地为社会所有阶层（特别是贫穷、低收入群体）提供金融服务的体系。联合国将普惠金融视为实现"千年发展目标"的重要手段之一，引起全世界的关注和响应。

在国际组织内部，成立了一系列旨在推进普惠金融的内部机构和组织。2006 年，世界银行设立了全球性合作组织扶贫协商小组（Consultative Group to Assist the Poorest, CGAP），进一步丰富了普惠金融体系的定义，即普惠金融体系是通过各种渠道，为社会上任一阶层提供金融服务的体系，尤其是那些被传统金融体系排除在外的广大的贫困、低收入人群，向其提供包括储蓄、保险、信贷、信托等差别化金融服务，其核心是让所

---

① Leyshon A. and Thrift N. , "The Restructuring of the UK Financial Services Industry in the 1990s: A Reversal of Fortune?", Journal of Rural Studies, 1993, 9 (3), P223 –241.

② Kepmpson E. and Whyley C. , "Kept Out or Opted Out? Understanding and Combating Financial Exclusion", Bristol: Policy Press, 1999.

③ World Bank, Banking the Poor: Measuring Banking Access in 54 Economies, The World Bank, https://openknowledge. worldbank. org/bitstream/handle/10986/13804/69961Banking0The0Poor. pdf? sequence = 1&isAllowed = y.

有人特别是金融弱势群体享受平等的金融权利[①]。

普惠金融在我国也得到了积极的响应。2015 年，中共中央、国务院出台《推进普惠金融发展规划（2016—2020 年）》，提出了中国特色的普惠金融的定义，即"普惠金融是指立足机会平等要求和商业可持续原则，以可负担的成本为有金融服务需求的社会各阶层和群体提供适当、有效的金融服务"。并且特别指出，"小微企业、农民、城镇低收入人群、贫困人群和残疾人、老年人等特殊群体是当前我国普惠金融重点服务对象"[②]。

2018 年，在中国人民银行与世界银行联合发布的《全球视野下的中国普惠金融：实践、经验与挑战》中，将普惠金融定义为"个人、小微企业（MSEs）能够获取和使用一系列合适的金融产品和服务，这些金融产品和服务对消费者而言便捷安全，对提供者而言商业可持续"[③]。

综合以上定义，我们认为普惠金融就是政府和金融系统通过各种渠道，为社会各阶层尤其是那些被传统金融体系排除在外的贫困、老年、农村地区、低收入的弱势群体提供金融产品和服务，使全体社会成员都能够享受平等、自由的金融权利。

从以上国内外代表性的普惠金融定义中，我们可以看出普惠金融的基本特点。

第一，普遍性和包容性。普惠金融的目标是将所有需要获得金融服务的社会群体都纳入服务对象之中，体现一种金融权利上的平等。出于逐利性的本质，传统金融往往倾向于为资产、收入状况佳的对象提供服务，贫困、低收入人群以及小微企业等对象经常很难获得优质的金融服务。在金融日益成为经济生活中心的背景下，这种排斥使得贫困、低收入人群以及小微企业等对象无法享受到经济发展的成果，进而产生了贫富分化和社会排斥的加剧。普惠金融就是要克服这种社会排斥，保障每一位社会成员或经济主体都能够平等地享受金融服务的权利，从而增进社会融合、社会和谐和均衡发展。

第二，福利性和惠民性。普惠金融既是一项权利，也是一项福利。普惠金融可以使传统金融模式中难以获得金融服务的对象获得平等的金融服务机会，特别是支持贫困、低收入人群以及小微企业的长期发展，是一项惠及民生的福利。

第三，特色性和发展性。在联合国提出普惠金融的基础性定义之上，各个国家可以根据本国的国情和金融体系的特点提出具有本国特色的普惠金融定义。并且随着金融创新的发展，金融领域不断扩大，普惠金融的内涵也会进一步深化。

三、普惠金融的关键要素

在世界银行与中国人民银行联合发布的《全球视野下的中国普惠金融：实践、经验

---

① 焦瑾璞著：《普惠金融导论》，中国金融出版社 2019 年版，第 2 页。
② 《国务院关于印发推进普惠金融发展规划（2016—2020 年）的通知》，中华人民共和国中央人民政府网，http://www.gov.cn/zhengce/content/2016-01/15/content_10602.htm.
③ 世界银行、中国人民银行：《全球视野下的中国普惠金融：实践、经验与挑战》，中国人民银行网站，http://www.pbc.gov.cn/jingrxfqy/145720/3364077/3482997/2018021217010339459.pdf.

与挑战》报告中，提出普惠金融的四个关键要素，即可得性、多样且适当的产品、商业可行性和可持续性、安全和责任①。

（一）可得性

金融可得性意味着消费者在物理上能够充分接近各类服务设施（包括分支机构、代理点、自动取款机或其他网点及设备），这样他们就可以便捷地挑选和使用一系列金融产品和服务。可得性是普惠金融的物质基础。提高金融可得性，可以降低老年、贫困、低收入群体在金融产品和服务上的获得成本、交通成本和交易成本，为其公平地享受到正规金融机构提供的金融产品和服务创造更多的机会。金融可得性意味着国家必须大力提升金融基础设施建设，为金融机构在老年、贫困、低收入群体所在的社区建立分支机构、代理点或者设置自动取款机及其他设备提供政策和资金方面的支持。金融机构除了继续保留在老年、贫困、低收入群体生活的社区建立分支机构、代理点或者设置自动取款机及其他设备之外，还应该加强金融科技方面的创新，例如移动支付、网上银行、第三方支付等，为老年、贫困、低收入群体提供必要的金融设施。

（二）多样且适当的产品

多样且适当的产品要求金融机构必须合理设计一系列金融产品和服务，使之能够满足消费者，特别是那些无法获得金融服务和获得服务不足群体的需求。一直以来，金融产品和服务的设计、提供、创新都带有明显的精英化的特征，对老年、贫困、低收入等群体并不友好。例如，老年人很难理解和掌握自动化、网络化的金融产品，穷人可能无法拥有移动支付所必需的手机等设备。因此，金融机构需要考虑这些弱势群体的具体情况，除了追求便捷性、安全性、自动化、网络化之外，也要针对他们的特征和需求设计可负担、可掌握、保障尊严和权益的金融产品和服务，即使这些产品不是时代发展的潮流和金融机构的盈利点。与此同时，金融机构还需要开展数字化时代主流的金融产品和服务的宣传和教育，帮助老年、贫困、低收入群体能够熟练掌握这些新的金融产品和服务。

（三）商业可行性和可持续性

商业可行性和可持续性要求建立良好的金融生态系统，使金融服务提供者能以成本节约的方式，长期可持续地提供产品和服务。普惠金融不是强迫金融机构放弃商业和利润方面的合理性追求，而是着眼于建立一个多元、竞争和创新的金融生态系统，包括完善的金融政策和金融监管环境、强大的金融基础设施、良好的社会信用体系、多元化的金融产品和服务、金融机构可持续性的盈利空间和金融用户的普遍参与。在这种金融生

---

① 世界银行、中国人民银行：《全球视野下的中国普惠金融：实践、经验与挑战》，中国人民银行网站，http：//www.pbc.gov.cn/jingrxfqy/145720/3364077/3482997/20180212170103394594.pdf。

态系统中，金融提供者既能提供稳定的、长期可持续的产品和服务，又能在节约成本的基础上实现经济效益和社会效益。

（四）安全和责任

安全和责任要求政府和金融机构负责任地向消费者提供金融产品和服务，同时普惠金融政策目标应当与金融稳定和市场诚信的政策目标相一致。安全性的要求包括金融用户的资金安全和金融体系的安全与稳定。责任意味着金融体系中的各个主体应承担的责任，包括政府应尽到完善金融政策、加强金融监管、维护金融稳定和市场诚信的责任；金融机构要承担为老年、贫困、低收入群体提供普惠金融产品和服务的责任、保障金融用户资金安全的责任以及作为企业应尽的其他社会责任；金融用户应该尽到遵守相关规定、维护市场诚信的责任。

四、普惠金融的意义

（一）保障弱势群体平等参与社会经济生活的权利

在日趋金融化的现代社会中，金融权利已经成为人们参与社会经济生活的重要前提。金融排斥，意味着弱势群体被剥夺了平等地获得金融产品和服务的机会，从而也失去了平等参与到社会经济生活的权利。例如，如果老年人不能熟练使用自动取款机、互联网支付，就很容易被排斥在正常的社会经济生活之外，他们也会有一种被社会孤立的孤独感。如果贫困人群生活的社区没有银行网点或者代理点，他们就很难与外面的世界保持正常的经济交流。普惠金融正是为了克服这种社会排斥，通过为老年、贫困和低收入群体以及小微企业提供金融产品和服务，保障他们的金融权利，为他们平等参与到社会经济生活保驾护航。

（二）有利于金融发展与稳定

金融需要全体国民的参与。从供给方面讲，金融的覆盖面越广，参与人数越多，金融资源就越丰富，动员能力就越强。从需求方面来说，只有满足了社会对金融的需求，金融才能获得更好的发展。尽管老年、贫困和低收入群体的经济状况相对较差，但是还是有一定的人口基数，也就意味着他们也掌握着一部分的社会财富，普惠金融可以将这部分财富聚集动员起来，同时为这类群体提供金融产品和服务，加快金融资源的流转，促进金融事业的发展。

从金融稳定方面来看，依据大数法则，金融参与的人数越多，风险分担的能力就越强。普惠金融为老年、贫困和低收入群体提供金融产品和服务，一方面可以提高这类人群的风险承受能力，另一方面，通过扩大金融人口基数，提高全社会防范金融风险的能力，有利于金融系统的稳定。

（三）促进经济包容性增长

包容性增长（inlusive growth）是亚洲开发银行于 2007 年首次提出的概念，在中国得到了积极的响应和实践。2010 年，中国国家领导人在国际场合公开阐释了"包容性增长"的内涵，即"实现包容性增长，根本目的是让经济全球化和经济发展成果惠及所有国家和地区、惠及所有人群，在可持续发展中实现经济社会协调发展"[①]。从党的十七届中央委员会第五次全体会议开始，"包容性增长"就一再被写进党的纲领性文件、政府工作报告和国家发展规划中，成为我国经济发展的指导方针之一。

金融是经济的核心，经济的增长离不开金融的发展。普惠金融是包容性增长的重要方面。它不仅推动了金融的包容性发展，有利于转变经济发展方式，从而推动经济高质量增长，而且本着社会公平正义的原则，为老年、贫困和低收入群体创造平等参与经济增长和分享经济发展成果的机会，有利于实现共同富裕。

五、普惠金融的框架和指标体系

（一）普惠金融的框架体系

2006 年，世界银行在提出普惠金融概念时，确立了以客户为中心，包含微观、中观和宏观三个层面的包容性金融框架体系[②]。世界银行认为，贫困、低收入客户是普惠金融体系的中心，他们对于金融的需求也是三个层面的金融体系的驱动力。普惠金融的微观层面是各种金融服务提供者，包括从非正式的贷款人、贷款俱乐部到商业银行以及介于两者之间的其他一切金融机构，它们直接为贫困、低收入客户提供金融产品和服务，构成了普惠金融的基石。普惠金融的中观层面是支持性的服务和基础设施，即旨在减少交易成本、扩大对外联络、培养技能和提高金融服务提供商透明度的基本的金融基础设施和一系列的服务。它包括广泛的参与者及其活动，如审计师、评级机构、专业网络、贸易协会、信贷局、转账和支付系统、信息技术、技术服务提供商和培训人员，甚至超越国界的区域组织或全球组织。普惠金融的宏观层面是法律、法规和监管。它包括支持普惠金融可持续发展的适当的立法和政策框架以及中央银行、财政部和其他政府性的主体。

（二）普惠金融的指标体系

基于普惠金融的框架体系，二十国集团（G20）在 2012 年的洛斯卡沃斯峰会上通

---

① 胡锦涛：《深化交流合作 实现包容性增长——在第五届亚太经合组织人力资源开发部长级会议上的致辞》，载于《光明日报》2010 年 09 月 17 日 01 版。

② CGAP，"Access for All：Building Inclusive Financial Systems"，The World Bank，2006，P13－14. https：// openknowledge. worldbank. org/bitstream/handle/10986/6973/350310REV0Access0for0All01OFFICIAL0USE1. pdf？sequence = 1&isAllowed = y.

过了《G20 普惠金融指标体系》（以下简称《指标体系》）。后经 2013 年的圣彼得堡峰会和 2016 年杭州峰会进行了扩展和完善。G20 鼓励各国在收集本国数据的基础上，结合该指标体系，开发具有本国特色的普惠金融指标体系。G20 普惠金融指标体系包括三个维度：（1）金融服务的可得性；（2）金融服务的使用情况；（3）金融产品与服务的质量。在挑选 G20 普惠金融指标时，可得性、可持续性和可靠性是关键的标准，同时也兼顾适当性和全面性[①]。具体指标体系见表 7 - 1。

表 7 - 1 G20 普惠金融指标体系

	类别	指标
使用情况指标：成年人		
1A[D]	拥有账户的成年人	在正规金融机构或移动支付服务提供商处拥有账户（由本人开立或与其他人一起开立）的成年人（年满十五周岁）比例
1B	账户数	每千个成年人拥有的存款账户数
1C		每千个成年人拥有的电子货币账户数
1D		每十万个成年人移动支付交易笔数
2A[D]	在正规金融机构发生信贷业务的成年人	过去一年在银行或其他正规金融机构至少有过一次未偿贷款的成年人（年满十五周岁）比例
2B		每千个成年人未偿贷款笔数
3	购买保险的成年人	每千个成年人中保单持有人数（分为寿险和非寿险）
4	非现金交易	每千个成年人非现金零售交易笔数 包括：支票、贷记转账、直接借记、支付卡交易（借记卡、信用卡）以及通过电子货币工具（卡基类电子货币工具、移动支付产品和在线货币产品）支付的数量
5[D]	使用数字支付的成年人	使用交易账户（在银行或其他正规金融机构或移动支付服务提供商处开立）进行数字支付或接收数字支付的成年人（年满十五周岁）比例 包括：使用互联网支付账单或在线购物；使用移动电话支付账单、购物或从某一账户（在银行或其他金融机构或移动支付服务提供商处开立）收支款项；使用借记卡或信用卡从某一账户直接支付；发送汇款至某一账户或从某一账户接收汇款；收取工资、政府转拨款项或支付至某一账户的农业支出；从某一账户支出公用设施费用或学费
5A[*,D]	使用移动电话（通过某一账户）支付	（子指标）使用移动电话支付账单、购物或从某一账户（在银行或其他正规金融机构或移动支付服务提供商处开立）收支款项的成年人（年满十五周岁）比例
5B[*,D]	使用互联网支付	（子指标）使用互联网支付账单、购物或在线汇款的成年人（年满十五周岁）比例
5C[*,D]	使用银行卡支付	（子指标）使用借记卡直接从某一账户（在银行或其他正规金融机构处开立）进行支付的成年人（年满十五周岁）比例
5D[*,D]	使用账户支付	（子指标）通过某一账户收取工资或政府转拨款项的成年人（年满十五周岁）比例

---

① 《G20 普惠金融指标体系》，中国人民银行 G20 杭州峰会财金渠道重要成果文件，http：//www.pbc.gov.cn/goutongjiaoliu/113456/113469/3142307/2016091419074474029.pdf.

类别		指标
6[D]	频率使用账户	高频率使用账户的成年人（年满十五周岁）比例，"高频率"指一个月内从某一个人账户（在银行或其他正规金融机构处开立）取款三次及以上，包括提取现金、电子支付或购物、开具支票或任何其他类型的借记卡支付，既可通过账户持有人本人，也可通过第三方
7[D]	储蓄倾向	过去一年在银行或其他正规金融机构存款的成年人（年满十五周岁）比例
使用情况指标：企业		
8A[G]	享有正规银行服务的企业	拥有账户（在银行或其他正规金融机构处开立）的中小企业比例
8B		中小企业存款账户数（在非金融公司借款人中的占比）
9A[G]	在正规金融机构有未偿贷款或授信额度的企业	在银行或其他正规金融机构有未偿贷款或授信额度的中小企业比例
9B		中小企业贷款账户数（在非金融公司借款人中的占比）
10[G]	企业进行数字支付或接收数字支付	从某一账户进行数字支付或接收数字支付的中小企业比例
可得性指标：物理服务网点		
11A	服务网点	每十万个成年人拥有的商业银行分支机构数
11B		每十万个成年人拥有的 ATM 数
11C		每十万个成年人拥有的支付服务代理商数，包括：银行、其他存款吸收机构及特定主体（如转账运营商和电子货币发行商）的代理商
11D		每十万个成年人拥有的移动代理网点数
11E		每十万个成年人拥有的 POS 终端数
11F[d]		拥有移动电话、设备或家庭网络连接的成年人（年满十五周岁）比例
12	借记卡持有	每千个成年人拥有的借记卡数
13[G]	企业服务网点	拥有 POS 终端的中小企业比例
14	服务网点的互通性	ATM 网络的互通性和 POS 终端的互通性（0～1）。如果绝大多数或所有的 ATM 网络（或 POS 终端）互通，选值为 1；如果不互通，则选值为 0
质量指标：金融素养和能力		
15	金融知识	金融知识得分正确回答有关基本金融概念的问题，将得分相加计算总分。如：（1）通货膨胀；（2）利率；（3）复利；（4）货币幻觉；（5）风险分散；（6）保险主要目的
16[D]	金融行为	将存款用作应急资金　下列问题中回答"存款"的成年人比例。问题如下：如果遇到紧急情况急需 10 美金（或人均 GDP 的 1/25），你会从哪里获取该笔资金？（1）向朋友或亲戚借款；（2）干更多的工作；（3）出售资产；（4）存款；（5）从"储蓄俱乐部"贷款；（6）从银行贷款；（7）无法获取

续表

	类别	指标
17	信息披露要求	信息披露指数结合了现存的若干披露要求：（1）语言平实（如：易于理解、禁止隐藏性条款）；（2）使用当地语言；（3）规定的标准化披露格式；（4）追索权和追索流程；（5）贷款中应当支付的总体价格（基本成本加佣金价格，各种费用，保险，税金）
18	纠纷解决机制	反映内、外部纠纷解决机制的指数：（1）内部纠纷解决机制指标：适用于金融机构处理投诉的法律法规制定标准（包括及时性、可得性以及投诉处理流程中的相关要求）；（2）外部纠纷解决机制指标：存在使消费者能够通过第三方（监管机构、金融巡视专员或对应机构）进行追索的体制，且该追索效率高消费者也负担得起
	质量指标：使用障碍	
19ᴳ	信贷障碍	在上一笔贷款中被要求提供抵押物的中小企业比例（反映信贷条件紧缩）
		信贷可得性：信用报告系统的效力、担保的有效性和促进放贷的破产法。可用"边界距离"衡量。"边界距离"的分值有助于衡量监管效果的绝对水平及其如何随时间推移进行改善。该方法显示了各个经济体到达"边界"的距离，代表着各个经济体在经商调查样本（自2005年）中各个指标的最佳表现。这使得用户能随时看到特定经济体的表现与最佳表现之间的差距，也能如经商调查一样评估经济监管环境随时间推移作出的绝对改变。一个经济体到边界的距离用0～100这个数值范围来反映，0代表最差表现，100代表边界。例如，在经商调查中得75分表明该经济体离边界还有25%的距离，该边界由各个经济体在各个时段的最佳表现构成

注：＊成年人使用的支付模式可能超过一种；子指标之间并非相互排斥。

"D"数据也按收入（最贫穷的40%的家庭和最富有的60%的家庭）、年龄（低于35周岁的成年人和35周岁及35周岁以上的成年人）和性别列出。

"G"女性企业的数据也被列出。

资料来源：根据《G20普惠金融指标体系》改编，中国人民银行G20杭州峰会财金渠道重要成果文件，http：//www.pbc.gov.cn/goutongjiaoliu/113456/113469/3142307/2016091419074474029.pdf.

第二节　数字普惠金融的内涵

一、数字普惠金融的定义

数字普惠金融是金融数字化时代普惠金融发展的新形态。作为一项新事物，数字普惠金融还处在不断发展阶段，尚无统一的定义。2016年，二十国集团首脑峰会采用"G20普惠金融全球伙伴关系"执笔的《全球标准制定机构与普惠金融——演变中的格局》（GPFI白皮书）中提出"数字普惠金融"的概念，即"数字普惠金融"泛指一切通过使用数字金融服务以促进普惠金融的行动。它包括运用数字技术为无法获得金融服务或缺乏金融服务的群体提供一系列正规金融服务，其所提供的金融服务能够满足他们的需求，并且是以负责任的、成本可负担的方式提供，同时对服务提供商而言是可持续的①。

二、数字普惠金融的原则

2016 年，二十国集团首脑峰会制定了《G20 数字普惠金融高级原则》②，鼓励各国根据各自具体国情制订国家行动计划，以发挥数字技术为金融服务带来的巨大潜力。这八项原则具体如下。

原则一：倡导利用数字技术推动普惠金融发展

促进数字金融服务成为推动包容性金融体系发展的重点，它包括采用协调一致、可监测和可评估的国家战略和行动计划。

原则二：平衡好数字普惠金融发展中的创新与风险

在实现数字普惠金融的过程中，平衡好鼓励创新与识别、评估、监测和管理新风险之间的关系。

原则三：构建恰当的数字普惠金融法律和监管框架

针对数字普惠金融，充分参考 G20 和国际标准制定机构的相关标准和指引，构建恰当的数字普惠金融法律和监管框架。

原则四：扩展数字金融服务基础设施生态系统

扩展数字金融服务生态系统，包括加快金融和信息通信基础设施建设，用安全、可信和低成本的方法为所有相关地域提供数字金融服务，尤其是农村和缺乏金融服务的地区。

原则五：采取负责任的数字金融措施保护消费者

创立一种综合性的消费者和数据保护方法，重点关注与数字金融服务相关的具体问题。

原则六：重视消费者数字技术基础知识和金融知识的普及

根据数字金融服务和渠道的特性、优势及风险，鼓励开展提升消费者数字技术基础知识和金融素养的项目并对项目开展评估。

原则七：促进数字金融服务的客户身份识别

通过开发客户身份识别系统，提高数字金融服务的可得性，该系统应可访问、可负担、可验证，并能适应以基于风险的方法开展客户尽职调查的各种需求和各种风险等级。

原则八：监测数字普惠金融进展

通过全面、可靠的数据测量评估系统来监测数字普惠金融的进展。该系统应利用新

---

① 《G20 数字普惠金融高级原则》，中国人民银行 G20 杭州峰会财金渠道重要成果文件，http：//www. pbc. gov. cn/goutongjiaoliu/113456/113469/3142307/2016091419074418496. pdf.

② 《G20 数字普惠金融高级原则》，中国人民银行网站，http：//www. pbc. gov. cn/goutongjiaoliu/113456/ 113469/3142307/2016091419074418496. pdf.

的数字数据来源，使利益相关者能够分析和监测数字金融服务的供给和需求，并能够评估核心项目和改革的影响。

三、数字普惠金融的意义

数字普惠金融概念的提出，顺应了金融技术变革的数字化、网络化的趋势，代表了普惠金融未来发展的方向。然而，所有的技术变革都是一把"双刃剑"，数字化给普惠金融的发展带来了新的发展机遇，同时也给普惠金融的推广制造了新的障碍。

（一）数字普惠金融的积极意义

1. 有利于进一步提升普惠金融的基础设施建设

金融数字化使政府和金融机构有必要也有动力去加强金融基础设施建设，包括网上银行、移动支付 App、第三方支付网络平台等硬件基础设施和法律、法规和监管体系等软件基础设施。这些基础设施建设带动了金融机构网点的优化以及电力、网络等其他基础设施建设，从而进一步推动普惠金融的落实和发展。

2. 降低普惠金融的成本

数字普惠金融推动了金融基础设施建设，使很多金融活动都可以通过电子化、网络化进行，可以极大地节省金融用户的交通成本和交易成本，也能降低金融机构建设和经营网点、践行普惠金融的成本。另外，政府和金融机构可以通过互联网、短视频等数字化手段对普惠金融对象进行金融素养教育，宣传普惠金融的政策，降低了金融教育的成本。

3. 提高普惠金融产品和服务的可获得性

数字普惠金融改善了金融基础设施建设，使老年、贫困、低收入群体可以通过网络、移动电话等数字化手段获得金融产品和服务。这些产品和服务可以跨越地域，获得成本较低，可以做到 7×24 小时全天候送达，因此，数字普惠金融进一步提高了普惠金融产品和服务的可获得性。

4. 扩大普惠金融的覆盖面

尽管普惠金融的实施能够使原本在传统金融体系中被排斥在外的群体在一定程度上获得金融产品和服务，但是金融机构出于成本和收益的权衡，可能在推动普惠金融方面的积极性有限。例如，普惠金融要求银行在农村、边远地区开办营业网点，但是银行会因为举办成本高、收益低而消极执行。数字普惠金融可以降低金融基础设施建设的成本，通过网上银行、移动支付等数字化手段，将普惠金融政策下仍然难以解决的金融排斥对象纳入金融产品和服务的范围内，扩大普惠金融的覆盖面。

（二）数字普惠金融的消极影响

1. 可能会造成金融基础设施建设的失衡

数字普惠金融固然会促进政府和金融机构加大金融基础设施建设，但是，基于数字化技术的考虑，它们可能会重点发展网络、移动支付等方面的基础设施，而忽略掉传统的基础设施。因此，数字普惠金融可能会引导金融基础设施建设向数字化方面倾斜，使金融技术设施建设的发展失衡。例如，金融机构大面积地撤掉原有的为普惠金融对象提供金融产品和服务的实体网点，改换成网上银行或者移动支付，这样反而会增加服务对象的诸多不便。

2. 增加金融产品和服务的隐性成本

数字普惠金融固然使金融产品和服务可以通过网上银行或者移动支付等手段提供，一定程度上降低了金融用户、金融机构和金融教育等方面的成本，但是，一些隐性成本容易被忽略。例如，建设和维护数字普惠金融基础设施的成本；金融用户享受数字金融产品和服务必须支付的购置有关设备的费用和向金融机构支付的服务费用；金融用户在学习、选择、咨询数字金融产品和服务方面所花费的时间成本、搜寻成本等。总而言之，数字普惠金融不是免费的，在降低了显性成本的同时，可能会增加许多隐性成本，而这些成本大多数转嫁给了普惠金融的服务对象。

3. 可能会创造新的金融排斥问题

数字普惠金融的前提是数字金融技术的应用与推广。如果这些数字金融技术设计得不够友好，技术的获得与操作有很大的难度，从而增大了普惠金融的技术障碍和数字鸿沟，那么数字普惠金融不但不会消除原有的金融排斥，反而将这部分人排除在金融体系之外，创造出新的金融排斥问题。例如，原来一些能够使用传统金融技术设施的人，可能无法拥有网络或者移动通信工具或者不会使用网络、移动支付手段，反而被数字普惠金融排斥在金融产品和服务之外，造成了新的金融排斥。

4. 可能会扩大金融风险

数字化技术在扩大普惠金融的覆盖面的同时，也会产生技术风险，包括信用风险、资金安全风险、个人隐私风险等。而且这些风险会随着互联网、移动通信等技术手段和普惠金融的覆盖人数进一步放大。例如，金融网络系统如果遭到黑客入侵，很容易造成大面积的个人隐私泄露和资金安全的风险。

第三节　金融社会工作介入普惠金融

一、我国普惠金融发展的历程和成就

新中国成立以来，党和政府始终非常重视金融体系的建设，将为全体人民提供金融产品和服务作为金融工作的重要目标之一。经过多年的努力，我国已经建立了商业银行、农村信用社、邮政储蓄所以及其他金融机构构成的完备的金融服务网络，服务区域基本覆盖县域地区，有些甚至达到了边远地区。这些金融机构提供了包含存取款、贷款、保险等多种金融产品和服务。可以说，在普惠金融概念提出之前，我国已经在建设普惠金融方面取得了巨大的成就。

金融体制改革之后，各家商业银行出于运营成本的考虑，撤销了许多县域的网点，就连农村信用社和邮政储蓄所也收缩了在边远地区的业务。普惠金融一度出现了倒退。在国际上提出普惠金融的概念后，我国积极响应，将其作为金融体制改革和建设的方向之一。从 2005 年开始，中国人民银行、国家开发银行、商务部国际经济技术交流中心与联合国开发计划署等合作，开展"建设中国普惠金融体系"项目。2012 年 6 月 19 日，胡锦涛主席在墨西哥举办的二十国集团峰会上指出："普惠金融问题本质上是发展问题，希望各国加强沟通和合作，提高各国消费者保护水平，共同建立一个惠及所有国家和民众的金融体系，确保各国特别是发展中国家民众享有现代、安全、便捷的金融服务。"这是中国国家领导人第一次在公开场合正式使用普惠金融概念，标志着普惠金融已经进入国家战略决策的视野。

党的十八大以来，中央非常重视普惠金融建设，并采取各种措施将普惠金融政策落到实处，取得了重大的成果。

（一）确立普惠金融国家战略

2013 年 11 月，党的十八届三中全会通过的《中共中央关于全面深化改革若干重大问题的决定》首次正式提出"发展普惠金融"，标志着普惠金融在我国已由一种发展理念上升为国家战略。2015 年的《政府工作报告》中提出，"要大力发展普惠金融，让所有市场主体都能分享金融服务的雨露甘霖。为推进普惠金融发展，提高金融服务的覆盖率、可得性和满意度，增强所有市场主体和广大人民群众对金融服务的获得感"。2017 年 7 月，习近平总书记在全国金融工作会议上指出，要建设普惠金融体系，加强对小微企业、"三农"和偏远地区的金融服务，推进金融精准扶贫，鼓励发展绿色金融。

2015 年 12 月 31 日，国务院正式印发《推进普惠金融发展规划（2016—2020 年）》，这是我国第一部国家层面的普惠金融战略规划。规划指出"小微企业、农民、城镇低收入人群、贫困人群和残疾人、老年人等特殊群体是当前我国普惠金融重点服务对象"；确立了健全机制、持续发展，机会平等、惠及民生，防范风险、推进创新，统筹规划、因地制宜等普惠金融发展的基本原则；提出了"到 2020 年，建立与全面建成小康社会相适应的普惠金融服务和保障体系，有效提高金融服务可得性，明显增强人民群众对金融服务的获得感，显著提升金融服务满意度，满足人民群众日益增长的金融服务需求，特别是要让小微企业、农民、城镇低收入人群、贫困人群和残疾人、老年人等及时获取价格合理、便捷安全的金融服务，使我国普惠金融发展水平居于国际中上游水平"的总体目标；制定了健全多元化广覆盖的机构体系、创新金融产品和服务手段、加快推进金融基础设施建设、完善普惠金融法律法规体系、发挥政策引导和激励作用、加强普惠金融教育与金融消费者权益保护等多项措施来推进普惠金融的发展。

2022 年，中央全面深化改革委员会第二十四次会议召开，审议通过了《推进普惠金融高质量发展的实施意见》。会议高度评价了《推进普惠金融发展规划（2016—2020

年)》实施以来在提升金融服务覆盖率、可得性、满意度，统筹新冠疫情防控和经济社会发展、助力打赢脱贫攻坚战、补齐民生领域短板等方面发挥的积极作用，提出要深化金融供给侧结构性改革，把更多金融资源配置到重点领域和薄弱环节，加快补齐县域、小微企业、新型农业经营主体等金融服务短板，促进普惠金融和绿色金融、科创金融等融合发展，提升政策精准度和有效性；优化金融机构体系、市场体系、产品体系，有效发挥商业性、开发性、政策性、合作性金融作用，增强保险和资本市场服务保障功能，拓宽直接融资渠道，有序推进数字普惠金融发展；完善普惠金融政策制定和执行机制，健全普惠金融基础设施、制度规则、基层治理，加快完善风险分担补偿等机制，促进形成成本可负担、商业可持续的长效机制；高度重视防范金融风险，加强金融系统党的建设；加大金融监管力度，坚决惩处金融领域腐败。

（二）加快普惠金融基础设施建设

1. 建立健全普惠金融信用信息体系

人民银行加快建立多层级的小微企业和农民信用档案平台，持续推进金融信用信息基础数据库建设。发展改革委等部门加快推进全国信用信息共享平台建设，依托平台建设"信用中国"网站，强化社会信息公示。

2. 促进信用信息共享

原银监会联动国家税务总局开展"银税互动"，联动原工商总局建立"银商合作"机制。

3. 建立健全普惠金融数据指标体系

人民银行建立中国普惠金融指标体系，原银监会建立银行业普惠金融重点领域贷款统计指标体系。

4. 推进农村支付环境建设

鼓励指导银行机构和非银行支付机构面向农村地区提供安全、可靠的网上支付、手机支付等服务。

5. 完善动产融资登记公示系统

建立应收账款融资服务平台，服务小微企业应收账款融资。

6. 推进保险基础机制建设

完善农业保险产品管理制度，开发农业保险产品电子化报备和管理信息系统。建立全国农业保险信息管理平台，提高农业保险的信息化水平。

7. 建设新型农业经营主体信息直报系统

对接多类新型经营主体数据资源，向金融服务机构精选推送优质规范新型经营主体有效需求。

二、我国普惠金融面临的挑战

尽管我国普惠金融的实施取得了巨大的成就，但是仍然面临着较大的挑战。

1. 尚未建立起被广泛接受的普惠金融理念

由于普惠金融的概念还处于探索、更新阶段，加之数字普惠金融的突飞猛进，因此，普惠金融理念的全面普及还需要一定的时间。尤其是金融机构在追逐利润的压力和动力之下，对于普惠金融理念的理解和执行还不够到位。政府在践行全面的普惠金融理念时往往无法充分兼顾所有公共和私人的利益。

2. 政府在普惠金融中的定位尚不十分明确

政府在贯彻实施普惠金融的过程中过多地依赖行政指令，市场化手段较少，对金融机构实施普惠金融的激励措施还非常有限。政府所提供的普惠金融产品和服务还不够广泛、合适，还需要营造一种公平、开放、公正竞争的普惠金融环境。

3. 普惠金融的业务模式和做法还缺乏商业可持续性

当前的普惠金融的业务模式和做法以政策性、公益性为主，缺乏商业可持续性。金融机构以完成政府下达的普惠金融政策指令为主要驱动力，缺乏市场驱动创新的动力。金融机构内部的普惠金融业务处于边缘状态，难以为客户提供所需的普惠金融产品和服务。这使得金融机构在实施普惠金融时缺乏主动性。

4. 数字普惠金融的风险较高

在数字普惠金融推广和实施中，过于重视数字金融的基础设施建设，在数字普惠金融方面的"软件"建设稍显滞后，包括没有构建起有关数字普惠金融的法律和监管框架，防范数字金融风险的能力和措施有限，数字金融领域的高端人才比较缺乏。

5. 农村地区的普惠金融仍然比较薄弱

随着商业银行基本撤销农村地区的网点，目前服务于农村地区普惠金融的金融机构主要是政策性银行、村镇银行、小额贷款公司等。政策性银行的业务带有很强的政策指令性，且多倾斜于一些农村项目，难以惠及普通农民，而村镇银行和小额贷款公司的业务和资金能力都非常有限。加上农民的数字金融素养整体水平不高，使得农村地区的普惠金融仍然十分薄弱。

6. 全民金融素养有待提高

整体来看，我国全民金融素养还有待提高，且城乡之间、地区之间的差异较大。尤其是在重大金融事件中容易爆发群体性的盲动。人们对政府和银行的依赖性较强，相关的金融教育机会较少，金融行为往往缺乏足够的理性。

三、金融社会工作介入普惠金融的策略

金融社会工作介入普惠金融，是其责无旁贷的使命担当和重要的工作内容。金融社会工作的社会性和公益性，决定了金融社会工作者能够摆脱利润和利益的束缚，从大众利益和社会效益的角度推进普惠金融；金融社会工作的专业性，保证了金融社会工作者既能够运用金融专业知识和技巧，又能够发挥社会工作的技巧和艺术，在助力实施普惠金融方面发挥独特的作用。

金融社会工作者可以根据不同层次的需求，制定推进普惠金融的策略。

（一）微观层面的策略

根据微观层面的需求，金融社会工作者可以对金融用户开展普惠金融教育，尤其是老年、贫困、农村地区的弱势群体，提高他们的金融素养，内容包括基本的金融知识，使用 ATM、电子银行、网络银行、移动银行的技能，防范金融风险的意识和技能。加强普惠金融理念的宣传，使金融机构深化普惠金融的意识，协助金融机构开发面向老年、贫困、农村地区的低收入客户的金融产品和服务，夯实普惠金融的基础。

（二）中观层面的策略

根据中观层面的需求，金融社会工作者可以积极参与到支持性的服务和基础设施的建设中。内容包括在对金融服务和基础设施的需求进行调研，提出合理化的建议；协助金融机构积极向农村地区开展普惠金融业务；加强国际交流，共同探索普惠金融的新内涵和新实践，推广国际行之有效的经验。

（三）宏观层面的策略

根据宏观层面的需求，金融社会工作者可以广泛参与到普惠金融的顶层设计中。内容包括：根据在普惠金融活动中的实践经验和调查结果，发起有关普惠金融法律、法规和监管方面的政策倡议；协助政府做好对金融机构执行普惠金融方面的监督工作；向基层宣传普惠金融的理念和政策，向有关部门反馈普惠金融政策实施的效果，促进普惠金融政策的完善。

♻ 基本概念

金融排斥　普惠金融　数字普惠金融

♻ 本章要点

金融排斥，是指一些社会成员因为某种原因被排斥在金融体系之外，很难获得金融产品和服务。除了地理因素之外，造成金融排斥的原因主要来自经济和社会因素，包括条件排斥、评估排斥、价格排斥、营销排斥和自我排斥。对于个人而言，金融排斥会剥夺低收入人群获得正常的金融产品和服务的机会，只能寻求非正规的金融渠道，从而增加生活成本和交易成本，阻碍个人人力资源的积累和发展，使低收入人群的生活更加困难，无法平等分享经济增长的成果；对于社会而言，金融排斥会带来许多方面的经济和社会性的危害，包括地下黑市交易、衍生金融风险、威胁金融稳定、对低收入人群的社会排斥以及破坏社会和谐。金融排斥是市场失灵的一种表现，依靠金融机构自发去克服显然无法实现。因此，必须由政府出台纠正金融排斥的政策。

2005 年，联合国首次提出普惠金融（inclusive finance）的概念，即一个能有效、全面地为社会所有阶层（特别是贫穷、低收入群体）提供金融服务的体系。综合国内外有关普惠金融的定义，我们认为普惠金融就是政府和金融系统通过各种渠道，为社会各阶层尤其是那些被传统金融体系排除在外的贫困、老年、农村地区、低收入的弱势群体提供金融产品和服务，使全体社会成员都能够享受平等、自由的金融权利。普惠金融的基本特点包括：第一，普遍性和包容性；第二，福利性和惠民性；第三，特色性和发展性。

普惠金融的四个关键要素为可得性、多样且适当的产品、商业可行性和可持续性、安全和责任。金融可得性意味着消费者在物理上能够充分接近各类服务设施（包括分支机构、代理点、自动取款机或其他网点及设备），这样他们就可以便捷地挑选和使用一系列金融产品和服务。可得性是普惠金融的物质基础。多样且适当的产品要求金融机构必须合理设计一系列金融产品和服务，使之能够满足消费者，特别是那些无法获得金融服务和获得服务不足群体的需求。商业可行性和可持续性要求建立良好的金融生态系统，使金融服务提供者能以成本节约的方式，长期可持续地提供产品和服务。安全和责任要求政府和金融机构负责任地向消费者提供金融产品和服务，同时普惠金融政策目标应当与金融稳定和市场诚信的政策目标相一致。

普惠金融的意义在于：（1）保障弱势群体平等参与社会经济生活的权利；（2）有利于金融发展与稳定；（3）促进经济包容性增长。

2006 年，世界银行在提出普惠金融概念时，确立了以客户为中心，包含微观、中观和宏观三个层面的包容性金融框架体系。普惠金融的微观层面是各种金融服务提供者，包括从非正式的贷款人、贷款俱乐部到商业银行以及介于两者之间的其他一切金融机构；中观层面是支持性的服务和基础设施；宏观层面是法律、法规和监管。G20 普惠金融指标体系包括三个维度：（1）金融服务的可得性；（2）金融服务的使用情况；（3）金融产品与服务的质量。

"数字普惠金融"泛指一切通过使用数字金融服务以促进普惠金融的行动。它包括运用数字技术为无法获得金融服务或缺乏金融服务的群体提供一系列正规金融服务，其所提供的金融服务能够满足他们的需求，并且是以负责任的、成本可负担的方式提供，同时对服务提供商而言是可持续的。

二十国集团首脑峰会制定的《G20 数字普惠金融高级原则》确定：倡导利用数字技术推动普惠金融发展；平衡好数字普惠金融发展中的创新与风险；构建恰当的数字普惠金融法律和监管框架；扩展数字金融服务基础设施生态系统；采取负责任的数字金融措施保护消费者；重视消费者数字技术基础知识和金融知识的普及；促进数字金融服务的客户身份识别；监测数字普惠金融进展。

数字化给普惠金融的发展带来了新的发展机遇，同时也给普惠金融的推广制造了新的障碍。数字普惠金融的积极意义体现在有利于进一步提升普惠金融的基础设施建设、降低普惠金融的成本、提高普惠金融产品和服务的可获得性、扩大普惠金融的覆盖面等方面。数字普惠金融的消极影响体现在可能会造成金融基础设施建设的失衡、增加金融产品和服务的隐性成本、可能会创造新的金融排斥问题、可能会扩大金融风险等方面。

新中国成立以来，党和政府始终非常重视金融体系的建设，将为全体人民提供金融产品和服务作为金融工作的重要目标之一。党的十八大以来，中央非常重视普惠金融建设，并采取各种措施将普惠金融政策落到实处，取得了重大的成果，包括确立普惠金融国家战略、加快普惠金融基础设施建设。但是我国普惠金融仍然面临着较大的挑战，包括尚没有建立起被广泛接受的普惠金融理念、政府在普惠金融中的定位尚不十分明确、普惠金融的业务模式和做法还缺乏商业可持续性、数字普惠金融的风险较高、农村地区的普惠金融仍然比较薄弱、全民金融素养有待提高。

金融社会工作介入普惠金融，是其责无旁贷的使命担当和重要的工作内容。金融社会工作者可以根据不同层次的需求，制定推进普惠金融的策略。根据微观层面的需求，金融社会工作者可以对金融用户开展普惠金融教育，尤其是老年、贫困、农村地区的弱势群体，提高他们的金融素养，内容包括基本的金融知识，使用 ATM、电子银行、网络银行、移动银行的技能，防范金融风险的意识和技能。加强普惠金融理念的宣传，使金融机构深化普惠金融的意识，协助金融机构开发面向老年、贫困、农村地区的低收入客户的金融产品和服务，夯实普惠金融的基础。根据中观层面的需求，金融社会工作者可以积极参与到支持性的服务和基础设施的建设中。内容包括在对金融服务和基础设施的需求进行调研，提出合理化的建议；协助金融机构积极向农村地区开展普惠金融业务；加强国际交流，共同探索普惠金融的新内涵和新实践，推广国际行之有效的经验。根据宏观层面的需求，金融社会工作者可以广泛参与到普惠金融的顶层设计中。内容包括：根据在普惠金融活动中的实践经验和调查结果，发起有关普惠金融法律、法规和监管方面的政策倡议；协助政府做好对金融机构执行普惠金融方面的监督工作；向基层宣传普惠金融的理念和政策，向有关部门反馈普惠金融政策实施的效果，促进普惠金融政策的完善。

♻ 复习思考题

1. 发展普惠金融有什么意义？
2. 数字普惠金融有哪些积极和消极的影响？
3. 我国普惠金融面临的挑战有哪些？
4. 金融社会工作介入普惠金融的策略有哪些？

♻ 推荐阅读

1. 焦瑾璞著：《普惠金融导论》，中国金融出版社 2019 年版。
2. 查华超、裴平著：《互联网金融时代中国普惠金融发展研究》，南京大学出版社 2022 年版。

3. 中国人民银行金融消费权益保护局编著:《中国普惠金融发展研究》,中国金融出版社 2020 年版。

4. 贝多广、李焰主编:《数字普惠金融新时代》,中信出版社 2017 年版。

5. 伊丽莎白·拉尼著,李百兴译:《从小额信贷到普惠金融:基于银行家和投资者视角的分析》,中国金融出版社 2016 年版。

6. 顾雷著:《中国普惠金融数字化转型与合规发展》,中国金融出版社 2022 年版。

7. [孟] 穆罕默德·尤努斯著,陈文、陈少毅、郭长冬译:《普惠金融改变世界:应对贫困、失业和环境恶化的经济学》,机械工业出版社 2018 年版。

8. Leyshon A. and Thrift N. ,"The Restructuring of the UK Financial Services Industry in the 1990s:A Reversal of Fortune?", Journal of Rural Studies, 1993, 9 (3):223 – 241.

9. Kepmpson E. and Whyley C. ,"Kept Out or Opted Out? Understanding and Combating Financial Exclusion", Bristol:Policy Press, 1999.

10. 《G20 数字普惠金融高级原则》,中国人民银行 G20 杭州峰会财金渠道重要成果文件,http://www. pbc. gov. cn/goutongjiaoliu/113456/113469/3142307/2016091419074418496. pdf.

11. CGAP, "Access for All:Building Inclusive Financial Systems", The World Bank, 2006, P13 – 14. https://openknowledge. worldbank. org/bitstream/handle/10986/6973/350310 REV0Access0for0All01OFFICIAL0USE1. pdf? sequence = 1&isAllowed = y.

12. 《国务院关于印发推进普惠金融发展规划 (2016—2020 年) 的通知》,中华人民共和国中央人民政府网, http://www. gov. cn/zhengce/content/2016 – 01/15/content_10602. htm.

13. 世界银行、中国人民银行:《全球视野下的中国普惠金融:实践、经验与挑战》,中国人民银行网站, http://www. pbc. gov. cn/jingrxfqy/145720/3364077/3482997/20180212170010339459. pdf.

第八章

互联网金融介入

◎ **引导性问题**

你每天平均上网几个小时？是否接触过互联网金融？

你自己或者身边发生过校园网贷吗？

你认为互联网金融目前存在哪些亟待需要解决的问题？

随着网络时代的到来，金融与互联网结合形成了互联网金融的新业态，并借助网络便捷性、大众化的优势，取得了快速的发展，逐渐深入社会生活的各个方面。互联网极大地加快了资金融通的速度，增强了人们对于金融的可及性。但是，互联网的虚拟化、匿名化和复杂化等特点，造成监管难度非常大，使得互联网金融存在的一些漏洞难免被非法利用，成为金融犯罪的高发地带，给人民群众带来不小的财产损失和精神伤害。因此，金融社会工作有必要介入互联网金融领域，利用专业的知识和方法为互联网金融用户提供各种服务。

第一节　互联网金融概述

作为人类经济生活中的核心主题之一，金融总是与时代发展紧密结合在一起，并依托科学技术的更新换代而不断进行创新。20 世纪 90 年代以来，金融业务开始与电子计算机和互联网技术结合，出现了新的业态。1994 年，美国出现了第一家纯网络银行——美国安全第一网络银行（Security First Network Bank），正式开启了人类进入互联网金融时代的大门。1995 年 2 月，美国 Ins Web 网络保险平台的创立，标志着保险行业从此与互联网"联姻"。1996 年，美国出现了网上证券交易平台。1998 年，美国 eBay 成立了全资子公司贝宝支付（PayPal），成为全球第一家第三方支付平台。在我国，1997

年，中国银行率先推出了"一网通"网上银行业务，并于 1998 年完成首笔网络支付业务，标志着中国开始进入网络银行时代。在银行支付等传统银行业和保险业务、证券交易等非银行金融业纷纷"触网"之后，金融已经不可避免地进入互联网的新时代。

一、互联网金融的定义

2012 年，中国学者谢平、邹传伟、刘海二等人率先提出了"互联网金融"的概念。他们认为，"互联网金融是一个谱系概念，涵盖因为互联网技术和互联网精神的影响，从传统银行、证券、保险、交易所等金融中介和市场，到瓦尔拉斯一般均衡对应的无金融中介或市场情形之间的所有金融交易和组织形式"[1]。2015 年，中国人民银行等十部门联合发布的《关于促进互联网金融健康发展的指导意见》为"互联网金融"给出了一个官方定义，即"互联网金融是传统金融机构与互联网企业利用互联网技术和信息通信技术实现资金融通、支付、投资和信息中介服务的新型金融业务模式"[2]。这一定义因其权威性被学界和实务界广泛接受。

互联网金融是金融与互联网的深度融合，兼具金融和技术两大基本属性。一方面，互联网金融是金融创新的一种，是在互联网时代建设的金融基础设施，其目的是更好地利用互联网的便捷性开展金融活动，但其作为信用关系的金融属性不变，需要为实体经济的发展服务，同时也需要接受有关部门的监管。另一方面，互联网金融是基于互联网的网络传输、移动通信、大数据、云计算、区块链、人工智能技术而建构的金融活动，相比传统的金融活动的组织形式和交易形式发生了重大的改变，因此，互联网金融需要互联网技术的支撑，未来也会随着科学技术的更新出现新的变化。

二、互联网金融的主要框架

经过几十年的发展，互联网金融已经初步形成了"四柱八梁"的主要内容框架。"四柱"是指互联网货币、互联网支付、信息处理和资源配置，它们是互联网金融的支柱；"八梁"是建立在互联网四大支柱基础之上的八个主干业务，它们分别是互联网银行、网络借贷、网络众筹、互联网基金销售、互联网保险、互联网财富管理、互联网信托和互联网消费金融。当然，互联网技术的变革方兴未艾，推动互联网金融未来发展出新的业务领域。

（一）互联网金融的支柱

1. 互联网货币

互联网时代的到来，使货币的原有形式发生了很大的变化，出现了虚拟货币、数字

---

① 谢平、邹传伟、刘海二著：《互联网金融手册》，中国人民大学出版社 2014 年版，第 1 页。
② 中国政府网，http：//www. gov. cn/xinwen/2015 - 07/18/content_2899360. htm.

货币等新鲜事物。这几个概念目前只是一些通俗的叫法，经常容易混淆。

根据欧洲中央银行的定义，虚拟货币是由非货币当局、非信贷机构发行的数字化价值代表物，在某些领域执行货币职能[1]。虚拟货币一般有两类：虚拟代币和加密货币。虚拟代币往往是由某个虚拟社区发行并可以在该社区购买虚拟商品、服务和应用程序，如腾讯公司推出的 Q 币等。但它本质上是一种代币，即只是在发行它的社区代替货币的某些功能，在虚拟社区之外不被承认，不能购买属于虚拟社区之外的商品和服务。加密货币是以区块链为基础，根据密码学原理来确保交易安全及控制交易单位创造的交易媒介。世界上第一个也是最著名的加密货币是比特币。它的出现对传统的金融系统产生了强烈的冲击，成为近年来国际金融市场中的热点之一，对其进行有效的监管也成为各国政府日益关注的重点。

严格意义上来讲，在现代国家，国家是货币发行权唯一法定拥有者。虚拟货币不是由中央银行发行的，因此并不是真正的"货币"，但它确实对原有的货币体系产生了冲击。近些年，在比特币的带动下，许多个人和机构利用区块链和加密技术疯狂发行虚拟货币，进而又掀起资本投机的热潮，对整个国际金融市场稳定形成了巨大的干扰。此外，围绕加密货币而开展的"挖矿"行为也造成了资源的巨大浪费。许多国家根本不承认加密货币的合法性，或者将其列入重点高风险的监管对象。同时，为了宣示在数字时代的货币发行权威，有一些国家通过中央银行发行以加密数字串来代表具体金额的法定货币，这才是真正的数字货币。2015 年，厄瓜多尔发行了全球第一个央行数字货币。目前，美国、中国等国家正在加紧研究推出本国的数字货币。

2. 互联网支付

互联网支付是指通过计算机、移动电话等设备，依托互联网发起支付指令、转移货币资金的服务。互联网支付包括网上银行支付、移动支付和第三方支付。

网上银行支付就是银行业金融机构开办网上银行业务，将传统的支付方式网络化的形式。无论是个人用户还是机构用户，无须再去银行营业网点，只需要通过网上银行就可以完成支付或者汇款等业务，并且可以实现实时到账，既节约了时间、交通成本和交易成本，又加快了资金流转的速度。但是网上银行也存在着密码安全和大额资金监管的风险，因此，要加强网上银行系统安全的设计，同时监管部门对大额资金的流转有着严格的监管程序。

移动支付是指通过移动电话等设备，利用无线通信技术来完成货币支付的形式。移动支付分为近场支付和远程支付两种。前者是利用移动设备中的智能芯片、二维码等设备完成无接触支付，如 POS 终端机或者收付款二维码。后者类似于网上银行支付，在手机银行上进行操作，最后以短信确认交易的完成。移动支付是近年来智能手机等通信设备普及之后互联网支付增长的亮点，扩大了互联网支付的时空场景，使支付更加快捷、便利和低成本化，但同样也会带来支付的安全性等问题。

---

[1] 李建军、罗明雄主编：《互联网金融》，高等教育出版社 2018 年版，第 48 页。

第三方支付是指在电子商务中由第三方机构建立平台为支付过程提供中介和担保的方式。第三方支付包括银行网关代理支付和账户支付两类。银行网关代理支付是银行网关代理支付类的第三方支付平台通过与各大银行签订代理网关的合同，将银行提供的支付网关接口与本企业的支付系统进行无缝连接，建立集成了众多银行支付网关的支付系统平台，从而为用户提供跨银行的支付服务①。用户在支付时只需要将款项汇入到第三方支付平台上，这笔款项暂时由第三方平台保管，待交易确认完成后，才由第三方平台将款项移交给商家的账户。例如，在淘宝平台上交易时，用户付款给支付宝，由支付宝代为保管，商家只有在用户收货后确认付款才可以得到货款。账户支付是用户将一定的款项一次性充值到个人账户中，在付款时从个人账户中扣除款项，而不需要在每次支付时都使用银行卡信息。例如，支付宝的"余额宝"、微信的"零钱"等都具有账户支付的功能。第三方支付由于第三方平台介入担保和代管，当用户和商家出现商品和服务纠纷、退款等问题时，第三方平台可以充当调解的角色，处理退款也比较便捷，可以有效地减少电子商务中的商品欺诈、权益纠纷等问题，同时还可以通过"星级积分""客户和商家互相评价"夯实电子商务的信用基础。不过，第三方支付平台也可能出现用户资料和资金安全隐患问题。

互联网支付丰富了支付场景，为个人和商家提供了快捷、便利、高效的支付服务，节约了大量的时间、交通和交易成本，推动了电子商务的发展，加速了资金流通的速度，对国民经济的发展起到了促进作用。互联网支付也为互联网金融构建了资金流通的基础。通过互联网支付，互联网金融的各种业务才能依托互联网快速、顺利地开展。

3. 信息处理

信息就是机遇，信息就是财富。如果说传统金融要处理的主要是资金供求双方的信息，尤其是资金需求方的信息，那么在互联网的大数据时代，资金需求方处于弱势地位的状况发生了改变，他们也需要且有能力处理资金供给方的信息，同时，互联网金融信息处理的内容和方式都发生了重大改变。

"大数据"一词是由美国计算机学会于1997年首次提出，随后成为互联网行业的流行词语，并引起了各国政府和公众的广泛关注。"大数据"有几重含义：一是信息的海量规模，已经从传统的 MB（megabyte）、GB（gigabyte）扩大到 TB（terabyte）、PB（petabyte），而且每天都在不断地更新。二是产生速度从每时、每天的周期加速到每秒。互联网的普及使用，每一秒都会留下使用者的大量数据。三是数据结构从结构化向半结构化或非结构化转变。互联网产生的数据更为复杂化、零星化，这些数据之间往往不具备传统数据的结构化特征，但是彼此之间存在着潜在的关联性。四是数据来源从集中性到去中心化、完全分布式的转变。互联网终结了以往信息结构中的中心化结构，每一个用户不仅是一个节点，也可能是一个中心。以前信息发布的权威（如政府部门、有关机构等）正在淡化，个人（如名人、网红、意见领袖等）发布的信息也能产生重大的影

---

① 李建军、罗明雄主编：《互联网金融》，高等教育出版社2018年版，第71页。

响。五是信息处理的难度增大。面对海量的数据，以往依靠人力或者简单的计算机程序已经很难应对，需要依靠超级计算机、云计算等新技术来进行处理，并且在这一过程中还要甄别有用信息和无用信息，处理难度较过去明显增大。六是信息的流转更加快速。互联网打破了以往的信息壁垒，使更多的信息通过网络用户的互动广为传播。往往一条信息可能会在非常短的时间内传播到世界的各个角落。七是信息蕴含着重大的价值。看似零星、无关紧要的信息可能显示出用户的个人特性、消费偏好、流动轨迹、购买意向等重要的信息，因此，在海量的大数据中可以挖掘出重要的商业价值。

过去，金融机构掌握着客户的身份信息、资产负债、收入支出等核心信息，对客户其他信息掌握不够，因此要耗费大量的时间和人力对客户的信用情况进行调查。同时，金融机构也只会披露金融产品的部分信息，客户想全面了解金融机构的运营和产品的真实信息有非常大的难度，这就造成金融机构和客户之间严重的信息不对称。在互联网时代，金融也面临着数据处理的新变化。金融机构可以通过大数据掌握客户更多的信息，不但可以精确地把握客户即期的财务和信用状况，还可以根据客户的大数据信息分析客户生活、收入、消费、理财等各种偏好和习惯，预判客户未来的资金需求及可能存在的风险。同时，金融机构的信息更加开放，客户可以通过互动更多地了解金融机构及其产品的信息，更为便捷地了解到国家的金融政策和金融市场的走向，评估自身可能面临的金融风险。如此，大数据的应用可以增加信息的公开度，便于资金需求双方交换信息，减少金融市场中的信息不对称。

互联网金融的信息处理方式因而发生了重大的变化。在互联网金融中，信息更多地来自互联网上的官方平台、搜索引擎、社交平台等渠道。这些信息都是海量的、零散的，甚至有时候会互相干扰，因而增加了信息处理的难度。因此，在互联网时代，信息处理更多依靠计算机、云计算等技术，提高了信息处理的效率。

4. 资源配置

资源配置即在一定的范围内，社会按照资源的用途对其进行合理的分配。金融在市场经济中起到资源配置的重要功能。在传统金融模式下，资源配置是由政府主导的，金融机构在国家经济政策的指引下，决定资金的投放重点领域。在互联网时代，信息的公开披露使市场更为透明，金融市场开始去中心化。资金供需双方可以通过互联网直接对接，不一定需要通过银行和金融机构等中介机构。股权的发行也可以在网络上直接面向大众，也不一定通过证券公司。金融资金的流向也会引导人力资源流向的转变，市场经济的资源配置基础作用会更加有效率。

国家在资源的宏观调控方面将会更加得心应手。政府对于社会的信息掌握更加全面，有助于在经济决策方面更有针对性，在宏观调控方面的灵活度更高，可以有效避免政府决策的盲目性，提高资源配置的宏观调控效率。

（二）互联网金融的主要内容

在互联网金融的基础之上，互联网的八大主要业务内容已经被基本建构。

1. 互联网银行

互联网银行是指借助互联网、移动通信、区块链、云计算及物联网技术，在线为客户提供存款、贷款、支付、结算、汇转、电子票证、电子信用、账户管理、货币互换、P2P 金融、投资理财、金融信息等全方位、无缝、快捷、安全和高效的互联网金融服务机构。广义的互联网银行应包括银行及金融机构的互联网业务和经营互联网货币业务的网上银行。

相比传统的银行及金融机构，互联网银行可以实现集成式一体化银行业务，不需要实体网点，业务可以覆盖全球；所有业务均可以在线完成，真正做到全天候 24 小时的服务，操作程序简单、快捷、高效，极大地降低了人力成本、交通成本和交易成本；充分体现以客户为中心和互联网的开放、透明、共同、互联的精神，增强了金融的可及性和服务效率。

2014 年 12 月 16 日，由腾讯集团发起筹建的我国首家互联网银行——深圳前海微众银行宣告成立，注册资本达 30 亿元，主要从事贷款、理财等平台金融业务。随后，浙江网商银行、江苏苏宁银行、武汉众邦银行等互联网银行相继成立。这些互联网银行都是由民营企业联合互联网公司成立。据估计，到 2021 年底，国内互联网银行已达 20 余家，吸收存款额超过 1 万亿元，经营状况良好（见表 8 - 1）。

表 8 - 1　　　　　　　　　　我国主要互联网银行的经营状况

银行名称	存款总额（亿元）	营业收入（亿元）	净利润（亿元）	不良贷款率（%）	股东背景
微众银行	3028.74	269.89	68.84	1.2	腾讯（30%）、立业集团（20%）、百业源（20%）
网商银行	1989.64	139	20.9	1.53	蚂蚁金服（29.99%）、万象三农（26.78%）
苏宁银行	640.13	34.56	6.03	1.01	苏宁易购（30%）、日出东方（23.6）
百信银行	250.47	29.98	2.63	1.55	中信银行（65.70%）、百度（29.5%）
新网银行	318.82	26.41	9.18	1.05	新希望（30%）、小米（29.5%）
重庆富民银行	285.72	19.76	3.27	1.45	瀚华金融（30%）、宗申集团（28%）
湖南三湘银行	440.74	17.5	4.49	1.60	三一集团（30%）、汉森制药（15%）
蓝海银行	329.81	16.53	6.15	1.09	威高集团（30%）、赤山集团（22.5%）
上海华瑞银行	298.03	16.01	2.23	1.67	均瑶集团（30%）、美邦服饰（15%）
众邦银行	563.32	15.01	3.28	1.11	卓尔控股（30%）、当代集团（20%）、壹网通（20%）
吉林亿联银行	346.31	14.35	0.52	1.75	美团（38.5%）、中发金控（30%）
天津金城银行	386.75	12.42	0.44	未披露	三六零（30%）、华北集团（20%）
北京中关村银行	337.76	11.61	3.57	0.83	用友网络（29.8%）、碧水源（27%）

资料来源：数据来自各家银行披露的 2021 年度年报。

2. 网络借贷

网络借贷是指资金供需双方通过互联网平台发生借贷关系的形式，主要包括网络小额贷款和个体网络贷款两种形式。

网络小额贷款是指银行、小额贷款公司等金融机构或互联网供应链金融平台通过互联网发放的小额贷款。在互联网时代，商业银行为了拓展贷款渠道，通过网络向优质客户发放短期、小额的信用贷款。这种贷款审核程序较为简单，无须抵押品，且可以跨越区域限制，因而对于有短期资金需求且资质较好的客户具有较强的吸引力。一些互联网供应链，如阿里巴巴、京东等，为了盘活资金流，也会利用自有资金向电子商务客户提供贷款，由于这些电子商务客户在平台上有比较详细的交易信息，其贷款资质容易被审核，因而可以降低违约风险。同时，这种贷款也可以挖掘客户的消费潜力，增加其对平台的黏性。为了分享互联网金融的"蛋糕"，近年来，相继出现了一些小额贷款公司，也加入小额信贷的业务中来，它们主要面向个体工商户、中小微型企业或者个人发放无抵押的小额贷款。小额贷款公司虽然在一定程度上满足了客户急需资金的要求，但是利息较高，且经营资质和业务范围一直游走在法律的边缘，在监管日益严格的趋势下，小额贷款公司的发展陷入了萎缩的态势。

个体贷款，即 P2P 贷款，是指资金供给双方在网络贷款服务机构提供的信息中介服务下，完成资金自由匹配和成交的形式。这种模式不同于传统的"一对多"的银行贷款模式，而是一种网状的"多对多"模式，是一种去中心化的直接融资[1]。P2P 贷款包括纯线上 P2P 网络借贷、债券转让和担保三种模式。在 P2P 模式下，网络金融平台为资金供给双方提供信息发布、风险评估、信用咨询、交易管理和信息服务等，不直接介入资金借贷的过程，风险由资金借出方自行承担。相比于传统民间借贷主要是通过熟人网络，互联网上的资金供求双方来自五湖四海，成分复杂，加上网络信息的真实性和复杂性，使得 P2P 的风险更高。

借助于互联网平台，资金供需双方通过网络借贷，能够快速地掌握供需的信息，减少了搜寻成本；而且通过互联网办理借贷业务，资金到账迅速，省去复杂的中间环节，节约了营业场地成本和人力成本，因而成为一种快速高效的融资新模式。但是，网络借贷的高风险和管理问题也不容忽视。

3. 网络众筹

网络众筹，主要是指资金需求方通过互联网、社交网络或者专业信息平台等渠道进行公开小额股权融资的活动。网络众筹一般包括发起者、众筹平台和支持者三方面组成。网络众筹包括股权众筹、债券众筹、公益众筹、奖励式众筹、收益权/物权众筹、综合性众筹等多种形式。

股权众筹是公司作为发起者，通过互联网向网络用户非公开发行股权进行融资的一种方式。网民通过众筹成为公司的股东，可以在未来获得公司的股份、利润分红等收益。通过股权众筹，公司既可以获得发展急需的资金，又不至于丧失控制权，这对于一些处于初创时期、前景良好的公司或者项目尤为重要。

---

[1]　李建军、罗明雄主编：《互联网金融》，高等教育出版社 2018 年版，第 92 页。

债权众筹是发起者通过互联网平台将其债务向网络用户进行融资，承诺到期后付给一定的利息。通过债权众筹，支持者成为发起者的债权人，在众筹到期后可以回收本金并得到一定的利息收入。债权众筹既可以使发起人快速获得融资，又不会使股份被稀释，相当于通过众筹方式向网络用户借款，对于运行状况良好但又有资金紧急需求的企业无疑是解决燃眉之急的一种有效的方法。

公益众筹是发起者通过互联网平台对其公益项目向网络用户进行融资的方式，目的在于寻求大众对于公益项目的无偿支持或者帮助发起者解决当前的困难。公益众筹相当于一种捐赠手段，支持者并不能从众筹项目中获取利益，而是出于一种扶危救困、实现社会价值的目标而进行的投资。例如，水滴筹就是一种帮助无力支付高额医疗费用的重病患者的公益众筹平台，通过众多支持者小额捐赠可以汇聚成一笔不菲的资金，为这些困难群众筹措急需的资金，营造"一方有难，八方支援"的社会互助共济的良好氛围。

奖励式众筹是发起者承诺以产品或者服务作为回报，面向网络公众发起的融资方式。当公司或者项目计划推出新的产品或服务但苦于没有足够的研发资金时，可以向网络公众发起奖励式众筹。由于研发的过程有一定的风险性，未来是否能够顺利推出相应的产品或服务还不能确定，因此，奖励式众筹相当于一种风险投资，支持者有可能获得超值的回报，也有可能获得低于众筹资金的回报甚至不能获得回报。

收益权众筹是发起者承诺以收益权作为标的，面向网络公众发起的融资方式。支持者在不持有公司的股权可以分享公司未来的盈利分红。从2016年起，物权也作为一种收益权标的进入到众筹的范围。发起人通过物权众筹的方式筹集资金收购实物资产，支持者可以分享这些资产升值变现后的收益。

综合性众筹是发起者采用多种众筹模式并用的形式，面向网络公众发起的融资方式。凡是在法律允许的范围内的股权、债权、收益权、物权以及产品、服务等都可以作为标的，被发起者捆绑在一起，向网络公众发起众筹。

互联网众筹利用互联网的优势，充分发挥了"聚少成多"的规模效应，将社会上零星、闲散、小额的资金聚集起来，用于支持企业和公益事业的发展，有效缓解了个人和企业的资金困境，具有很好的经济效益和社会效益。但是，由于互联网的虚拟性、广泛性和分散性，互联网众筹存在着较大的风险，容易被不法分子利用，成为金融诈骗或者非法集资的渠道。因此，众筹必须通过合法的众筹融资中介机构平台进行，平台应如实披露众筹发起者的商业模式、经营管理、财务、资金使用等关键信息，不得误导或欺诈投资者，有关部门应加强对众筹融资中介机构平台和互联网众筹的监管。

4. 互联网基金销售

互联网基金销售是指基金销售机构与其他机构通过互联网合作销售基金等理财产品的新模式。互联网基金销售包括基金销售机构与其他机构通过官方网站销售基金和委托第三方机构销售基金两种方式。

相比传统的基金销售的柜台模式，互联网基金销售的优势体现在：一是可以裁撤大量的销售网点和柜台销售人员，节省场地成本和人力成本；二是相关业务的办理在网上进行，为用户提供了各种足不出户的便利；三是可以与第三方平台合作，可以扩大受众的范围，同时利用互联网开展广告活动成本较低。

互联网基金销售也存在一定的风险。对于客户而言，缺少了基金销售人员面对面的讲解和沟通，只能更多地依靠自身金融知识来识别基金投资的风险。同时，仅凭线上客服的交流，很难对基金投资中的许多问题作出合理、周全的解释，因此，互联网基金销售使客户承担了更多的风险和责任。对于互联网基金销售机构而言，通过互联网对第三方机构的约束力较弱，如果第三方合作机构可能为了片面地追求业绩，对基金产品进行夸大其词的宣传，就会损害基金销售的信用，产生的负面影响通过互联网传播得更广、更快，由此造成的损失更多地由互联网基金销售机构来承担，有时候甚至很难挽回。对于监管部门来说，互联网基金销售可能无法满足对销售人员资质的要求，在基金销售过程中出现种种违法违规行为，加大了监管难度。

5. 互联网保险

根据《互联网保险业务监管办法》规定，互联网保险业务，是指保险机构依托互联网订立保险合同、提供保险服务的保险经营活动。保险业是最早搭上互联网快车的金融行业之一，早在 2000 年，我国的太平洋保险、平安保险和泰康人寿保险先后就开通了官方网站，开始试水互联网保险业务。此后，传统保险公司基本都开通了在线保险业务。2013 年，我国首家互联网保险公司——众安在线财产保险股份有限公司，由蚂蚁金服、中国平安和腾讯集团联合发起成立。此后，又有多家互联网保险公司相继成立，如安心保险、易安保险等。

互联网保险改变了传统的保险代理人营销模式，利用互联网和电子商务技术，在线上办理信息咨询、保单设计、投保、交费、核保、承保、保单信息查询、保全变更、续期交费、理赔和给付等全部业务过程。从客户角度来看，互联网保险使客户可以有更充分的时间在线了解、比较多家保险公司的产品信息并自由作出选择，通过在线方式进行咨询、投保和理赔，享受到方便快捷的服务。对于保险公司而言，可以节约出大量的人力成本，业务管理效率更高，同时通过互联网的传播能够吸引更多的客户，提高公司的经营绩效。

6. 互联网财富管理

财富管理是金融服务中的重要业务领域。互联网财富管理是指互联网大型电商集团、传统金融机构（如银行、证券、保险等）、业务升级和转型的互联网金融平台以及非金融实业企业设立的互联网财富管理平台等参与者借助互联网工具为客户提供现金管理、基金投资、股票投资、信托私募投资、房地产投资、海外资产投资、网络借贷等金融服务，以帮助客户实现财富管理和财富增值的目的[①]。

互联网财富管理使财富管理客户群体由传统的少数"高净值"群体向更广泛的

---

① 李建军、罗明雄主编：《互联网金融》，高等教育出版社 2018 年版，第 167 页。

"全客层"群体转变，极大地扩展了财富管理的潜在客户规模、服务范围和应用场景。中国互联网络信息中心于 2022 年发布的《第 49 次互联网络发展状况统计报告》中显示，截至 2021 年 12 月，我国使用互联网理财的用户已达 1.94 亿人，使用率达到 18.8%①。目前，我国互联网金融财富管理已接近 10 万亿元的规模。

互联网财富管理充分运用了互联网时代的大数据、云计算、人工智能等新技术，不仅降低了财富管理的成本，而且还提高了信息传播的广度和投资的精准度。它不但可以使原有的机构管理财富的模式更加智能化，还可以使个人主动地管理自己的财富。例如，个人每月可以自动将自己暂时闲置的金钱存入到互联网财富管理平台，实现自助式理财，从而获得投资收益。从国家层面来讲，互联网财富可以改变个人的理财观念，使储蓄转化为资本，加快资金流动性，助力经济的发展。

7. 互联网信托

互联网的兴起给传统的信托行业带来了全新的模式，激发了新的增长点。互联网信托将金融行业投融资的个人—企业模式（person to business，P2B）与线下线上电子商务模式（offline to online，O2O）有机结合起来，通过互联网实现个人和企业之间信用委托的投融资活动。与传统的信托业务一样，互联网信托业务一般涉及三方当事人，即委托人、受托人和受益人。委托人依照合同或平台网站条款，将财产权利委托给受托人管理和处置，所获得的收益由受益人在规定的条件和范围内享有。

与传统信托不同的是，目前，互联网信托的业务范围限制在为小微企业提供投融资服务，包括对借款企业的基本信息、资产抵质押、经营状况、信用评级以及借款项目等核心信息进行线下的严谨核实后在网上进行发布，为有资金保值增值需求的个人和有资金使用需求的中小微企业提供透明、安全、高效的线上撮合服务。通常，大多数小微企业的资金缺口较大，且融资渠道非常有限，而传统信托行业的资金门槛要求较高，投资期限较长，因而，在传统信托业与小微企业之间几乎没有业务上的联系。互联网信托平台充分利用了互联网大众资金聚少成多、投资门槛低、期限短以及分配和调整相对灵活等特点，为信托业拓宽了资金来源，同时也打通了信托业服务小微企业的壁垒。在互联网信托平台上，借款企业、投资个人都是实名认证的，借款企业的基本资料和项目的进展过程完全公开，保证了互联网信托业务的完全透明。

8. 互联网消费金融

互联网消费金融是指通过互联网及有关信息技术向个人或家庭提供与消费相关的支付、储蓄、理财、信贷以及风险管理等金融活动。

互联网消费金融的参与主体日渐丰富，不但包括传统的商业银行、电子商务企业，还有经批准获得消费金融经营许可的消费金融机构和 P2P 网络借贷平台等。它们与商家一起，通过"线上互联网＋线下实体"的运行模式，探索"信用消费＋场景"新局面，不断扩大消费金融业务范围，积极拓展利润空间，争夺消费金融市场新的增

---

① http：//www.cnnic.net.cn/hlwfzyj/hlwxzbg/hlwtjbg/202202/P020220721404263787858.pdf.

长点。

目前，互联网消费金融较为成熟的模式有以下几种：（1）商业银行线上消费贷款。商业银行线上消费贷款是各大商业银行通过网上银行向客户发放一定额度的信用贷款，限定于客户用于消费领域，如购车、留学、旅游等，具有审批速度快、无须抵押品等特点。为了降低风险，商业银行的线上消费贷款对客户的年龄、身份、资产状况、信用记录以及贷款用途进行严格的审核。因此，贷款的申请对象有一定的限制。与此同时，商业银行开通了在线商城，对接其线上消费金融业务。（2）电商平台类消费金融。电商平台类消费金融是电子商务平台依托自有线上消费场景，在用户购买自营商品及第三方入驻商家的商品时，为其提供分期付款及小额消费贷款服务。例如，京东商城提供的"白条""金条"服务、阿里巴巴的"借呗""花呗"。这些消费金融服务与电商平台的商品和场景结合紧密，能够进行用户资质的快速审核和交易的匹配，简化手续，提高交易效率。由于这些大型的电商平台拥有巨量的用户群体，且黏合度较高，因此，消费金融的推广度很高，为用户群体乐于接受。电商平台类消费金融是当前最主要的互联网消费金融模式。（3）垂直分期平台类消费金融。垂直分期平台类消费金融是互联网垂直分期平台针对特定的消费场景或消费人群，在特定某一个细分领域开展的线上分期付款业务。互联网垂直分期平台一般与网络贷款平台或者互联网理财平台合作，将审核通过的分期付款用户打包成债权转让给它们，从而获得资金贷款发放给用户，待用户回款后再从网络贷款平台或者互联网理财平台赎回债权。垂直分期平台瞄准的是互联网新兴的一些领域，例如房产后市场、教育市场等。（4）网络借贷平台类消费金融。网络借贷平台类消费金融是 P2P 网络借贷向消费金融的延伸，即 P2P 平台获得投资人的资金后，再向个人发放用于消费领域的贷款。曾几何时，由于网络借贷平台发放的贷款利息很高，平台本身无须承担资金风险，因而催生了形形色色的网络借贷平台。许多网络借贷平台不具备金融机构运营的资质，在发放贷款过程中过于简化审核程序，贷款对象多为一些资质较差的用户（如学生、无业人员等），且收取的利息和手续费过高，对于无法按期归还贷款的用户采取暴力、胁迫等非法催收的方法，最后沦为金融诈骗和犯罪的温床。因而，目前政府已对网络借贷平台类消费金融进行严格的监管，坚决打击利用各种不良网络借贷平台的金融诈骗和犯罪行为。

第二节　金融社会工作介入互联网金融

互联网和金融的结合使金融业务的形式发生了重大的变化，正在改变着企业的融资方式和交易方式，也深刻影响着个人的经济生活方式。但是，互联网金融仍然是一个新事物，相关的法律法规仍然不够完善，监管往往略显滞后，许多企业和个人对互联网金融的内涵及其带来的风险没有足够的认知，导致近年来互联网金融成为金融违法犯罪的高发领域。从金融社会工作的宗旨和任务出发，有必要对互联网金融进行介入。

一、金融社会工作介入互联网金融的需求分析

（一）互联网金融认知的需求

对于互联网这个新生且流行的事物，社会各个阶层的认知存在着很大的区别，甚至存在着几个严重的误区。

1. 对互联网金融的恐惧

互联网金融带来了现代生活方式的重大改变，使很多人感到无所适从。这是互联网时代的"数字恐惧"在金融方面的具体体现。尤其是一些老年人，受其文化程度和已有社会知识结构的制约，对互联网和互联网金融的认知有较大的困难，因而对互联网金融给其生活带来的巨变产生恐惧情绪。

2. 对互联网金融的不信任

许多人已经习惯了银行主导的传统金融模式，对互联网金融的新模式无法充分信任。近年来，互联网金融案件频发，负面报道屡见报端，某种程度上降低了社会对于互联网的信任度。例如，香港某著名公众人物在接受采访时就坦言没有使用支付宝，因为担心扫二维码可能会导致财产损失。

3. 对互联网金融的滥用

利用互联网金融可以方便快捷地获取资金，使得一些年轻人或者小微企业忽视自身风险承受能力，盲目通过互联网金融贷取资金，在短期内扩大消费或者企业扩张，最终导致无力偿贷。最为典型的例子就是"校园贷"的一度泛滥。某些在校大学生为了满足自己不切实际的消费需求，误信虚假诱惑性宣传，向不良互联网金融平台申请"校园贷"，结果落入高利贷的陷阱无法自拔。此外，还有许多人利用互联网金融提供的便利，进行炒作虚拟货币或者非法集资等违法活动，扰乱了正常的金融市场秩序，也给互联网金融的健康发展蒙上了阴影。

（二）防范互联网金融风险的需求

互联网金融不但放大了原有的金融风险，而且还催生了新的风险。这些风险借助于互联网的技术特点具有更快、更强的传播性，加上许多人对互联网金融风险的认知和防范意识较弱，导致互联网金融风险具有比传统的金融风险更大的破坏性。

互联网金融新生的一些常见风险包括以下几点。

1. 操作风险

在传统模式下，金融系统的操作主要是由金融从业人员来完成，可靠性能够得到保证。在互联网金融中，主要操作都是由互联网用户自行完成。一旦用户对互联网平台系统不熟悉，或者平台本身存在设计缺陷、病毒入侵、"钓鱼"链接等问题，很可能会因为用户操作失误造成一定的损失。

2. 个人信息安全风险

在传统金融模式下，个人信息掌握在银行等金融机构手中，保密性较强，一般不容易泄露。在互联网金融中，个人信息通过网上填写，由互联网平台收集，个人信息安全存在着较大的泄露风险，甚至出现了以假借互联网金融平台从中套取、出售个人信息进行牟利的违法行为。

3. 资金安全风险

在传统金融模式下，资金的保存和输送都是在银行系统内部进行，安全性较高。在互联网金融中，则主要通过网上银行、二维码、第三方平台来保存和输送资金，一旦有黑客利用互联网技术的漏洞入侵这些系统，那么资金安全就会面临着严重的威胁。另外，不法分子利用互联网金融平台实施金融诈骗，能够瞬间获得款项，后期追回的难度相当大。

4. 信用风险

在传统金融模式下，对金融主体的信用有比较严格的评估机制，虽然也会发生信用风险，但总体在可控范围之内。在互联网金融中，信用评估机制较为薄弱，有些互联网金融平台甚至不进行审慎的信用评估，仅凭身份证、学生证等简单证件就发放贷款。同时，许多互联网金融平台根本就不具备金融经营的资格，信用资质堪忧。这些信用风险又会通过互联网进一步放大和传播。

5. 流动性风险

在传统金融模式下，政府通过存款准备金、风险拨备等制度对银行等金融机构的流动性风险进行严格的监控。在互联网金融中，相应的制度安排比较薄弱。许多互联网金融平台其实只是个中介机构，为了牟取利润并不严格控制流动性风险，导致发生资金期限错配、资金无法及时回收时举新债还旧债，最后沦为"庞氏骗局"。在这种情况下，由于互联网金融平台本身没有资金储备，投资者的损失难以追回。

（三）互联网金融事件受害者维权的需求

近年来，互联网金融事件不断发生，用户的合法权益受到严重的侵害。典型的互联网金融事件主要有以下几种。

1. 互联网金融诈骗

互联网金融诈骗是指不法分子打着互联网金融的幌子，利用互联网平台发布虚假的互联网金融信息或者假冒互联网平台、微信、QQ好友等欺诈手段，实施非法占有互联网金融用户财产的违法犯罪行为。互联网金融诈骗信息群发性高，传播性强，难以识别，防不胜防，且诈骗分子多藏匿于境外，抓捕难度大。一旦用户遭受互联网金融诈骗，款项很难追回，维权成本和难度都很高。

2. 网络贷款（P2P）平台"暴雷"

P2P平台"暴雷"是指P2P网络信贷因非法吸收公众资金、自融、期限错配等违规运营操作而经营不善或者逾期兑付，导致出现停业、清盘、法人跑路、平台失联、倒闭等问题。在 2015 年之前，P2P 作为一个新生领域，在国内互联网金融事业飞速发展和相关监管制度长期缺失的环境下，获得野蛮生长的机会。其中，为了牟取利益，大量P2P 平台无视风险监控要求，各种违规操作层出不穷，埋下了"暴雷"的隐患。从2015 年开始，以安徽钰诚集团的"e 租宝"平台为代表，几千家平台发生违法、违约、倒闭或被强制关停，涉案金额高达万亿元，大量用户的投资血本无归。由于 P2P 平台的性质是一个网络借贷的中介机构，"暴雷"之后即使平台经营者被绳之以法，投资人的款项也早已被转移或者挥霍，维权难度特别高。例如，"e 租宝"案发后，虽然钰诚集团的负责人被绳之以法，但是大量的资金已经被挥霍掉，只有其中一部分资金被追回，许多投资人的投资款尚不能得到完全清退。信和财富利用旗下的多个 P2P 平台变相非法吸收公众存款高达 1200 亿元，在 2017 年出现大面积逾期未兑付，直到 2019 年被法院查封后，虽然负责人锒铛入狱，但追回的投资款微乎其微。尽管全国 P2P 平台到 2020年已经基本清零，许多 P2P 投资者至今仍然还在艰难维权之中。

3. 互联网金融"套路"

许多互联网金融平台在推销金融产品时设置各种"套路"，诱使用户使用其产品，或者在介绍金融产品时故意隐瞒关键信息。例如，互联网金融平台与购物、社交、游戏、媒体等平台合谋，对这些平台中的用户变相推广金融产品，或者在这些场景活动中捆绑金融产品，用户稍不注意或者操作失误，就会误入这些互联网金融平台的"套路"。有些互联网保险平台在营销广告时使用"优惠""免费""现时"等词语吸引眼球，进行虚假宣传；或者在网页中诱导消费者勾选或者强制勾选"领取保障""自动续费"等选项捆绑搭售一些非必要的产品或服务。

这些互联网金融"套路"有些已经涉嫌金融诈骗犯罪，有些在金融诈骗边缘"打擦边球"，无一例外都侵害平台用户的自主选择权、消费知情权、公平交易权和财产安全权。但是，由于互联网金融的操作主要由个人完成，被视为个人意愿的表达，加之互联网的虚拟性，很难收集证据，致使个人维权过程非常艰难。

4. 互联网金融侵犯个人隐私

有些互联网金融平台打着为用户提供优惠的金融产品或服务为名，收集用户的个人信息，转而高价出售牟利；或者在 App 中暗中过度采集超越正常范围的个人隐私信息并非法使用，比如通讯录、语音、照片、账户、支付、消费、地址等，严重侵犯了用户的个人隐私权。由于这些行为很隐秘，用户一时难以发现，也难以掌握隐私被侵犯的渠道，因此维权难度很大。

（四）互联网金融政策倡导的需求

总体来说，国家支持和鼓励互联网金融的良性发展。在互联网金融发展初期，对其一般沿用传统的金融政策法规，未能反映互联网金融的技术特点，因此在监管方面明显滞后于互联网金融的发展，虽然给了互联网金融发展野蛮生长的发展空间，但也使一些互联网金融平台有了违规违法操作的可乘之机。从长远来看，并不利于互联网金融的健康发展，对于整个金融产业的发展乃至经济的可持续发展也有着负面影响。因此，国家层面需要进行有关互联网金融的顶层设计。

对于互联网金融平台而言，行业健康有序的发展离不开相关政策的引导。良好的政策可以为互联网金融平台发展指明方向，规范行业内的竞争行为，对违法违规的互联网金融平台进行打击和取缔，扶植合法合规的互联网金融平台的发展，避免出现"劣币驱逐良币"的逆向淘汰。因此，互联网金融平台也需要相关政策的出台以规范整个行业的发展。

对于互联网金融用户而言，完善的互联网金融政策可以促进行业的健康发展，用户的资金安全性和合法的权益能够得到保障，还可以更好地享受到互联网金融的优质产品和服务，并从互联网金融的投资中受益。因此，个人对互联网金融的政策出台有着强烈的需求。

二、金融社会工作介入互联网金融的策略

互联网金融使金融社会工作的工作情境发生了新的变化，从而使得金融社会工作有了新的任务。金融社会工作要本着"助人自助、服务社会"的原则，回应社会在互联网金融运行过程中产生的各种需求：在微观上，帮助案主建构对互联网金融的理性认知，防范和化解互联网金融中的各种风险，维护自身的合法权益；在宏观上，参与倡导互联网金融政策，促进互联网金融的发展和金融市场的稳定。

（一）开展金融诊断，帮助案主建构对互联网金融的理性认知

金融社会工作可以通过个案、小组或社区等方法，开展金融诊断，帮助案主走出对于互联网金融的种种认知误区，克服对于互联网的恐惧情绪，建立对互联网金融的信任，防范对互联网的滥用。

针对案主尤其是老年人对互联网金融的恐惧情绪，金融社会工作者可以个案工作的方法，主动接触案主，或者与其亲属合作，分析案主互联网金融恐惧情绪的原因，为案主讲解互联网金融的基本知识，同时注意改善案主生活的环境，消除案主对于互联网金融的恐惧情绪。金融社会工作者也可以通过开展小组活动，利用案主之间的互助，帮助他们建立对互联网金融的正确态度。金融社会工作者还可以和金融机构、基层社区组织合作，通过"互联网金融进社区"等社区活动，在社区内宣传互联网金融的基本知识，打造数字社区生活环境，消除社区居民对互联网金融的恐惧情绪。

针对案主对互联网金融的不信任，金融社会工作者可以采取个案工作的方法，辅导案主使用一段时间的互联网金融工具，如网银、支付宝等，帮助他们在使用过程中建立对互联网金融的信任。金融社会工作者也可以通过小组活动，利用组员之间的互相帮助、互相影响，带动所有组员都能熟练使用互联网金融工具，建立对互联网金融的信任度。金融社会工作者还可以和金融机构、基层社区组织合作，张贴、分发有关互联网金

融的宣传资料，在社区组织互联网金融的宣传活动，为社区居民使用互联网金融创造各种便利条件，打造互联网金融信任社区。

针对互联网金融的滥用，金融社会工作者可以采取个案工作的方法，帮助案主正确认识互联网金融的利弊，根据自己的资产、收入和风险承受能力，合理安排互联网金融工具的使用。金融社会工作者也可以通过小组活动，利用组员之间的互相帮助、互相影响，帮助他们树立正确使用互联网金融的态度和方法。针对滥用互联网金融的对象多为大学生的情况，金融社会工作者可以主动进入校园，和学校以及教师、辅导员等工作人员合作，开展互联网金融宣传工作，分享和讲解"校园贷"案例，帮助大学生自觉拒绝不良的互联网贷款，建立正确合理的理财观。

（二）开展金融教育，帮助社会建立对互联网金融的风险防范机制

金融社会工作应当回应社会防范互联网金融风险的需求，开展金融教育，通过个案、小组或社区工作方法，帮助案主正确识别、化解互联网金融中的各种风险，参与互联网金融风险防范体制机制建设。

针对操作风险，金融社会工作者可以开展个案工作，帮助案主熟悉互联网金融平台的操作，正确识别互联网金融平台上的设计缺陷、病毒或者"钓鱼"链接，能够避免操作风险给案主带来的潜在损失。金融社会工作者也可以开展小组活动，通过小组成员之间的互助来帮助案主学习互联网金融平台的操作，让他们彼此之间传授正确识别互联网金融平台上的设计缺陷、病毒或者"钓鱼"链接的方法，达到最终识别操作风险的目标。金融社会工作者还可以与金融机构、基层社区组织合作开展社区工作，通过制作、分发和张贴宣传材料，或者开展社区讲座，为社区居民详细讲解互联网金融平台的正确操作知识，教会他们能够正确识别互联网金融平台上的设计缺陷、病毒或者"钓鱼"链接，使社区居民能够有效防范操作风险，减少损失。

针对个人信息安全风险，金融社会工作者可以开展个案工作，帮助案主注意保护个人信息安全，正确识别互联网个人信息的"套路"，在个人信息遭遇泄露时采取有效的措施维护自己的权利，挽回损失。金融社会工作者也可以开展小组活动，通过小组成员之间的互助来提醒小组成员注意保护个人信息安全，小组成员之间互相传授正确识别互联网个人信息"套路"的经验，学会在个人信息遭遇泄露时采取有效的措施维护自己的权利并挽回损失。金融社会工作者还可以与金融机构、基层社区组织合作开展社区工作，通过制作、分发和张贴宣传材料，或者开展社区讲座，提示社区居民保护个人信息安全的重要性，传授他们正确识别互联网个人信息"套路"以及在个人信息遭遇泄露时采取有效的措施维护自己的权利并挽回损失的方法。

针对资金安全风险，金融社会工作者可以开展个案工作，教育案主谨慎对待互联网汇款，警惕网络诈骗，不要轻信网络或者短信汇款提示信息。金融社会工作者也可以开展小组活动，通过小组成员之间的互助交流各种网络诈骗或者短信诈骗的圈套，相互提醒小组成员谨慎对待互联网汇款。金融社会工作者还可以与金融机构、基层社区组织合

作开展社区工作，通过制作、分发和张贴宣传材料，或者开展社区讲座，提示社区居民各种网络诈骗或者短信诈骗的圈套，防范各种资金安全风险。

针对信用风险，金融社会工作者可以开展个案工作，教育案主要重视自己的信用记录，认真评估贷款信用风险，不随意在互联网上借贷不良贷款。金融社会工作者也可以开展小组活动，通过小组成员之间的互助交流互联网不良贷款引发的信用风险，互相学习评估贷款的信用风险，互相监督各自的信用记录。金融社会工作者还可以与金融机构、基层社区组织合作开展社区工作，通过制作、分发和张贴宣传材料，或者开展社区讲座，提示社区居民谨慎对待互联网贷款，积极防范信用风险。

针对流动性风险，金融社会工作者可以开展个案工作，教育案主谨慎对待各种互联网金融平台筹资和融资，识别金融"庞氏骗局"，合理规划资金流动性安排。金融社会工作者也可以开展小组活动，通过小组成员之间的互助交流对互联网金融平台筹资和融资的认识，互相学习识别金融"庞氏骗局"，学习合理规划资金流动性安排。金融社会工作者还可以与金融机构、基层社区组织合作开展社区工作，通过制作、分发和张贴宣传材料，或者开展社区讲座，教育社区居民合理认识互联网金融平台中的"庞氏骗局"，学会合理规划资金流动性安排，防范流动性风险。

互联网金融风险无处不在。以上各种风险在个人使用互联网金融时并发率较高。金融社会工作者应当通过个案、小组或者社区工作方法，时刻提醒案主警惕互联网金融风险，合理规范使用各种互联网金融工具，不可有贪图小便宜的侥幸心态，时刻加强风险防范意识，做到防患于未然。

（三）开展金融帮扶，帮助案主开展互联网金融维权

当互联网金融用户遭遇到互联网金融诈骗、P2P 平台"暴雷"、互联网金融"套路"或者互联网金融平台侵犯个人隐私而导致合法权益受到侵害时，金融社会工作者应当回应案主的需求或者主动介入，帮助案主合理、合法、合规地维护合法权益。

金融社会工作者可以采取个案工作的方法，帮助案主分析合法权益受到侵害的源头、过程和结果，熟悉国家有关互联网金融的法律法规，收集合法权益受到侵害的相关证据，了解维权的有效途径和相关进展情况，制作申诉文书，通过合法、合理、合规的维权途径向有关部门反映或者诉诸法律，尽力挽回案主的损失。在个案工作过程中，要注意调试案主的情绪，防止案主在维权过程中出现懊恼、悲伤或者过激情绪和行为，帮助案主尽快恢复到正常的生活状态。

金融社会工作者也可以采取小组工作的方法，开展小组活动，通过小组成员之间的互动交流，集思广益分析其合法权益受到侵害的源头、过程和结果，收集合法权益受到侵害的相关证据，帮助小组成员了解国家有关互联网金融的法律法规和维权的有效途径和相关进展情况，制作申诉文书，通过合法、合理、合规的维权途径向有关部门反映或者诉诸法律，尽力挽回案主的损失。在小组过程中，金融社会工作者要注意调试小组成员的情绪，避免懊恼、悲伤或者过激情绪和行为在小组成员中的传染和蔓延，帮助小组

成员恢复理性情绪和正常的生活状态。

金融社会工作者还可以与国家有关司法机关、基层社区组织合作开展社区工作，通过制作、分发和张贴宣传材料，或者开展社区讲座，分析社区居民合法权益可能受到侵害的源头、过程和结果，收集合法权益受到侵害的相关证据，帮助社区居民了解国家有关互联网金融的法律法规和维权的有效途径和相关进展情况，制作申诉文书，通过合法、合理、合规的维权途径向有关部门反映或者诉诸法律，尽力挽回案主的损失。在维权过程中，金融社会工作者要注意调试社区居民的情绪，防止因维权过程中可能触发的群体性事件，维护社区和社会稳定。

（四）积极倡导互联网金融政策

金融社会工作者应当回应国家、互联网金融平台和互联网金融用户对于互联网金融政策的需求，参与互联网金融政策的制定，宣传互联网金融政策，并在实践过程中收集相关的反馈意见，促进互联网金融政策的进一步完善。

金融社会工作者可以在实践过程中收集互联网金融平台和互联网金融用户对于互联网金融政策的意见和想法，探究互联网金融运行过程中确实存在的问题和法律法规的空白地带，形成政策倡导性文件并向有关部门报送。政府相关部门在制定互联网金融政策过程中应当吸纳金融社会工作者的参与，认真听取他们的意见，使之成为互联网金融政策制定过程中的重要力量之一。

当互联网金融政策出台之后，金融社会工作者可以在实务过程中向案主宣传、解读相关的政策精神，帮助他们学习并合理利用互联网金融政策，同时收集案主的反馈意见，参与对互联网金融政策的评估，为进一步完善互联网金融政策作出贡献。

♻ 基本概念

互联网金融　虚拟货币　互联网支付　大数据　互联网银行　网络借贷　P2P 贷款　网络众筹　互联网基金销售　互联网保险　互联网财富管理　互联网信托　互联网消费金融

♻ 本章要点

互联网金融是传统金融机构与互联网企业利用互联网技术和信息通信技术实现资金融通、支付、投资和信息中介服务的新型金融业务模式。

互联网金融是金融与互联网的深度融合，兼具了金融和技术两大基本属性。一方面，互联网金融是金融创新的一种，是在互联网时代建设的金融基础设施，其目的是更好地利用互联网的便捷性开展金融活动，但其作为信用关系的金融属性不变，需要为实体经济的发展服务，同时也需要接受有关部门的监管。另一方面，互联网金融是基于互联网的网络传输、移动通信、大数据、云计算、区块链、人工智能技术而建构的金融活动，相比传统的金融活动的组织形式和交易形式发生了重大的改变，因此，互联网金融需要互联网技术的支撑，未来也会随着科学技术的更新出现新的变化。

互联网金融已经初步形成了"四柱八梁"的主要内容框架。"四柱"是指互联网货币、互联网支付、信息处理和资源配置，它们是互联网金融的支柱；"八梁"是建立在互联网四大支柱基础之上的八个主干业务，它们分别是互联网银行、网络借贷、网络众筹、互联网基金销售、互联网保险、互联网财富管理、互联网信托和互联网消费金融。

根据欧洲中央银行的定义，虚拟货币是由非货币当局、非信贷机构发行的数字化价值代表物，在某些领域执行货币职能。虚拟货币一般有两类：虚拟代币和加密货币。严格意义上来讲，在现代国家，国家是货币发行权唯一法定拥有者。虚拟货币不是由中央银行发行的，因此并不是真正的"货币"，但它确实对原有的货币体系产生了冲击。

互联网支付是指通过计算机、移动电话等设备，依托互联网发起支付指令、转移货币资金的服务。互联网支付包括网上银行支付、移动支付和第三方支付。

"大数据"一词是由美国计算机学会于 1997 年首次提出。"大数据"有几重含义：一是信息的海量规模。二是产生速度从每时、每天的周期加速到每秒。三是数据结构从结构化向半结构化或非结构化转变。四是数据来源从集中性到去中心化、完全分布式的转变。五是信息处理的难度增大。六是信息的流转更加快速。七是信息蕴含着重大的价值。

资源配置即在一定的范围内，社会对其所拥有的各种资源在其不同用途之间分配。金融在市场经济中能起到资源配置的重要功能。在互联网时代，信息的公开披露使市场更为透明，金融市场开始去中心化。国家在资源的宏观调控方面将会更加得心应手。

互联网银行是指借助互联网、移动通信、区块链、云计算及物联网技术，在线为客户提供存款、贷款、支付、结算、汇转、电子票证、电子信用、账户管理、货币互换、P2P 金融、投资理财、金融信息等全方位无缝、快捷、安全和高效的互联网金融服务机构。广义的互联网银行应包括银行及金融机构的互联网业务和经营互联网货币业务的网上银行。

网络借贷是指资金供需双方通过互联网平台发生借贷关系的形式。它主要包括网络小额贷款和个体网络贷款两种形式。网络小额贷款是指银行、小额贷款公司等金融机构或互联网供应链金融平台通过互联网发放的小额贷款。个体贷款，即 P2P 贷款，是指资金供给双方在网络贷款服务机构提供的信息中介服务下，完成资金自由匹配和成交的形式。

网络众筹，主要是指资金需求方通过互联网、社交网络或者专业信息平台等渠道进行公开小额股权融资的活动。网络众筹一般包括发起者、众筹平台和支持者三方面组成。网络众筹包括股权众筹、债券众筹、公益众筹、奖励式众筹、收益权/物权众筹、综合性众筹等多种形式。

互联网基金销售是指基金销售机构与其他机构通过互联网合作销售基金等理财产品的新模式。互联网基金销售包括基金销售机构与其他机构通过官方网站销售基金和委托第三方机构销售基金两种方式。

互联网保险业务，是指保险机构依托互联网订立保险合同、提供保险服务的保险经营活动。互联网保险改变了传统的保险代理人营销模式，利用互联网和电子商务技术，在线上办理信息咨询、保单设计、投保、交费、核保、承保、保单信息查询、保全变更、续期交费、理赔和给付等全部业务过程。

互联网财富管理是指互联网大型电商集团、传统金融机构（如银行、证券、保险等）、业务升级和转型的互联网金融平台以及非金融实业企业设立的互联网财富管理平台等参与者借助互联网工具为客户提供现金管理、基金投资、股票投资、信托私募投资、房地产投资、海外资产投资、网络借贷等金融服务，以帮助客户实现财富管理和财富增值的目的。

互联网信托将金融行业投融资的个人—企业模式（person to business，P2B）与线下线上电子商务模式（offline to online，O2O）有机结合起来，通过互联网实现个人和企业之间信用委托的投融资活动。与传统的信托业务一样，互联网信托业务一般涉及三方当事人，即委托人、受托人和受益人。目前，互联网信托的业务范围限制在为小微企业提供投融资服务。

互联网消费金融是指通过互联网及有关信息技术向个人或家庭提供与消费相关的支付、储蓄、理财、信贷以及风险管理等金融活动。目前，互联网消费金融较为成熟的模式有商业银行线上消费贷款、电商平台类消费金融、垂直分期平台类消费金融、网络借贷平台类消费金融等。

对于互联网这个新生且流行的事物，社会各个阶层的认知存在着很大的区别，甚至存在着几个严重的误区，包括对互联网金融的恐惧、对互联网金融的不信任、对互联网金融的滥用。

互联网金融不但放大了原有的金融风险，而且还催生了新的风险。包括操作风险、个人信息安全风险、资金安全风险、信用风险、流动性风险。

近年来，互联网金融事件不断发生，用户的合法权益受到严重的侵害。典型的互联网金融事件主要有互联网金融诈骗、网络贷款（P2P）平台"暴雷"、互联网金融"套路"、互联网金融侵犯个人隐私。

国家层面需要进行有关互联网金融的顶层设计。互联网金融平台也需要相关政策的出台以规范整个行业的发展。个人对互联网金融的政策出台有着强烈的需求。

互联网金融使金融社会工作的工作情境发生了新的变化，从而使得金融社会工作有了新的任务。金融社会工作要本着"助人自助、服务社会"的原则，回应社会在互联网金融运行过程中产生的各种需求：在微观上，帮助案主建构对互联网金融的理性认知，防范和化解互联网金融中的各种风险，维护自身的合法权益；在宏观上，参与倡导互联网金融政策，促进互联网金融的发展和金融市场的稳定。

金融社会工作可以通过个案、小组或社区等方法，开展金融诊断，帮助案主走出对于互联网金融的种种认知误区，克服对于互联网的恐惧情绪，建立对互联网金融的信任，防范对互联网的滥用。

金融社会工作应当回应社会防范互联网金融风险的需求，开展金融教育，通过个案、小组或社区工作方法，帮助案主正确识别、化解互联网金融中的各种风险，参与互联网金融风险防范体制机制建设。

当互联网金融用户遭遇到互联网金融诈骗、P2P 平台"暴雷"、互联网金融"套路"或者互联网金融平台侵犯个人隐私而导致合法权益受到侵害时，金融社会工作者应当回应案主的需求或者主动介入，帮助案主合理、合法、合规地维护合法权益。

金融社会工作者应当回应国家、互联网金融平台和互联网金融用户对于互联网金融政策的需求，参与互联网金融政策的制定，宣传互联网金融政策，并在实践过程中收集相关的反馈意见，促进互联网金融政策的进一步完善。

♲ 复习思考题

1. 如何理解互联网金融的金融属性和技术属性？
2. 论述互联网金融的基本框架。
3. 论述互联网金融催生的新的风险。
4. 论述金融社会工作者应如何介入互联网金融。

♲ 推荐阅读

1. 曹国岭、陈晓华著：《互联网金融风险控制》，人民邮电出版社 2016 年版。
2. 陈红梅著：《消费金融：模式变迁与风险管理》，清华大学出版社 2020 年版。
3. 李保旭、韩继炀、冯智著：《互联网金融创新与风险管理》，机械工业出版社 2019 年版。
4. 李建军、罗明雄主编：《互联网金融》，高等教育出版社 2018 年版。
5. 万光彩、曹强主编：《互联网金融》，中国金融出版社 2022 年版。
6. 谢平、邹传伟、刘海二著：《互联网金融手册》，中国人民大学出版社 2014 年版。
7. 周光友编著：《互联网金融》（第二版），北京大学出版社 2022 年版。

第九章

社会福利政策的倡导

◎ **引导性问题**

你知道福利的含义吗？试列举你已经享受到的福利内容。

你听说过福利国家吗？如何评价福利国家？

你认为个人和政府在社会福利制度中各自应承担怎样的责任？

第一节　社会福利概述

"福利"一词经常被人们提及，在不同学科和语境中有着不同的含义。在政治语境中，福利是指人们的幸福生活。在经济学中，福利几乎与效用同义，指的是人们对于幸福的一种内心感受。经济学中经常使用"福利最大化"来表达经济人的一种理性追求。在企业管理语境中，福利是指企业或者组织给予员工非工资性的间接报酬，包括带薪休假、节日礼物、单位用车、单位宿舍、健康保险、企业补充养老金等内容。在社会语境中，福利是指国家为全体国民提供的改善生活水平的一系列制度安排，如国家法定节假日、普惠养老金、免费的各种公共设施等。本书采用的是社会语境中的福利概念。

一、社会福利基本内涵

社会福利关乎全体国民的生活，是现代社会制度中重要的组成部分。按照美国学者瓦尔特·A. 弗里德兰德（Walter A. Friedlander）的定义，社会福利"是有组织的社会服务和机制，帮助个人和群体生活得满意、健康，拥有满意的人际关系和社会关系，让人们能够在与家人和社区的需要和谐一致的情况下，尽其所能使生活更加幸福美满"①。王思斌认为，社会福利有广义和狭义两种含义。从广义上来说，社会福利是指同改善公民生活素质、促进社会发展与提高社会总体文明水平相关的一切物质、活动和相关服务。从狭义上讲，社会福利则是指国家（或政府）针对社会中有特殊需要的个人和群体提供的津贴、物质和社会服务②。可以看出，广义的社会福利除了包含狭义的社会福利之外，还包含社会救助、社会保障、社会优抚、社会服务等内容。

根据不同的社会制度和文化内涵，对于社会福利的分类也存在着一定的差异。例如，根据福利实施的对象及其目标，我们可以把福利分为剩余型社会福利和制度型社会福利。剩余型社会福利是指国家针对特殊的人群或者特定的社会问题出台的福利措施，如老年人免费乘车、农村"五保"制度等。制度型社会福利是指国家出台的所有国民都能够享有的福利措施，如免费的公园、国家节假日等。英国学者 R. 蒂特姆斯采用的是广义社会福利的概念，将社会福利分为三类，即剩余型社会福利、财政福利和职业福利。其中，职业福利是指与工作相关的福利。

社会福利的主要职能是促进社会公平和正义，提高国民的生活水平。具体而言，主要表现为以下几个方面：一是通过财政的转移支付等再分配手段，向弱势群体提供补贴和津贴，从而改善弱势群体的经济和社会地位，缩小贫富差距，促进社会的公平；二是作为政府管理社会的一种手段，用于解决社会问题，改善社会关系；三是通过对所有国民提供福利和服务，提高全体国民的生活水平，创造和谐的社会氛围；四是作为一种社会投资，促进公民的人力资本提升，有利于经济增长和社会的发展。

按照米利奇的观点，社会福利状况应包括三个要素：社会问题得到控制的程度、需求得到满足的程度以及改善机会得到提供的机会。这三个要素适合个人、家庭、群体、社区乃至社会③。这三个要素达到的程度，反映出社会福利的水平。测量社会福利的难度相当大，因为这不仅需要一些量化的、可操作性的指标，也带有人的主观感受。目前世界上流行的一些社会福利测量一般只能简单地使用人们的生活质量指数来反映社会福利的水平，例如联合国开发计划署推出的"人类发展指数"。

二、社会福利的演变简史

社会福利很可能是与人类生活同时起步的，并与人们的相互交往同时并存④。人们在经济与社会生活的发展过程中，对于福利的认识不断发生变化，并由此建立各种与经

---

① Walter A. Friedlander, "Introduction to Social Welfare", 2nd ed. (Englewood Cliffs, NJ: Pren tice Hall), 1961, P4.

② 王思斌主编：《社会工作概论》（第三版），高等教育出版社 2014 年版，第 75 页。

③ ［美］詹姆斯·米利奇著，苗正民译：《社会发展：社会福利视角下的发展观》，格致出版社：上海人民出版社 2009 年版，第 16 页。

④ ［美］O. 威廉·法利、拉里·L. 史密斯和斯科特·W. 博伊尔著，隋玉杰等译：《社会工作概论》（第 11 版），中国人民大学出版社 2010 年版，第 9 页。

济和社会相适应的福利制度。

（一）古代的社会福利

从人类社会诞生起，人类对于同伴的同情悲悯之心和互助合作的精神，促使人类为年幼、伤残、年老的同伴建构各种保障性、扶助性的措施。例如，在中国，人们就已经认识到"老有所终，壮有所用，幼有所长，矜寡孤独废疾者皆有所养"[①] 的必要性，《周礼》就规定了"以保息六养万民"的福利制度：即养育儿童的"慈幼"，赡养老人的"养老"，赈济贫困人口的"振穷"和"恤贫"，建立公共卫生的"宽疾"，调节贫富差距的"安富"。管仲在齐国改革的时候推出了"九惠之教"的福利措施。南北朝出现了免费收治贫病之人的"六疾馆"和收养孤老与孤儿的"孤独园"。唐朝以后的中央政府陆续兴办一些"养济院""安济坊""慈幼局"等为老年人、残疾人和儿童服务的福利机构，还向高龄老人授田以助其安享晚年。另外，灾荒之年赈灾救济也是中国政府的一大传统。除政府之外，古代民间的互济传统也很兴盛。如北宋名臣范仲淹兴办的义庄，将每年"所得租米，自远祖而下，诸房宗族，计其口数，供给衣食及婚嫁丧葬之用"[②]，福利范围覆盖儿童抚养、教育、济贫、孤寡老人照顾、丧葬等项目，延续了800多年。在古代欧洲，希腊就曾建有收养伤兵和孤儿的收容所。中世纪时，教堂兴办了一些救助穷人、流浪者和孤儿的福利项目，宗教人士还为流浪者和残疾人提供了照料服务。行会组织会在会员之间组织互助共济的一些项目和活动。

总之，在古代社会，由于生产力较低，用于再分配的剩余产品不多，加之政府财政能力和管理能力有限，尽管有着朴素美好的社会福利理想，但是社会福利制度和设施主要是象征意义上的，落到实处的很少，主要依靠民间慈善和互助共济。

（二）自由资本主义时期的社会福利

1601年，英国女王伊丽莎白一世执政期间颁布了《济贫法》，开启了近代国家社会福利制度的先河。《济贫法》规定：对年老和丧失劳动力者实施救济；贫穷儿童则送到指定的人家寄养，到一定年龄时送去作学徒；流浪者被送入教养院，有劳动能力的必须工作；政府以教区为单位派出治安法官管理济贫事宜、征收济贫税以及核发济贫费。《济贫法》标志着政府开始承担社会福利责任并以法律形式全面管理社会福利事业，推动了欧洲各国对社会福利事业的新认识。欧洲各国模仿《济贫法》出台了类似的社会救济规定。

进入自由资本主义阶段之后，围绕社会福利的责任问题引起了激烈的争论。一方面，随着英国"圈地运动"的进行和资本主义生产方式的确立，越来越多的农民被迫离开土地进入城市，其中很多人找不到工作沦为流浪汉，同时贫富差距的扩大使得贫困人口急剧增加，济贫任务越来越繁重，《济贫法》的漏洞日益显现，英国政府不得不出

---

① 《礼运·大同篇》。
② 《义庄规矩》。

台多项规定，对其进行补充。另一方面，以边沁为代表的"功利主义思想"和以亚当·斯密为代表的古典经济学思想的盛行，个人被认为是福利责任的主要承担者，即个人应该通过自己的劳动获得生活上的保障，市场机制可以实现个人的福利最大化；而政府必须充当"守夜人"，对经济事务尽可能少进行干预，应尽量控制社会福利规范，杜绝"养懒汉"现象。受此影响，英国政府1834年对原来的济贫法和相关方案进行了大幅度的修改，出台了《济贫法修正案》，史称"新济贫法"。新济贫法强迫贫民只有进入"济贫院"才能获得救济，济贫院的食物、住宿都很差，按年龄性别分居，即使一家人也不能住在一起。人们在济贫院中必须要参加繁重的劳动，连儿童也不能例外，所得报酬非常低廉，没得到监工书面批准，不得外出或者接见来访者。新济贫法就是为了减少政府在社会福利方面的责任和开支，充分体现了在这段时期占统治地位的自由放任思想对社会福利的影响。

与政府在社会福利责任方面的退却相比，民间慈善则承担起了这一时期社会福利的主要责任。此时的民间慈善逐渐淡化宗教色彩，向世俗化、组织化方向发展。英国、美国等国出现了"慈善组织会社"。这些慈善组织和志愿者为老年、贫困，残疾以及其他有需要的社会人群提供了大量的社会服务，一定程度上弥补了社会福利制度的不足。

但是，自由放任的市场经济和正式的社会福利制度的缺失加剧了社会不平等和工人贫困现象的加剧，激起了无产阶级的反抗，迫使资产阶级政府逐渐意识到建立正式的福利制度以解决日益加剧的社会冲突和社会问题的必要性。

（三）垄断资本主义时期的社会福利

19世纪末，世界主要资本主义国家进入垄断资本主义阶段。古典经济学的理论不再是不可动摇的"金科玉律"，而是受到了来自马克思主义和德国历史学派的严厉批判。经常性爆发的工人运动和经济危机使得资本主义政府认识到，国家不能仅限于充当"守夜人"，而应该对宏观经济进行调控和管理。随着凯恩斯主义的兴起，社会福利责任重新回归于政府。

1881年，德国率先建立了工伤保险制度，随后又建立了疾病保险、老年和残疾人保险等制度，构建了比较完整的社会保险制度。这是人类社会第一次由政府建立的全国性的社会保险制度。这意味着政府不再将社会福利看作是一项负担而消极地补残兜底，而是将其视为公民的一项基本权利积极地为全体国民提供福利和服务。保险形式也意味着福利不再是个人的责任，而是全社会共同承担。

1935年，美国出台了《社会保障法》，是社会福利制度的又一大更新。《社会保障法》不但为老年人、残疾人和遗属提供一份养老收入之外，还通过补贴、救济金等形式为失业人员和生活困难的家庭提供生活救济。相比德国的社会福利制度，美国的社会保障制度虽然少了医疗保险部分的内容，但是多了低收入补贴部分，而且是以财政资金而非社会保险的形式为国民提供，这不但意味着进一步确定了政府在社会福利方面的责任，而且还明确了政府给予全体国民"安全和保障"的责任。

（四）二战以后的社会福利

1941年，贝弗里奇爵士受英国政府委托，在对英国社会福利现行的制度和服务进行调查之后，发表了题为《社会保险和相关服务》的报告，史称"贝弗里奇报告"。根据贝弗里奇报告的建议，英国政府于二战结束以后，陆续制定了《国民保险法》《国民卫生保健服务法》《家庭津贴法》《国民救济法》等一系列法律，建立了一整套"从摇篮到坟墓"的福利制度，包括儿童和家庭津贴、社会救济、医疗保险、失业保险、工伤保险、生育保险等内容。1948年，英国首相艾德礼宣布英国第一个建成了"福利国家"。"福利国家"的概念从此深入人心，成为欧洲国家福利制度的样板。从20世纪70年代末开始，受世界能源危机的影响，欧洲持续20多年的高速增长结束，经济进入低速增长时期。面对日益扩大的社会福利支出，政府财政捉襟见肘，逐渐不堪重负。撒切尔夫人上台以后，对原有的社会福利制度进行了大幅度的改革，社会福利待遇被大规模地缩减，"福利国家"早已不复往日的辉煌。

美国在二战以后对社会福利制度的完善保持了一贯保守审慎的态度。1962年，肯尼迪政府出台了《公共福利修正案》，强调要增加公共福利中的预防性、保护性和恢复性的服务，鼓励人们自力更生，摆脱对福利的长期依赖。1965年，约翰逊政府提出了"向贫困宣战"的口号，推出了"食品券"项目。同年，在社会保障中增加了老年医疗保险制度（medicare），该计划主要为年满65岁以上的老人提供一个强制性的住院保险和一个自愿性的补充医疗保险。1972年，医疗保险的范围扩大到伤残人士和残疾儿童，出台了另一个医疗补助计划（medicaid）。尽管这两个医疗保险计划后来增加了一些内容，但至今仍未能扩展成为一个覆盖全民的医疗保障制度。1996年，克林顿政府出台《个人责任和工作机会协调法案》，其中将自1935年《社会保障法》颁布以后一直延续下来的"抚养未成年儿童家庭援助"（AFDC）改革成"贫困家庭临时补助（TANF）"，旨在削减开支，鼓励更多的家庭通过就业减少对福利的依赖。2002年，小布什政府曾尝试推动在社会保障制度中引入个人账户。2018年，奥巴马政府历经多年煞费苦心推出的"全民医保计划"遭到新任总统特朗普的否决而搁浅。

二战以后，苏联在经济恢复和发展的基础上建立了比较完善的福利制度。全面的福利制度被视为社会主义优越性的体现，也被新生的东欧社会主义国家所效仿。苏联模式的社会福利制度由国家一手包办，包括免费教育、免费医疗、免费住房、免费疗养、休养和度假、基本生活必需品的价格补贴、劳动休息制度、退休制度和社会保障制度等。这套制度为劳动者提供了"从摇篮到坟墓"的全方位福利保障，但是高额的社会福利支出给国家的经济带来了越来越沉重的负担，是导致苏联和东欧国家经济走向崩溃、体制发生转变的重要原因之一。苏联解体和东欧剧变以后，原有的国家福利解体，转而向西方资本主义国家的社会福利制度转变。

新中国成立以后，一度效仿苏联模式建立起国家社会福利制度。改革开放以后，为适应社会主义市场经济体制，我国开始对社会福利制度进行全面改革，包括：在城市建立了包括养老、医疗、工伤、失业和生育在内的社会保险制度；在农村建立了新型农村养老保险制度和新型合作医疗制度；在农村和城市建立了最低生活保障制度；各类社会救济和优抚安置制度进一步完善；社会福利层次、水平、设施和覆盖面进一步提高，人民对幸福生活的获得感得到极大的提升。

三、发展型社会福利理念的兴起

与西方福利国家日益式微形成鲜明对比的是，东亚国家在推进社会福利发展的同时保持了经济的稳步增长，让西方学者产生了浓厚的兴趣。伊恩·霍利代伊（Ian Holliday）认为，东亚社会福利具有典型的"生产主义"（productivist）特征，即社会政策实质上从属于经济政策[①]。托尼·费茨帕特里克（Toni Fitzpatrick）认为，"生产主义是一种制度、话语和心理的过程，在这一过程中，社会目标附属于经济的增长"[②]。实际上，生产主义并非一个新鲜的概念，而是资本主义的基本特征，也是当今世界的主要意识形态。西方学者将生产主义特征加之于东亚社会福利，并没有抓住东亚社会福利制度的本质特征，只不过是想为保证经济增长而削减社会福利，无异于将社会福利制度退回到自由放任时代的状态。

也有学者摒弃了生产主义，而主张发展型福利主义，其代表人物是美国的詹姆斯·米利奇。他认为，西方现行的社会福利制度，无论是剩余型的社会福利制度，还是制度型的社会福利制度，"为了筹资都要被动地依赖经济活动。两者都不关注社会福利资源的生成方式，也不关注经济逆境期间所出现的财政问题"[③]。社会发展是与经济发展过程的动态协同下促进整个人口的福祉[④]，其目标是促进社会福利。发展型社会福利可以看作剩余型社会福利和制度型社会福利的双重拓展，是社会政策和方案与综合的经济发展过程联系在一起，促进人们的福利。米利奇指出，社会发展因其干预性质、致力于进步、宏观聚焦、全民性质、将社会政策与经济增长融合、社会空间聚焦以及能采众家之长，因而成为当今最有包容性促进社会福利的途径[⑤]。

东亚地区被认为是发展型社会福利制度的典型。与西方国家强调个人主义不同的是，东亚儒家文化圈更加注重集体主义，国家对于个体负有天然的"父爱主义"责任，将个人的发展看作是应有之义，因而在社会福利方面自觉承担更多的责任，更加强调社会发展。个人非但不排斥国家的干预，反而希望国家对社会作出更多的干预。国家、地

① Ian Holliday, "Productivist Welfare Capitalism: Social Policy in East Asia", Political Studies, 2000, 48 (4), P706 - 723.

② Toni Fitzpatrick, "A Post-Productivist Future for Social Democracy?", Social Policy and Society, 2004, 3 (3), P213 - 222.

③ [美] 詹姆斯·米利奇著，苗正民译：《社会发展：社会福利视角下的发展观》，格致出版社：上海人民出版社2009年版，第1页。

④ [美] 詹姆斯·米利奇著，苗正民译：《社会发展：社会福利视角下的发展观》，格致出版社：上海人民出版社2009年版，第29页。

⑤ [美] 詹姆斯·米利奇著，苗正民译：《社会发展：社会福利视角下的发展观》，格致出版社：上海人民出版社2009年版，第31页。

方政府、社区、家庭、个人在社会福利责任中有着明确的分工，因而社会福利更加聚焦于宏观领域。在经济发展方面，东亚地区（日本除外）有很强的后发优势，可以借鉴西方国家先发过程中社会政策与经济增长不协调的诸多教训，将社会政策与经济增长有机融合起来，既可以将经济增长的成果通过再分配投入到社会发展中，逐渐提高社会福利支出，又可以将社会政策作为促进经济增长的有效手段，防止福利支出过快对经济增长的抑制作用。

第二节　金融社会工作与社会福利政策倡导

金融社会工作是应时代之需在社会工作领域中成为一个新的工作方向。像所有社会工作者一样，金融社会工作者也是社会福利政策的积极倡导者。从历史上看，金融社会工作者很早就参与了社会福利政策的倡导。在当前经济日益金融化的趋势下，社会福利政策中包含的金融色彩也愈加浓厚，金融社会工作在社会福利政策的倡导角色显得更为重要。

一、社会工作倡导社会福利政策的传统

按照米利奇的观点，社会工作是三种可以促进社会福利途径中的一种（另外两种是社会慈善和通过各种法律化的社会服务）[1]。社会工作最显著的特点是依靠受过专门训练的人来解决社会问题，提高个人、家庭、群体和社区的福祉[2]。王思斌认为，社会工作是社会福利体系中的一个重要组成部分，是社会福利制度中的服务发送或传送体系。对于一个或者地区而言，社会工作专业的发展水平在很大程度上说明了其社会福利制度完善或者成熟的程度[3]。

从社会工作发展历史上看，它是以社会福利提供者的身份起步的，逐渐融入并成为社会福利的重要组成部分。以至于社会工作和社会福利两个词常常被人混淆，有时候还被人当作同义词来使用[4]。例如，在日本，社会工作者就被称为"社会福祉士"。这反映出社会工作和社会福利提供之间的关系非常紧密，不过，社会福利的范围要大于社会工作，这点是毋庸置疑的。

社会工作有着倡导社会福利政策的优良传统。如果我们把《伊丽莎白济贫法》实

---

① ［美］詹姆斯·米利奇著，苗正民译：《社会发展：社会福利视角下的发展观》，格致出版社：上海人民出版社 2009 年版，第 18 页。

② ［美］詹姆斯·米利奇著，苗正民译：《社会发展：社会福利视角下的发展观》，格致出版社：上海人民出版社 2009 年版，第 22 页。

③ 王思斌主编：《社会工作概论》（第三版），高等教育出版社 2014 年版，第 9 页。

④ ［美］O. 威廉·法利、拉里·L. 史密斯和斯科特·W. 博伊尔著，隋玉杰等译：《社会工作概论》（第 11 版），中国人民大学出版社 2010 年版，第 5 页。

施时代的济贫官员看作是最早的社会工作者的话，那么他们在征收济贫税和管理济贫事务的同时，还将相关情况汇报给上级部门，就是社会工作参与社会福利政策倡导的雏形。1823 年，托马斯·查尔姆斯（Thomas Chalmers）在格拉斯哥工作中使用了"全面调查"的概念，主张对济贫对象进行全面的经济审查，不但在爱尔伯福模式中得到推广，而且影响了《新济贫法》中家计调查方法的出现。后来，英、美等国的慈善组织也多采用经济调查的方式。19 世纪 70 年代以后，随着美国慈善组织会社的成立，其工作人员在积极为穷人提供大量的援助和服务的同时，也帮助人们为承担新社区公民的角色做准备，为社会改革而积极参与竞选，成功实现了许多社会福利改革和劳工改革①。20 世纪 20 年代末，社会工作者通过对大萧条时期底层人民贫困现状的调查，促成美国政府最终出台了针对低收入群体的补贴计划（AFDC），成为金融社会工作倡导社会福利政策的经典案例。

二战以后，美国的社会工作者及其机构越来越关注维护服务对象的权利，为他们呼吁，还帮助改变美国社会基本的设置，为穷人和需要帮助的人提供更好的服务②。社会工作者除了直接帮助服务对象的个人和家庭问题之外，还更加关注社会制度和社会福利的改善。社会工作者是福利权利运动的中坚力量，作为代表参与了社区行动机构的董事会，积极参与了约翰逊政府提出的"向贫困宣战"计划。随着社会工作体系的愈加完善以及其提供服务的多样化，社会工作者与服务对象之间的关系更加紧密，其对社会福利政策的影响力正在日渐增强。

二、金融社会工作倡导社会福利政策必要性

在经济金融化和金融全球化的时代背景下，金融不但影响着国家的经济政策和人们的日常生活，而且对社会福利政策发挥着重要的影响作用。金融社会工作应当延续社会工作倡导社会福利政策的传统，适应当今时代发展的趋势，利用自己的专业优势在社会福利政策倡导中发挥一定的作用。

经济金融化和金融全球化趋势成为各个国家制定各项政策的重要考量因素。金融稳定关乎经济的稳定，从而关系到整个国家的稳定。金融政策因而成为国家政策的核心，也是金融社会工作的方向。从社会政策的政治属性来看，社会工作既是这种政治活动的参与者之一，又是政府与公众进行政治互动的重要桥梁之一。一方面，社会福利政策是政府解决冲突或者社会问题的重要政治手段之一，社会工作是担负这项使命的重要生力军。金融社会工作是金融政策的重要执行者和参与人，其服务的成效影响国家的金融政策的实施效果，进而影响国家的金融稳定和政治稳定。另一方面，社会工作联系着基层

① ［美］戴安娜·M. 迪尼托著，杨伟民译：《社会福利：政治与公共政策》（第七版），中国人民大学出版社 2016 年版，第 83 页。

② ［美］O. 威廉·法利、拉里·L. 史密斯和斯科特·W. 博伊尔著，隋玉杰等译：《社会工作概论》（第 11版），中国人民大学出版社 2010 年版，第 28 页。

民众，是政府执政理念和价值观的重要传递者。在实行公民选举的国家里，社会工作者足以影响民众投票走向和对政府的信任程度。尤其是金融社会工作帮助服务对象处理金融方面的问题，关系到基层民众的"钱袋子"，自然与服务对象之间的关系更为紧密。因此，无论是从社会政策的执行，还是民众的选票，政府都不可能忽视金融社会工作的重要作用。作为一股重要的政治力量，金融社会工作理应在倡导社会政策的过程中占据一席之地。

受经济金融化和金融全球化趋势的影响，社会福利政策也日趋金融化。不论是社会福利的资金来源，还是社会福利的发放，越来越依赖于金融系统。从社会福利政策的理性特性来看，社会工作者都是受过系统训练的专业人士，其知识结构和理性思维能够为社会福利政策的制定注入理性价值，使社会福利政策既能够满足人民的真实需求，又能够符合成本—收益的要求。因此，金融社会工作将在社会福利制度的制定和生成过程中起到重要的作用，这就决定了金融社会工作有必要参与倡导社会福利政策中来，为制定一个好的社会福利制度贡献自己的专业知识。

经济金融化和金融全球化趋势影响着人们生活的各个方面。人们日常生活中与各种金融机构打交道，通过金融系统接受社会福利，金融正在全方位塑造人类生活的新形态，由此产生各种社会问题。社会福利政策是政府选择作为或不作为，进而影响其人民的生活质量的任何事情①。处于金融化这样一个情境之中，金融社会工作者不仅要帮助服务对象处理个人和家庭的问题，更重要的是改变他们所处的社会系统和金融生态。社会工作者身处社会福利的第一线，广泛接触社会福利的服务对象，深知政府的作为和不作为的效果，也能掌握社会福利对象生活质量的真实信息和需求，并将这些信息和需求反馈给政府，帮助政府对社会福利政策进行改进和完善。因此，金融社会工作者应该主动倡导社会福利政策的改革与完善，为服务对象创造一个更加美好的政策环境，也为自己创造一个更为有利的工作情境。

综上所述，金融社会工作是国家金融政策和社会福利政策的重要组成部分。政府在制定社会福利的过程中，应当主要邀请金融社会工作者参与其中，认真倾听金融社会工作者的意见和反馈，在金融社会工作者的帮助下对金融政策和社会福利政策进行改进与完善。同时，社会工作者要积极投身到政治运动和社会福利政策的制定中，通过改变服务对象所处的政策环境和金融生态，为自己和服务对象创造一个更好的工作环境。

三、金融社会工作倡导社会福利政策的主要内容

金融社会工作倡导社会福利政策就是利用专业优势和工作经验，积极主动地参与社会福利政策制定的全过程，提出合理化的建议，并对社会福利政策的制定实施影响。其主要内容包括以下方面。

---

① ［美］戴安娜·M. 迪尼托著，杨伟民译：《社会福利：政治与公共政策》（第七版），中国人民大学出版社2016年版，第2页。

（一）政策问题的识别

解决社会问题是社会福利政策的目标指向，因而识别社会问题是制定社会福利政策的起点。社会问题不等于社会现象，而是对普遍存在的社会现象的总结和抽象，指的是在社会运行过程中，由于存在某些使社会结构和社会环境失调的障碍因素，影响社会全体成员或部分成员的共同生活，对社会正常秩序甚至社会运行安全构成一定威胁，需要动员社会力量进行干预的社会现象①。社会问题会破坏社会成员的利益和生活，导致社会结构和社会环境失调，因而需要政府出台社会政策加以解决，又因其具有变异性、复合性等特征，在识别上有一定的困难，需要专业人士进行深入的调查、归纳和甄别。

金融社会工作者长期与服务对象接触，能够近距离观察到各种社会现象，倾听服务对象的心声，了解这些社会现象的性质、影响和根源。可以说，金融社会工作者就是一个长期驻守在基层的田野调查员，掌握着大量、丰富的一手资料。金融社会工作者经过系统的专业训练，知识水平较高。一般来说，在世界各国，想获得社会工作者的职业资格，要达到专科以上教育程度，有些国家甚至提高到硕士及以上学历，此外，还要参加各种培训。因此，金融社会工作者有能力对社会现象进行总结和归纳，从中甄别出具有普遍性、周期性和群体性的社会问题，然后再分析哪些社会问题是不能通过自身或者民间合作解决的，必须通过政府制定相关的社会福利政策来加以解决。

（二）参与形成社会福利政策方案

政策问题识别出来之后，就要形成相关的方案。方案的形成根据金融社会工作者所在国家或地区的政治流程和政府组成的规则来进行。如果金融社会工作者具有一定的政治地位和政策制定的经验，就可以自己独立完成社会福利政策方案的起草，否则需要和相关人员协作共同形成政策方案。在美国，金融社会工作者可以拜访联邦议员和州议员办公室，与他们协商形成有关的议案。在中国，全国人大代表拥有提出议案权。各级政府机关在形成社会政策方案的时候也会邀请社会各界代表人士广泛参与。金融社会工作者可以利用这些途径，参与到形成社会福利方案的过程之中。

形成社会福利方案是一个非常艰苦且漫长的过程。在形成方案过程中，金融社会工作者要突破自身专业的限制，学会从宏观层面、从政策层面来思考社会问题的解决方案。为此，需要走访调查利益相关主体，倾听他们的呼声，了解他们的利益和诉求，在众多利益诉求中寻找最大公约数，同时考虑社会福利政策的可行性和可持续性。此外，金融社会工作者还要做的一项重要工作就是将社会工作专业术语转换成政策性文字。

（三）参与社会福利政策的出台

社会福利政策的出台就是从社会福利方案变成政策文件的政治过程。这个过程能否

---

① 郑杭生主编：《社会学概论新修》（第三版），中国人民大学出版社 2003 年版，第 358 页。

实现，除了社会问题是否比较紧迫需要出台相关政策予以解决以及方案本身是否科学合理之外，还在于政治博弈过程中的力量对比。一方面，社会福利政策会涉及社会各个层面的利益，这些利益主体会通过他们的政治代表在政策出台过程中反复较量，讨价还价，政府需要平衡各方面的利益，尽可能让政策能够做到全社会的福利最大化，因此，政策出台需要长期、反复的研究和协商，过程非常漫长。另一方面，底层人民对社会福利政策的需求更强烈，但是他们的政治力量比较弱小，其呼声未必能被政府注意到；富裕阶层在社会福利政策上得到的实利较小，需要让渡一些利益（例如，增税，社会保险缴费更多），可能会遭到他们的反对。相比来说，富裕阶层的政治力量更强，这种政治力量对比的不均衡，使得倾向于底层人民的社会福利政策出台的过程非常艰难，有时候会被长期搁置，甚至被迫取消。

金融社会工作者是促进社会福利政策出台的重要力量之一。他们可以利用本身中立、客观的立场，在各个利益集团之间协调，努力达成政治力量之间的博弈均衡。金融社会工作者可以参照公共政策形成中的一般指南，重点参与八个方面的工作（即 8 个 P）。

1. 准备（preparation）

金融社会工作者要为社会福利政策的出台做好充分的准备。这些准备包括三个方面：一是资料准备。在社会福利政策出台之前，金融社会工作者要协助准备一份完备的政策文件，并且要积极参与收集各方的意见，在之后协商过程中要不断地进行修改和完善。二是心理准备。社会福利政策的出台是一场持久战和拉锯战。金融社会工作者要对社会福利政策出台的长期性和艰难性做好心理准备，甚至要对政策最后可能会遭遇搁浅也有心理准备。三是工作准备。社会福利政策的出台是涉及社会全方位利益、社会多层面参与的重大工程。金融社会工作者要发挥自身社会网络的优势，与各方面人士建立友好关系，为了解和协调利益主体的诉求做好准备，同时，也要做好与社会福利政策潜在的反对者做好长期协商的准备。

2. 计划（planning）

金融社会工作者要做好促进社会福利政策出台的计划，包括工作目标、时间表、工作进度和要联络的人员名单等信息。这份计划要与其他相关人员的计划进行有效的衔接，保证在工作中能够做到合理分工、协调推进。

3. 私人关系（personal contact）

私人关系是金融社会工作者的宝贵财富，也是推进促进社会福利政策出台的重要资源。除了与服务对象保持经常性的联系之外，金融社会工作者还要与政策制定者和重要影响者保持良好的私人关系。即使是对社会福利政策持反对意见的人士，金融社会工作者也可以尝试去积极地与其建立私人关系。此外，金融社会工作者还可以与大众媒体建立良好的关系。

4. 共同体的脉搏（pulse of community）

金融社会工作者要善于把握利益共同体的脉搏。除了社会福利政策的支持者和受益者之外，金融社会工作者还要尝试去把握社会福利政策反对者共同体的脉搏，理解他们利益所在。然后对反对派进行分析：区分哪些是坚定的反对者，了解他们为什么反对、反对什么；哪些是可以争取的反对派，怎么去说服他们。通过分析，可以对原来的方案进行修改，寻求能够获得更多支持的中间方案。

5. 实证主义（positivism）

金融社会工作要坚持实证主义传统，在促进社会福利政策的过程中坚持科学、客观的原则，实事求是地收集和分析相关的信息，在工作中尽量避免带入个人的主观情绪，也不要因为服务对象或者其他人的主观情绪而影响到社会福利政策。

6. 参与（participation）

金融社会工作者要通过自身的参与带动更多的人参与到促进社会福利政策出台的过程中。有些社会底层人士，可能一直以来本身政治参与的机会少，积极性不高，因而对社会福利政策抱着比较冷漠的态度。金融社会工作者要调动这些底层人士的参与积极性，帮助他们发现自身优势，凝聚成团结的政治力量，主动争取自身的合法利益。只有底层人民被充分动员起来，积极参与到社会福利政策制定过程中，形成一股强大的政治力量，才能引起政府对社会福利政策制定的必要性和紧迫性的高度重视，加快政策出台的步伐。

7. 宣传（publicity）

大众舆论是影响社会政策的重要力量。俗话说"七分做事，三分宣传"，金融社会工作要充分重视宣传工作，一方面是利用大众传媒、网络等方式积极宣传自己所作的工作，争取更多的人了解和支持社会福利政策的改革；另一方面，利用日常服务之便对服务对象开展一对一的直接宣传，解答他们的疑问，使社会福利政策形成一种社会共识。

8. 坚持（persistence）

金融社会工作者在社会福利政策出台的"持久战"中要坚持不懈、坚定信念，不轻言放弃。只有千里之行积于跬步，才能将每一步的小成果积累成最终的成功。

（四）社会福利政策的执行和监督

金融社会工作者是社会福利政策坚定的执行者，其服务质量是检验社会福利政策成效的重要标准。金融社会工作者在社会福利政策的指引下开展服务，是将抽象的政策文本落实为具体的行动，让服务对象能够接触、了解和认知社会福利政策，使社会福利能够输送到有需求的人群，从而改变他们的生活水平。金融社会工作者除此之外，还可以根据社会福利政策的要求改善自己的服务内容和方式。

同时，金融社会工作者在服务过程中也可以发现社会福利政策存在的问题，监督社会福利政策其他执行者的工作不尽如人意的地方，督促他们改善工作方式，与社会福利政策其他执行者的工作结合在一起，形成联动，共同营造社会福利政策的良好生态。

（五）参与社会福利政策的反馈和评估

社会福利政策不是一成不变的，而是一个不断检验和完善的过程。金融社会工作者可以在将服务过程中收集社会福利政策执行过程中出现的问题，分析这些问题背后存在的深层次原因，同时还可以收集服务对象出现的新需求以及他们对政策的反馈意见，将这些信息整理后反馈给政策制定者，帮助他们对社会福利政策进行检验、改进和完善。

政府在社会福利政策出台一段时期后，通常会评估政策实施的效果。除了政府工作人员外，政府还会邀请社会各界的代表人士和专业人士参加。金融社会工作者很多时候也在邀请之列，可以积极参与其中，对政策实施的效果、存在的问题、成本和收益等内容作出客观的评价，以便对社会福利政策后续的修改和完善提出相应的意见，这也是金融社会工作者参与倡导社会福利政策的重要内容。

♻ 基本概念

社会福利 发展型社会福利 社会问题

♻ 本章要点

社会福利是有组织的社会服务和机制，帮助个人和群体生活得满意、健康，拥有满意的人际关系和社会关系，让人们能够在与家人和社区的需要和谐一致的情况下，尽其所能使生活更加幸福美满。社会福利有广义和狭义两种含义。从广义上来说，社会福利是指同改善公民生活素质、促进社会发展与提高社会总体文明水平相关的一切物质、活动和相关服务。从狭义上讲，社会福利则是指国家（或政府）针对社会中有特殊需要的个人和群体提供的津贴、物质和社会服务。广义的社会福利除了包含狭义的社会福利之外，还包含社会救助、社会保障、社会优抚、社会服务等内容。

社会福利的主要职能是促进社会公平和正义，提高国民的生活水平。具体而言，主要表现为以下几个方面：一是通过财政的转移支付等再分配手段，向弱势群体提供补贴和津贴，从而改善弱势群体的经济和社会地位，缩小贫富差距，促进社会的公平；二是作为政府管理社会的一种手段，用于解决社会问题，改善社会关系；三是通过对所有国民提供福利和服务，提供全体国民的生活水平，创造和谐的社会氛围；四是作为一种社会投资，促进公民的人力资本提升，有利于经济增长和社会的发展。

社会福利状况应包括三个要素：社会问题得到控制的程度、需求得到满足的程度以及改善机会得到提供的机会。

社会福利很可能是与人类生活同时起步的，并与人们的相互交往同时并存。人们在经济与社会生活的发展过程中，对于福利的认识不断发生变化，并由此建立各种与经济和社会相适应的福利制度。

发展型社会福利可以看作剩余型社会福利和制度型社会福利的双重拓展，是社会政策和方案与综合的经济发展过程联系在一起，促进人们的福利。米利奇指出，社会发展因其干预性质、致力于进步、宏观聚焦、全民性质、将社会政策与经济增长融合、社会空间聚焦以及能采众家之长，因而成为当今最有包容性的促进社会福利途径。东亚地区被认为是发展型社会福利制度的典型。

像所有社会工作者一样，金融社会工作者也是社会福利政策的积极倡导者。从历史上看，金融社会工作者很早就参与了社会福利政策的倡导。在当前经济日益金融化的趋势下，社会福利政策中包含的金融色彩也愈加浓厚，金融社会工作在社会福利政策的倡导角色显得更为重要。

在经济金融化和金融全球化的时代背景下，金融不但影响着国家的经济政策和人们的日常生活，而且对社会福利政策发挥着重要的影响作用。金融社会工作应当延续社会工作倡导社会福利政策的传统，适应当今时代发展的趋势，利用自己的专业优势在社会福利政策倡导中发挥一定的作用。

金融社会工作倡导社会福利政策就是利用专业优势和工作经验，积极主动地参与社会福利政策制定的全过程，提出合理化的建议，并对社会福利政策的制定实施影响。其主要内容包括：（1）政策问题的识别；（2）参与形成社会福利政策方案；（3）参与社会福利政策的出台；（4）社会福利政策的执行和监督；（5）参与社会福利政策的反馈和评估。

金融社会工作者是促进社会福利政策出台的重要力量之一。它可以利用本身中立、客观的立场，在各个利益集团之间协调，努力达成政治力量之间的博弈均衡。金融社会工作者可以参照公共政策形成中的一般指南，重点参与八个方面的工作（即 8 个 P）：准备（preparation）、计划（planning）、私人关系（personal contact）、共同体的脉搏（pulse of community）、实证主义（positivism）、参与（participation）、宣传（publicity）、坚持（persistence）。

♻ 复习思考题

1. 如何理解社会福利的内涵？
2. 试用发展型社会福利理论分析东亚社会福利制度的特点。
3. 试分析金融社会工作倡导社会福利政策的必要性。
4. 金融社会工作倡导社会福利政策包括哪些主要内容？

♻ 推荐阅读

1. 王思斌主编：《社会工作概论》（第三版），高等教育出版社 2014 年版。
2. 钱宁著：《社会福利视域中的社会工作》，北京大学出版社 2016 年版。
3. 田毅鹏等编著：《中国社会福利思想史》（第二版），中国人民大学出版社 2017 年版。
4. 王子今、刘悦斌、常宗虎著：《中国社会福利史》，武汉大学出版社 2013 年版。
5. 黄晨熹著：《社会福利》（第二版），格致出版社、上海人民出版社 2020 年版。
6. ［美］戴安娜·M. 迪尼托著，杨伟民译：《社会福利：政治与公共政策》（第七版），中国人民大学出版社 2016 年版。

7. ［美］詹姆斯·米利奇著，苗正民译：《社会发展：社会福利视角下的发展观》，格致出版社：上海人民出版社 2009 年版。

8. ［美］O. 威廉·法利、拉里·L. 史密斯和斯科特·W. 博伊尔著，隋玉杰等译：《社会工作概论》（第 11 版），中国人民大学出版社 2010 年版。

9. ［英］尼古拉斯·巴尔著，郑秉文、穆怀中译：《福利国家经济学》，中国劳动社会保障出版社 2003 年版。

10. ［英］诺曼·巴里著，储建国译：《福利》，吉林人民出版社 2005 年版。

┃第十章

资产建设

◎ **引导性问题**

你知道资产的概念吗？资产、财产和资本有什么区别？

你认为资产建设能为个人带来哪些收益？

你目前所了解的资产建设项目有哪些？

自 20 世纪 90 年代以来，在发展型社会福利理念的影响下，以资产为本的社会政策作为反贫困的新思路在学术界和政策界引起广泛关注，随之在一些国家和地区开始实施以资产建设为基础的社会福利制度，体现了社会保护与社会发展的有机结合，起到了良好的效果。

资产建设作为一种新的社会福利政策理念或范式，关注个体、家庭和社区的能力建设和自我发展，与社会工作助人自助的理念有非常高的契合度。因此，资产建设已成为金融社会工作在宏观层面的重要内容。

第一节　资产建设概述

一、资产建设的概念界定

资产的定义有狭义和广义两种解释。狭义上的资产是指"由企业过去的交易或事项形成的、由企业拥有或者控制的、预期会给企业带来经济利益的资源"[1]。显然，这个定义核心关注资产的增值效应，范围主要局限在企业内部。实际上，个人、家庭、社会

---

[1]　田明著：《中级会计实务》，中国物价出版社 2014 年版，第 35 页。

团体乃至政府都也可以拥有资产（或者财产），因此，广义上的资产可以指一切可以带来增值效益的经济财富，包括可以带来增值的自然资源（如土地、矿山、河流、森林等）、实物资源（如房产、汽车、珠宝）、金融财富（如存款、债务、证券等）以及人力资本、社会资本、政治影响力等无形资产。

20世纪90年代，美国学者迈克·谢若登提出资产建设的概念。资产建设就是在"以资产为基础"的福利政策下，通过社会福利支出建立资产账户，为贫困群体积累资产，提高贫困群体的经济地位和社会地位，改善贫困群体的消费习惯和生活方式，培养贫困群体持续长期积累财富和抵御社会风险的能力，使其依靠自身能力摆脱贫困。

资产建设采取广义上的资产定义。谢若登认为，资产是财富的储备。他把资产分为有形资产和无形资产。有形资产包括：（1）货币储备；（2）股票、债券和其他金融债券；（3）不动产；（4）不动产以外的其他"硬"资产；（5）机器、设备和其他有形产品；（6）家庭耐用品；（7）自然资源；（8）版权和专利。无形资产包括：（1）享有信贷（其他人的资本）；（2）人力资本；（3）文化资本；（4）非正式社会资本；（7）正式社会资本或组织资本；（8）政治资本①。

在资产建设概念中，资产概念常常用来与收入概念相比较，两者之间有不同的内涵取向。收入是一个动态的概念，是指经济主体一段时间内的资源流入，是影响个人消费水平、生活标准的重要因素；资产是一个静态的概念，它是指经济主体累计的财富总值，和经济主体的经济地位、抗风险能力、安全感、长期发展联系在一起。收入和资产之间可以实现转化，收入可以用来购置资产，资产一旦完成积累便能够凭借其稀缺性不断获得收入。谢若登在对收入和资产进行比较后认为，相比于收入，资产更能反映出经济主体长期的、动态的情况，而不是一个特定时间段的财务状况。收入如果无法转化为资产，将会不断地被消耗。

因此，资产比收入对经济主体的经济状况的意义更为突出。它能够改变人们的思维和互动方式。谢若登认为，资产具有如下的福利效应：（1）促进家庭稳定。家庭发展需要持续不断的资源和心理安全感，充裕的资产能够给家人带来希望和自信，从而促进家庭的和谐。（2）创造未来取向。资产积累能够给人带来长期目标，从而延迟当下的享受，减少现金的挥霍，能够使人对未来更有规划。（3）刺激其他资产的发展。通过合理化投资，激活被浪费的资源，能够带来长期持续的资产增长。（4）促进专门化和专业化。为了资产增值，人们会倾向于专门化和专业化，因为这样可以能够提高资源利用效率，提高单位时间的产出。（5）提供承担风险的基础。现代人生活在一个经济剧烈变化的社会，需要有足够的资产对抗风险，资产类似于稳定器的作用，即使是遭遇了失败和灾难，也能够迅速恢复渡过难关。（6）增强个体自我效能。通过长期资产积累过程，能够让人们踏实奋斗，所谓"有恒产者有恒心"，在资产积累过程中，人们能够收获自我价值感和满足感，而丰厚的资产保障，反过头来也提升了个人的安全感。

---

① ［美］迈克尔·谢若登著，高鉴国译：《资产与穷人》，商务印书馆2005年版，第122～126页。

（7）提高社会影响力。充裕的资产，能够给人们带来社会声望，扩大对他人的影响力，反过来提高社会影响力之后，人们的社会资本价值获得了提升，又能给人们带来更多的财富。（8）增加政治参与。在社会中，经济基础决定一个人的行动可能性，具有资产者可以在可能的范围内获得更大的行动自由，在社会生活中其政治地位会相应上升。（9）带来后代福利。资产可以通过继承或是消费的方式，为后代营造良好的成长氛围和经济基础，通过资产积累，能够给后代带来更好的教育、医疗，从而摆脱贫困①。

二、资产建设的背景

（一）贫困陷阱现象

在市场经济条件下，人们的收入具有多元化特征，除了劳动报酬收入之外，由资产带来的收入在收入中的占比越来越高。尤其是在经济金融化的趋势下，金融财富带来的收入越来越可观，这也造成了穷人与富人之间的贫富差距越拉越大。富人可以通过资产收益获得持续的收入从而保障生活，财富的积累像滚雪球一样逐渐增大；对于穷人而言，其收入主要以劳动收入为主，并且主要部分用于当期的支出。随着年龄增长、疾病的出现，穷人凭借劳动获得的收入将减少，甚至还有可能被排斥出劳动力市场，这将导致他们的生活出现更大的风险。

由于穷人普遍无力进行资产积累，往往陷入"收入—消费"的循环，收入刚好够其生活消费，一旦失去收入，他们就会掉入了一个贫困陷阱，无法通过自身努力摆脱这一困境。即使得到政府或者社会的救济，也只能解决一时的窘境，根本无法从根本上改变这一现状。这种贫困陷阱现象，启发人们去思考是否可以帮助穷人积累资产，使其能够持续性地获得资产性收入，从而走出贫困的漩涡。

（二）资产分配不平等的扩大

资产的增值性决定了资产分配具有"马太效应"：富人拥有较高的资产初始禀赋，这些资产不但可以用于投资各种实物资产，赚取更多的收入，然后将收入转化成资产，实现财富"滚雪球"式的增长；资产还可以用于投资教育和能力培训，使得富人受到更好的教育，拥有更多的知识和信息，在就业市场中获得更高的报酬；拥有更多的资产还可以使富人扩大社会网络，拥有更多的社会资本和政治资本，制定对他们更为有力的政策。相比之下，穷人的状况就会更糟：他们的收入仅能甚至还不能够维持当期消费，无法实现财富的累积和增长；他们的教育水平偏低，在劳动力市场上缺乏竞争性，工作报酬低且更容易失业；疾病、灾害等各种风险事故很容易将他们置于贫困的边缘；他们也无法获得有效的社会资本和政治资本，在国家的政治体系中处于弱势地位。尤其是在经济金融化的趋势下，金融的杠杆性会进一步扩大贫富之间的差距，国家的财富更多地

---

① ［美］迈克尔·谢若登著，高鉴国译：《资产与穷人》，商务印书馆2005年版，第181～202页。

流向富人阶层。收入不平等持续扩大。根据《2014 年美国的人权记录》的数据，过去 10 年，最富有的美国人的收入增长了 86%，而其他所有人的收入只增长 6%。2013 年美国贫富收入差距达到了过去 80 年中的最高值。2014 年有 65% 的美国民众认为收入不平等在持续扩大①。

（三）西方国家的福利危机

自 20 世纪 70 年代出现两次"能源危机"之后，西方资本主义世界结束了二战以后长达 20 多年的高速增长的黄金年代，进入了经济"滞涨"时期。政府财政收入的减少使得西方国家不得不对其公共开支进行压缩，面向穷人和老年人等弱势群体的社会福利遭到大幅度的削减。而弱势群体在"福利国家"时期已经形成了很强的福利刚性和福利依赖。被斥为"养懒汉"的福利制度引起了人们普遍的反思：即政府通过财政转移支付的方式，对弱势群体进行救助，弱势群体只是形成了一种"资助—消费—再资助"的生活方式，根本无法培养出自助脱贫的能力。这种以收入再分配为核心的社会福利政策从方法上不能解决根本的问题，从财政上也越来越难以为继，必须向以资产为核心的、能够激发弱势人群内生动力的社会福利政策转变。

（四）经济金融化和金融信息化、全球化

正如前面提到，二战以后，金融在经济中占据着核心地位，并且随着"布雷顿森林体系"的确立，金融全球化的趋势加快。20 世纪 90 年代以来，随着计算机和互联网技术的普及，西方主要发达国家进入金融信息化的时代。个人和家庭生活的方方面面都与多样的金融服务捆绑在一起，比如银行和电子支付系统、信用分数和信用卡、大学助学贷款和房贷、房屋保险、养老保险以及投资理财的产品。因此，弱势群体已经被卷入到金融体系。他们不得不学习使用各种金融工具的技能。同时，金融创新拓宽了社会各阶层积累金融资产的机会，各种金融产品的盈利能力也为弱势群体通过金融资产获得收入创造了机会。这样的时代背景和社会需求为开展资产建设提供了政策空间和实务基础。

三、资产建设的内涵

（一）指导思想

谢若登认为，资产建设的基本指导思想是在尽可能的范围内，发挥每一个人的最大潜力。这不仅是作为一个人道主义的价值问题，也是作为一个国家长期经济竞争力、社会凝聚力和民主政治制度活力的问题②。资产建设理念改变了有关社会福利的主流理念，即摒弃过去社会福利主要由个人负责，政府只做补缺性干预的"保守"意识，树

---

① 中华人民共和国国务院新闻办公室：《2014 年美国的人权记录》，http：//www. scio. gov. cn/m/xwfbh/xwbf-bh/wqfbh/33978/34309/xgzc34315/Document/1471828/1471828. htm。

② ［美］迈克尔·谢若登著，高鉴国译：《资产与穷人》，商务印书馆 2005 年版，第 189 页。

立强调所有公民的参与和国家最大限度地发展其全体人民的需要的新福利观。根据这一观点，福利支出不应再被视为已有资源的非生产性消耗，而是对未来的基本投资。社会福利政策应从收入支出转向促进增长，从权利转向增权。

（二）资产建设的目标

资产建设有微观和宏观两个层面的目标①。

在个人和家庭层次的微观层面，资产建设的目标是：（1）使个人有可能积累资产；（2）促进家庭稳定、未来取向和长远规划；（3）促使个人与家庭更成功地建立和实现生活目标。

在国家的宏观层面，资产建设的目标是：（1）持续减少贫困；（2）发展在经济上更精明和更活跃的公民群体；（3）帮助提高国家的储蓄率；（4）有助于国家的经济更具竞争性。

（三）资产建设的基本原则

谢若登设置了资产建设的 11 条基本原则②。

1. 补充以收入为基础的政策

目前，世界各国通行的都是以收入为基础的社会福利政策，资产建设政策不是要取而代之，也不现实，其正确的目标定位应该是作为补充，与以收入为基础的社会福利政策互相配合，形成更加丰富多元的社会福利体系。

2. 具有普遍的可用性

资产建设政策应当向所有符合资格的人普惠，使政策对他们来说是可及的。

3. 对穷人提供更大的激励

资产建设政策给予穷人更多的激励措施，包括直接补贴和税收优惠待遇，或者给予穷人缴费额相应的配比，以激励他们将当期的收入更多地用于资产积累而非当期消费。

4. 以自愿参与为基础

资产建设项目应以自愿参加为主。即使对于穷人而言，也应该使用相应的优惠政策吸引参与者而非强制性加入。

5. 避免将人定义为"接受福利"或"不接受福利"

尊重个人参与资产建设计划的意愿，不应该根据是否接受福利进行歧视性对待。即使是中途参加计划的个人也应该一视同仁。

6. 促进共同责任

资产建设的责任由政府和个人共同承担，即使是经济状况特别不好的人，也应该相应承担一定份额的配比金额而不是完全由政府来承担。

---

① ［美］迈克尔·谢若登著，高鉴国译：《资产与穷人》，商务印书馆 2005 年版，第 193 页。
② ［美］迈克尔·谢若登著，高鉴国译：《资产与穷人》，商务印书馆 2005 年版，第 240 页。

7. 具有特定目的

资产建设的账户金额应用于特定目的，即用于积累资产的开支，而不能用于即期消费，否则资产建设很可能就名存实亡。

8. 提供投资选择

在限定的范围内，政府应当尽可能多提供一些投资组合方案，供资产建设账户所有人选择。

9. 鼓励渐进积累

资产建设项目并不是要求穷人将所有的现金全部或者大量用于资产积累，而是根据自身情况适当地投入，资产的积累应该是渐进的、长期的和全生命周期的。这就要求个人根据自身的财务状况对收入和资产做好合理的规划。

10. 促进经济信息和训练

政府应为资产建设参与者提供丰富的经济信息，缩小信息鸿沟，使他们能够作出合理的财务规划和投资决策。政府也应该及时披露资产建设账户的信息，力求公开透明。同时，政府应该加大金融能力的训练，提高资产建设参与者的金融素养。

11. 提升个人发展

资产积累的最终目的是促进个人的发展。因此，除了提供金融培训之外，资产积累的账户应用于可以促进个人发展的教育、就业、创业等领域。

（四）资产建设的主要形式

1. 个人发展账户

个人发展账户是指政府为个人建立一种资产积累账户，由政府补贴和个人供款向账户注入资金，积累的资金将用于特定目的个人发展领域，可以进行投资并享受一定的税收优惠。个人发展账户可以是全生命周期的，如儿童发展账户、青少年储蓄账户、生产储蓄账户等。

个人发展账户在全球多个国家和地区已经有比较成熟的案例。例如，美国的抚养未成年子女家庭补助（AFDC）就有支持贫困家庭中的妇女再就业和儿童教育的专用账户。加拿大政府于2001年在全国范围内开展了一项名为"learn save"的项目，为21~65岁低收入人群提供政府配比的储蓄账户。英国曾经建立了"儿童信托基金"和"储蓄之路"两个个人发展账户项目，后因财政困难而终止。澳大利亚于2003年启动"saver plus"项目，为低收入人群进行储蓄。韩国政府于2007年开始启动了全国性的"儿童发展账户"项目（CDA），2010年10月又推出了"希望建设账户"项目（HBA），首尔市政府也于2007年12月推出了"希望增值账户"项目（HPA）。在中国香港，特区政府于2009年开始启动"儿童发展基金"项目，目前运作情况良好。

2. 补充养老金

补充养老金制度是政府或者企业为个人建立的在国家基本养老保险之外的补充养老金。最常见的形式有政府为公职人员建立的职业养老金（年金）和企业为员工缴纳的企业年金。补充养老金一般都要求个人缴费，政府或企业会相应地配比缴费，账户积累的资产可以由管理机构进行投资，根据相关政策享受一定的税收优惠，但这笔资产只有在年老退休后才可以使用，目的是保障个人退休后能够获得更有保障的生活。

3. 住房公积金

住房公积金是为了保障个人住房问题而推出的资产建设项目。一般是在个人缴纳一定的资金之后，政府或者企业会进行配比缴费。世界上比较著名的住房公积金制度有新加坡的中央公积金制度和我国的住房公积金制度。当然，新加坡的中央公积金是一个综合性的收入保障计划，其中包含住房公积金。1968 年，中央公积金推出"居者有其屋"计划，个人购买公共住房时，可以从中央公积金中支出。我国的住房公积金制度是全球规模最大的住房公积金制度，截至 2020 年末，累计归集住房公积金 19.6 万亿元，提取 12.3 万亿元，发放个人住房贷款 11.1 万亿元，帮助 5800 多万缴存人贷款购房[①]。

4. 小额信贷

小额信贷是由金融机构发放的帮助低收入群体积累资产、发展生产的小规模信用贷款。目前，世界上最著名的、最具规模的小额信贷项目是孟加拉国的格莱珉银行经营的小额贷款项目。有关小额信贷的具体内容将放在第十一章单独介绍。

第二节　资产建设的实践案例

世界上已经有许多国家和地区开展了资产建设方面的实践探索。我们选取美国、韩国和中国（包含台湾地区和香港地区）的实践做法作为典型案例。其中，美国有代表性的是补充养老金制度，个人发展账户还停留在政策倡议方面；韩国已经较大范围地实施了个人发展账户实践，在住房公积金方面也有一定的特色；在中国，台湾地区的家庭发展账户和香港地区的儿童发展账户取得了良好的效果，养老金资产建设和住房公积金特色鲜明。

一、美国的资产建设实践

美国是一个强调个人对社会福利负有主要责任而政府只负责提供补救性福利的国家，对于通过社会政策进行资产建设一贯持保守态度，只有一些零散的资产建设项目。在比较重视的教育领域，美国的一些州现在已经建立了一些教育储蓄计划，用于支持大学生支付学费。在住房公积金方面，美国也只有一些城市有住房信托基金，可以为参加者提供租房和买房贷款。

---

① 《促进租购并举 扩大制度惠及面——我国建立住房公积金制度 30 周年综述》，中华人民共和国中央人民政府，http：//www.gov.cn/xinwen/2021 - 11/30/content_5654889.htm.

美国资产建设的重点在补充养老金方面。1875 年美国运通公司（American Express Company）建立世界上第一个企业年金计划。1978 年，美国修订了《税收法》，其中的 401（k）条款设置了退休金投资可以享受税收优惠的规定，将企业年金的发展送上了快车道。此后，美国的企业年金都依照 401（k）条款进行调整和完善，所以也称为 401k 退休计划。雇员可以选择自愿参加 401k 计划，每月将工资的一定比例（低于税法规定的最高比例即可）存入到个人退休账户上，企业会同时配比一定的缴费。雇员调动工作之后，账户可以进行转移接续。账户上的资金可以用于投资，雇员拥有投资选择权，投资收益可以享受一定的税收减免。等到缴费人退休后，就可以从计划中领取养老金。这样，老年人除了美国社会保障制度（OASDI）提供的基本养老金之外，多了一份补充养老金收入，晚年的生活水平得到了保障。美国政府也会为公务员和政府雇员提供补充养老计划。目前，美国最大的公务人员养老计划——加州公共雇员养老金制度（California public employee's retirement system，CPERS）提供的补充养老计划分别是 457 计划和补充缴费计划，都是由政府和参保人共同缴费的一种延迟偿付的退休储蓄计划，运作方式与企业年金类似。

鉴于美国资产建设发展严重滞后，谢若登提出了在美国建立个人发展账户的政策建议，即为每个人一出生就设立一个属于个人名下、可选择、可增值和税收优惠的账户，积累资产用于住房、教育、自雇、退休等限制制定的福利项目。联邦政府应当对穷人的存款给予配给金或补贴，并通过私人部门或账户持有者自己的努力形成创造性金融的潜力。个人发展账户将被设计用于促进未来取向、长远计划、储蓄和投资、个人创新、个人选择和实现生活目标[1]。谢若登认为个人发展账户应该在部分形式上对所有美国人开放；个人发展账户应与个人和国家的发展活动联系起来；政府对某些贫困家庭的账户进行补贴；个人（或者其父母以及监护人）可以选择个人发展账户的投资方向；青年人是个人发展账户的最佳对象；个人账户应该设置长远目标；存款基金和基金收入用于特定目的时应全部或者部分享受税收优惠；当个人发展账户的资金未能用于特定目的时，应追回已获得补贴款和存款增值收入归还给个人发展账户储备基金；个人发展账户可以被继承。此外，应设置全国性的、独立的理事会进行统一管理个人发展账户，监督个人发展账户的投资。

贝弗利（Beverly）、谢若登等人还提出建立一个普遍、进步和终身的儿童发展账户的设想[2]。他们认为，一个专属于儿童的账户会对儿童发展产生重要的影响。例如，如果一个儿童发展账户为一个专项目标（比如说大学学费）积累资金并按时给家庭和儿童发送账户财务报表，能使父母和儿童对实现这一专项目标有更清晰的认识。同时，账户的日常财务报表也会提醒家庭往账户中储蓄。越早开设类似的账户，家庭就有越长的

---

① ［美］迈克尔·谢若登著，高鉴国译：《资产与穷人》，商务印书馆 2005 年版，第 220 页。
② S. G. Beverly，W. Elliott，M. Sherraden，"Child Development Accounts and College Success：Accounts，Assets，Expectations，and Achievements"，CSD Perspective，Center for Social Development，St. Louis，Washington University，2013，P13 - 27.

时间通过储蓄、投资和资产增值为儿童积累资产。同时，也有更充分的时间让儿童意识到家庭对其长期发展的期望，并为这一目标努力。为每一个新生儿自动开设儿童发展账户可以让每个儿童都享有这种政策带来的好处。

但是，由于美国金融系统的发达和强势地位，以及根深蒂固的"强市场，弱国家"的市场经济传统，金融机构牢牢掌控资产积累和交易的渠道，个人发展账户设想的实现遭遇到强大的阻力，响应者寥寥无几，也没有得到美国政府的重视。

二、韩国的资产建设实践

作为东亚社会福利模式的代表之一，韩国政府在促进经济稳步增长的同时，非常重视社会福利制度的建设。韩国的资产建设项目主要有个人发展账户、补充养老金计划和住房公积金计划。

（一）个人发展账户

韩国的个人发展账户项目主要包括中央政府和首尔市政府分别举办的儿童发展账户项目和家庭发展账户项目（见表 10 – 1）。

表 10 – 1　　　　　　　　　　　韩国主要个人发展账户项目比较

项目	国家级		首尔市级	
	儿童发展账户	希望增值项目	儿童发展账户	希望增值项目
目标群体	福利获得者	高危儿童	工作穷人	工作穷人的儿童
目标	福利出口	成人自力更生	自力更生	加强人力资本
匹配率	1:1	1:1	1:1	1:1
最高存款额（韩元）	5 万或 10 万	3 万	5 万、10 万或 20 万	3 万、5 万或 10 万
储蓄时长	3 年	18 年（最高）	3 年	5 年或 7 年
储蓄目标	福利出口	住房、教育、小型企业、婚姻、医疗开支	住房、教育、小型企业	儿童教育
额外奖励	工作奖励	利息	利息	利息

资料来源：韩昌瑾、金映美：《韩国资产建设政策：扩展、挑战和未来方向》，载于邓锁等主编《资产建设：亚洲的策略与创新》，北京大学出版社 2014 年版，第 80 页。

1. 儿童发展账户

韩国中央政府于 2007 年 4 月启动了"儿童发展账户"项目。该项目为住在福利院或者教养院、失去双亲、残疾或者与残疾人一起生活的 0～17 岁儿童建立"儿童发展账户"。儿童将自己得到的福利补助款或者福利基金为其募捐的款项中的一部分存入账户中，政府再进行 1:1 的配款，最高配款金额为每月 3 万韩元，儿童成长到 17 岁之后可以使用账户上的资金，资金使用范围限定在支付教育成本、职业培训、住房开支、婚姻费用等用途。届时政府的配额将会终止，但儿童可以继续存款到 24 岁。考虑到儿童经济能力的脆弱性，账户款项将不会用于投资，政府会鼓励私人或者企业为这些儿童提供赞助，并将部分赞助款存入账户中，以扩大资金池。"儿童发展账户"项目的一个特色是为儿童开展金融教育，帮助他们学习金融知识，逐渐养成合理的零用钱管理观念、储蓄习惯和为自己设定长远的人生目标。项目的发展卓有成效，参加人数不断增加，在2007年项目开始时大约有3万名儿童参加，到2012年参加儿童的人数已经达到了52000名[①]。

在韩国中央政府"儿童发展账户"项目的影响下，首尔市政府于2009年3月追加了一个"首尔儿童发展账户"项目，为本市收入贫困家庭中低于贫困线150%的贫困家庭中12岁以上的儿童建立儿童发展账户。家长每月向该账户固定存款，金额可以选择3万、5万和7万韩元三个档次，有3名及以上的儿童的家庭可以每月存款10万韩元，可以连续存5年。首尔市政府或者社区基金会提供1∶1的配额。等到儿童成长到17岁之后，就可以使用账户中的资金，用途仅限于教育成本支出。"首尔儿童发展账户"项目也为儿童提供金融教育，此外，还会针对父母提供金融咨询和其他与儿童教育有关的培训。截至2012年5月，首尔市有14066户家庭参加了"首尔儿童发展账户"项目[②]。

2. 家庭发展账户

从2007年12月起，首尔市政府推出了"希望增值账户"项目。参与者必须是居住在首尔城区之内的、家庭总收入低于贫困线的150%且债务水平低于2000万韩元、在参加项目之前已经工作至少10个月、信用记录良好、没有参加其他个人发展账户项目的个人。根据项目设计，享受了政府低保福利的参与者可以每月向希望增值账户存款5万韩元或10万韩元，没有享受低保、家庭总收入低于贫困线的150%且有工作的个人可以存款10万韩元或者20万韩元。坚持连续存够3年，就可以得到福利基金会给予的1∶1的配额。3年之后项目参与者可以取出存款，用于预先设定的用途，如住房相关的费用、教育培训或者创业。"希望增值账户"项目为参与者提供金融教育项目，参与者每年必须至少参加3次，此外，项目还提供各种社会服务，以全面提高参与者金融能力和工作能力。

2010年10月，韩国中央政府推出了"希望建设账户"项目，为那些家庭收入在贫困线60%～100%区间的家庭成员建立个人发展账户。以帮助他们尽快走出贫困依赖。参与者每月可选择存款5万韩元或者10万韩元，连续存够3年，社区福利基金和私人部门同时会给予1∶1的配额。此外，政府还提供额外的工作奖励，即参与者如果在这段时间获得工作收入的话，他可以获得金额＝［家庭总收入－（贫困线×0.6）］×1.5的工作奖励。3年之后，家庭可以使用账户里的款项，届时如果跳出了贫困线，还可以获

---

① 韩昌瑾、金映美：《韩国资产建设政策：扩展、挑战和未来方向》，载于邓锁等主编《资产建设：亚洲的策略与创新》，北京大学出版社2014年版，第76页。

② 韩昌瑾、金映美：《韩国资产建设政策：扩展、挑战和未来方向》，载于邓锁等主编《资产建设：亚洲的策略与创新》，北京大学出版社2014年版，第80页。

得一笔额外的奖励。"希望建设账户"项目每年还提供 2～4 次的金融教育和咨询服务，为参与者提供住房券以及工作培训、申请住房和小额贷款的优先权。

3. 其他地区的个人发展项目

除了首尔市的个人发展项目之外，韩国其他地区也结合本地区的实际情况，启动了一些个人发展账户项目，与中央政府的个人发展账户项目相配合。例如，首尔城东地区为贫困家庭的辍学儿童建立了儿童发展账户，账户存款可以获得社区银行和基金会 2:1 的配额，以帮助这些辍学儿童能够重返校园。京畿道、忠清道、仁川市、釜山市等地区和城市为贫困家庭中有工作的成人和儿童分别建立了家庭发展账户和儿童发展账户，账户存款都可以获得来自政府或者私人部门的 1:1 比例的配额。昌源市、平泽市分别为有工作的穷人和单亲家庭建立了个人发展账户，账户存款都可以获得来自政府和福利基金会 1:1 的配额。南杨州市为需要抚养儿童的有工作的穷人建立了个人发展账户，私人部门为账户存款提供 1:1 的配额。以上这些地区和城市的个人发展账户的规模都较小，有利于控制开支成本，但目标和对象都非常明确，即反贫困和个人发展。此外，韩国的大型企业也建立了一些储蓄项目。例如，LG 公司就推出了"LG U＋"项目，为残疾儿童募捐款项，同时公司会对账户存款提供 4:1 的配额。

4. 韩国个人发展账户的特点

韩国的个人发展账户项目既吸收了谢若登有关设想和建议，又结合本国的基本国情和福利制度的特点，具有东亚福利制度的典型特点：一是目标和对象非常明确。无论是儿童发展账户还是家庭发展账户，无论是中央政府的项目还是首尔市的项目，目标都是在反贫困的基础上促进个人的发展。因此，项目的对象都锁定在贫困家庭的儿童和家庭成员。二是存款金额设置合理，且有 1:1 的配额。韩国的个人发展账户项目的存款金额要求不高，在参与者合理承受范围之内，不会给参与者造成太大的经济压力。政府还通过福利基金和私人部门帮助贫困儿童寻找赞助和募捐，增加了儿童的存款来源渠道。对于存款还有 1:1 的配额，调动了参与者的积极性，也有力地增加了参与者的资产积累额。此外，政府还为贫困家庭的参与者设置了奖励制度，鼓励参与者通过自己的工作努力摆脱贫困状态。三是设置了存款的使用用途。此举可以使存款真正用于脱贫和个人发展方面，避免存款资金和配额补助的滥用保证项目目标的实现。四是提供了配套性的金融教育、培训、咨询和其他能力提升服务，做到资产积累和能力提升并举，促进个人的全面发展。五是中央政府项目和地方政府项目各有特色，互相配合。中央政府项目将目标锁定在低保户和高危儿童，重点解决他们的贫困现状；地方政府对中央政府项目未能覆盖到的群体进行查缺补漏，重点解决个人的发展问题。这样就形成了一个全国性的、多元化的个人发展账户体系。

（二）补充养老金

韩国已经建立了多支柱养老保障体系。除了全体国民都可以享有的国民年金之外，还有不少资产建设类的补充养老金计划。

1. 职业年金

韩国的职业年金计划包括企业职业年金和特殊职业年金计划。韩国政府要求企业为员工建立职业年金计划。职业年金由个人缴费，单位同时进行1∶1配额，共同缴入职业年金账户。"特殊职业年金"计划则涵盖公务员、私立学校教职工、军人、特定邮局工作人员等，政府对他们的缴费提供相应额度的补贴。例如，韩国政府对农渔民参保人资助保费50%，最高资助可达40.95万韩元；对于在10人以下的小微型企业工作且工资低于140万韩元的参保人也提供保费50%的资助。这两类职业年金计划中所积累的资产只有在参保人退休后才可以支取。

2. 个人年金

1994年，韩国开始启动个人年金计划，目前主要有"年金保险"与"年金储蓄保险"两个计划。个人可以自愿加入任意一个计划，每月向账户中缴费，最低缴费年限为10年，到55岁开始领取。政府为这两类个人年金计划分别给予一定的税收优惠：在年金计划中，缴费年限超过10年时减免利息所得税，"年金储蓄保险"则享受个人税收递延（EET税制），参保人每年可以享受个人所得税退税，账户金额也可以享受税收递延，两类退税都有一定的最高限额规定。

3. 个人退休年金

个人退休年金是在2012年韩国修改《雇员退休收入保障法》之后设立的。个人在每次离职时可以将个人退休账户的金额转入到个人退休年金账户中。个人每年还可以自愿向该账户中存款，最高限额不超过1200万韩元，并自主选择信托机构及投资方式，年满55岁时即可一次性或以年金形式领取。在账户积累期间，除非购房、医疗等特定事由之外，不能随意支取。个人退休年金账户可以享受个人所得税递延优惠，即在账户积累阶段免除个人所得税，在实际领取年金时缴纳3.3%~5.5%的所得税。

4. 韩国补充养老金的特点

韩国补充养老金的形式比较多样化，既有企业年金计划和职业年金计划，又有个人养老金计划。政府对补充养老金给予一定的税收优惠，这些都促进了韩国补充养老金计划的发展。韩国政府从2016年开始在300人以上企业强制建立企业年金制度，此后将范围逐步扩大至中小企业，致力在全国实现普及，替代现有退休金制度。考虑到中小企业建立企业年金难度较大，韩国政府计划资助部分资产运营费用，建立专门基金委员会制定基金投资组合，助推中小企业退休年金的营利性。此外，韩国还针对10人以下的小微型企业建立了简易型退休年金。

（三）住房公积金

1981年，韩国制定了《住宅建设促进法》，首次启动了"国民住宅基金"计划，为国民租赁公租赁房、购买普通商品房提供贷款资金。国民住宅基金的筹资渠道包括国民住宅债券、要约储蓄、住宅彩票和利息收入等方式。

国民住宅债券是韩国政府发行的一种国家债券，具体分为Ⅰ型国民住宅债券和Ⅱ型国民住宅债券。Ⅰ型国民住宅债券是强制购买的：当国民购买不动产、汽车、船舶等需要政府部门予以登记确认的物品时，必须按照物品价格的一定比例购买Ⅰ型国民住宅债券，或者与政府签订房地产开发建设合同时，按照合同确认标的的一定比例购买Ⅰ型国民住宅债券。具体的购买比例依据购买标的价值或者购买不动产面积的大小以及购买时的经济形势而有所不同，政府也可以根据经济发展情况对此比例进行调整①。Ⅱ型国民住宅债券是要求在一定区域内的购买政府提供的公共住房时强制购买，且在购买上限范围内，购买债券越多，其获得优先购买住房的可能性越大。两类国民住宅债券都会根据票面计利息，到期后连本带息一起返还给购买者，相当于一种国民强制储蓄。

要约储蓄是家庭在预先申请购买住房时为将来购房进行强制储蓄的制度。传统的要约储蓄主要有预订储蓄、预订赋金和预订预付金三种。2009 年 5 月，韩国政府新推出了预订综合储蓄（各种要约储蓄具体见表 10 - 2）。预订储蓄主要针对无住房家庭，每月定期交纳 2 万 ~ 10 万韩币不等的款项进入储蓄账户。预订赋金和预订预付金面向超过 20 岁的成年人，但是一个人只能建立一个要约储蓄账户。预订赋金可申请购买 85 平方米以下的民营住房，每月定期交纳的金额为 5 万 ~ 50 万韩币。预订预付金根据地区和住房面积的差异每月缴纳不同的金额，最低为 200 万韩元，最高为 1500 万韩元。预订综合储蓄向所有人开放，取消了可申请购买住宅的限制条件。要约储蓄账户中的资金等到申请者购买到住房之后，可以申请全部取出支付购房款。

表 10 - 2　　　　　　　　　　　　　　要约储蓄分类明细

种类	预定储蓄	预订赋金	预订预付金	预订综合储蓄
实施对象	无住房家庭	20 岁以上的年轻人	20 岁以上的年轻人	无限制
储蓄方式	按月储蓄	按月储蓄	预付一定金额	按月储蓄，预付一定金额即可
储蓄金额	2 万 ~ 10 万韩元	5 万 ~ 50 万韩元	200 万 ~ 1500 万韩元，根据地区和购买房屋面积存在差异	2 万 ~ 50 万韩元
可申请购买住房	85 平方米以下的公共住房	85 平方米以下的民营住房	所有民营住房	所有住宅
实施区域	全国	市、郡（102 个）	市、郡（102 个）	全国

资料来源：黄修民：《由韩国住房金融制度看中国公积金制度的改革和完善》，载于《经济与管理研究》2010 年第 3 期，第 28 页。

此外，韩国政府还发行住房彩票为国民住宅基金筹款，并将其他彩票收入的一部分提供给国民住宅基金。国民住宅基金的利息收入也会滚存进基金池内。国民住宅基金总体由国土海洋部负责管理，具体事宜委托友利银行等金融机构办理。韩国国民在购买住

---

① 黄修民：《由韩国住房金融制度看中国公积金制度的改革和完善》，载于《经济与管理研究》2010 年第 3 期，第 27 页。

房或者租住公共住房时可以向国民住宅基金贷款，同时支取要约储蓄。通过国民住宅基金，实现了国民的强制资产积累。

三、中国的资产建设实践

（一）个人发展账户

我国在个人发展账户实践方面比较有典型性的包括台湾地区的家庭发展账户系列项目和香港地区的"儿童发展基金"项目。

1. 台湾地区家庭发展账户系列项目

早在 2000 年，台北市政府就启动了一项由私人机构赞助的"台北家庭发展账户"项目，为期三年。目标是台北市的低收入家庭自愿参加项目。参加者在开设家庭发展账户之后，每月存入 2000～4000 元新台币的款项，连续存够 3 年。私营机构将会提供 1∶1 的赔款，并且在项目期间为所有参与者进行基本理财知识方面的培训。项目到期后，账户中积累的资金只能用于特定用途：高等教育、购买首套住房、创办小型企业。

在"台北家庭发展账户"项目运行取得良好效果之后，台北市政府又陆续推出了若干个家庭发展账户，具体如下：2003 年 7 月启动的一个为期 3 年"青少年自我发展账户"项目，对象是 100 名来自低收入家庭、年龄在 16～23 岁的青少年；2007～2010 年开展的"青少年儿童发展账户"项目，对象是 100 名来自低收入家庭、年龄在 16～20 岁的青少年；2008 年 3 月启动的为期 4 年的"儿童希望发展项目"，对象是 300 名来自低收入家庭、年龄在 13～17 岁的青少年。这些项目的运作模式都与一般的个人发展账户类似：参加者每月固定存款，能获得 1∶1 的配额，资金用于特定用途，项目还为参与者提供各种金融培训和服务。

受台北市个人发展账户项目的影响，台湾各地竞相效仿，推出了各种因地制宜的个人发展账户项目。例如，高雄市于 2004 年启动了"第二代希望工程"项目，资助 100 名当地的低收入青少年。宜兰县于 2008 年建立一项为期 7 年的"少数民族家庭发展账户"项目，对当地 120 户少数民族家庭建立发展账户，每月存款 1000 元新台币，会得到 2000 元新台币的配额（配额比率达到 1∶2）。屏东县于 2009 年在农村地区建立了一个为期 3 年的"幸福账户"项目，为 45 名低收入农村学生提供资助。其他如台北县、桃园县、嘉义县也举办了类似的个人发展账户项目。

台湾地区的个人发展账户项目也吸引了私营部门的热情参与。例如，台湾儿童和家庭基金会于 2005 年面向整个台湾地区启动了一项"家庭生活发展账户"项目，持续时间为 1 年。项目要求参加者每月存款 1000～4000 元新台币，并在项目结束时给予 1∶1 的配额，此外，还为参加者举办各种金融培训和服务的学习课程。在这个项目结束之后，台湾儿童和家庭基金会又试点"自我支持青少年账户"项目，目标人群为就读于大学或者职业学校的贫困生。项目要求参与者每 3 个月向账户中存入金额 3000～12000 元新台币的款项，并承诺参加金融教学和学习，项目结束以后除账户本金外，还可以获得1:1的配额奖励。

经过多年来稳扎稳打，逐步试点，层层推进，个人发展账户项目已经在台湾地区逐渐扩散开来，并被吸收进相关的社会救助法案中。不过，台湾地区的这些项目人数较少，金额规模有限，在反贫困中起到的作用也非常有限。

2. 香港地区"儿童发展基金"项目

2008年，在扶贫委员会的建议之下，香港特区政府拨款3亿港币启动了"儿童发展基金"项目。基金的对象为10~16岁的儿童，且其家庭正在领取综合社会保障援助，或接受学生资助办事处各项学生资助计划的全额资助，或家庭收入不超过家庭住户每月收入中位数的75%。项目由三个部分组成：（1）师友配对。参加者在项目执行机构的帮助下配对一位义务友师，为他们提供指导。友师与参加者分享人生经验，并邀请他们的父母/监护人参与其中，从而协助他们建立非金融资产。（2）个人发展规划。儿童参加项目之后，两年内在营办机构、友师及家长的协助下，订立一个具有特定目标（兼具短期及长期目标）的个人发展方案，在第三年完成其中的短期目标。基金为每位参加者提供了15000港币的培训费用，以供营办机构在计划3年期间为参加者提供不同类型的培训及活动，协助他们养成规划未来的思维及建立非金融资产。（3）目标储蓄。儿童参加项目后的前两年参加目标储蓄，每月储蓄200港币，个别参加者及其家庭可因特殊需要或情况，与营办机构议定一个较低的每月储蓄目标。同时，营办机构会、商业机构或个人捐助者合作，为参加者的储蓄提供最少1:1的配对供款。政府也会为完成两年目标储蓄的每名参加者提供特别财政奖励（3000港币）。在第三年，参加者可以将账户中累积金融资产用于实践其个人发展方案。

（二）养老金资产建设

我国的养老金资产建设一直保持着多元化发展特色。在"社会统筹与个人账户相结合"的养老保险制度中，个人账户部分就是强制参保人将一定比例的工资存入到账户中，形成一笔养老资产积累，只有在退休后才能够领取。在补充养老金方面，机关事业单位建立了"职业年金"制度，参保人缴纳一定的费用，财政会给予1:1的配额，共同记入个人的职业年金账户；许多企业则为员工建立了企业年金计划，由员工和企业共同为企业年金账户供款；在新型农村社会保险中，村集体和政府财政都会为农民的个人缴费提供补贴，共同计入农民的个人账户中。个人还可以自愿参加商业性养老保险和个人养老金项目，为将来养老进行资产储备。此外，我国香港地区的强制性公积金也是一种养老金的资产建设方式。

（三）住房公积金

住房公积金是我国家喻户晓的住房保障制度，本质上也是一种资产建设模式。国家通过住房公积金制度强制要求在国家机关、国有企业、城镇集体企业、外商投资企业、城镇私营企业及其他城镇企业、事业单位、民办非企业单位、社会团体等单位及其在职职工每月共同向住房公积金账户中缴款，形成资产积累。在购买、建造、翻建、大修自住房等情况下可以申请提取住房公积金，也可以向住房公积金基金申请贷款。

第三节　金融社会工作介入资产建设

一、金融社会工作介入资产建设的必要性

（一）金融社会工作和资产建设的目标高度契合

金融社会工作本着助人自助的原则，以社会工的专业技术和方法帮助服务对象提升金融能力，从而提升其金融福祉。资产建设主要通过帮助贫困群体积累资产，以获得持续的收入，从而使其能够走上自力更生的发展道路。两者在目标上高度一致，都致力于通过提升弱势群体的金融能力，使其能够依靠自身的努力改善生活状况。金融社会工作和资产建设都强调弱势群体的主观能动性，注重发挥他们的优势，从这点来看，资产建设是金融社会工作的核心内容之一。

（二）金融社会工作者是资产建设政策的推广的重要力量

资产建设，无论是作为一种政策倡议还是已经落实的社会政策，都需要全社会的参与。在这个过程中，金融社会工作者无疑是重要的参与力量。在资产建设还处于政策倡议的国家和地区，例如美国，要推动政策落实会面临很大的障碍，包括政府有关社会福利政策的理念转向，各社会群体的利益协商和分配，甚至包括弱势群体对政策的认知等，都需要金融社会工作者开展大量的工作去改变现有的理念，在各利益群体之间进行解释和协调，达成社会共识。在资产建设政策已经落实的国家和地区，政策覆盖面还需要进一步推广，这就需要金融社会工作者参与总结前期的经验成果，甄别政策扩面的对象，向社会宣传资产建设的有关知识，使资产建设的理念更加深入人心。

（三）金融社会工作者是资产建设的主要参与力量之一

作为社会政策的传递者和执行者，金融社会工作者全程可以参与资产的过程。在政策制定阶段，金融社会工作者可以倡导资产建设政策的出台。在政策实施过程中，金融社会工作者可以帮助政策对象合理决策投资的比例、开设个人发展账户、加深对资产建设的理解，监督政府或者私人部门配比款项的落实情况和资产账户投资收益情况，在账户提取阶段，帮助服务对象应对处理各种必需的文件和手续，制订款项使用的计划并监督使用方向是否符合政策标准。可以说，金融社会工作者的存在是资产建设能够顺利推进的重要保证。

二、金融社会工作介入资产建设的主要手段

(一) 资产建设的个案工作

金融社会工作介入资产建设的个案工作,就是以个案工作的方法,帮助个案对象完成资产建设的准备、建立、投资和提取使用的全过程,在这一过程中利用自身的专业知识为个案对象提供各种金融服务。

在资产建设的准备阶段,金融社会工作者向个案对象讲解资产建设和有关金融政策知识,帮助个案对象发掘自身的优势,树立资产建设的信心,帮助他们准备开展资产建设的资料并获得申请开户的资格。在有些资产建设的政策中,例如中国香港地区的儿童发展基金,金融社会工作者要和儿童结成师友关系,帮助他们制订资产建设的计划和方案。

在资产建设的实施阶段,金融社会工作者帮助个案对象做好收入分配的计划,使其将合理的部分收入存入资产建设账户中。同时,帮助个案对象监督政府或者私人部门配比款项。在资产账户运营过程中,金融社会工作者要适时和个案对象保持经常性的联系,帮助他们克服各种金融压力带来的情绪问题,同时,为他们提供必要的金融能力培训,帮助他们增长金融知识,更好地完成资产建设的方案,促进个体的发展。

在资产账户的投资阶段,金融社会工作者要帮助个案对象作出各种合理的投资决策。如果是政府负责或者私营机构资产建设账户投资,金融社会工作者要及时收集政府投资的信息反馈给个案对象,同时帮助个案对象做好投资的安全性保障工作。

在资产账户的使用阶段,金融社会工作者要帮助个案工作者了解账户金额用途的有关政策性文件,做好人生规划,使资产的使用能与个人发展有机结合起来,同时,帮助个案对象总结资产建设的经验,促进个人自力更生的发展。

(二) 资产建设的小组工作

资产建设的小组工作是金融社会工作使用小组工作的方法,通过资产建设者的小组互动与方案活动,提供有关资产建设方面的服务。资产建设的小组工作可以凝聚参与资产建设的主体,帮助他们确定相应的目标,制定小组工作的规范,为他们创造一个互动交流的环境,从而帮助他们共同提高。

资产建设的小组工作可应用的几个场景是:(1)资产建设的准备阶段。小组工作有助于资产建设的主体群体互帮互学,了解资产建设的有关政策和方案,制定资产建设的目标。(2)实施阶段的金融能力培训。小组工作可以开展较大范围的培训工作,为小组成员提供有关资产建设方面的课程,帮助他们提升金融素养。(3)资产建设的投资阶段。小组工作可以帮助小组成员讨论交流资产账户投资的情况,了解有关金融投资政策和投资运营者的情况,比较投资收益,学习更合理的投资决策方案。(4)资产账户的使用阶段。小组工作可以帮助小组成员讨论交流资产账户的用途,相互借鉴个人发

展规划，以至于在今后的生活中结成互相支持的社会网络。

（三）资产建设的社区工作

资产建设的社区工作就是金融社会工作者深入到低收入群体社区中，宣传资产建设有关政策和方案，营造社区金融文化氛围，改善邻里关系，通过资产建设方案的实施，促进社区邻里之间互相关怀、相互扶持；同时，为社区链接外界的资源，帮助资产建设主体将个人发展与社区发展有机起来，培养社区居民的凝聚力，建设一个和谐美满的家园。

（四）资产建设的社会行政

资产建设的社会行政包括两个方面。（1）金融社会工作者通过资产建设，促进社会福利政策的转向和发展，即将传统的补救性的社会福利政策转向以资产为本的发展型社会福利政策。金融社会工作者通过将资产建设中的经验总结成相关的理论，向政府提出相关的政策倡议。（2）金融社会工作者通过资产建设，缩小贫富差距，消除社会对低收入群体"懒惰""低能力"的偏见，倡导低收入群体的社会权利，推动民主进程，促进社会的发展。

基本概念

资产　资产建设　贫困陷阱　福利危机　个人发展账户　补充养老金　住房公积金

本章要点

资产的定义有狭义和广义两种解释。狭义上的资产是指"由企业过去的交易或事项形成的、由企业拥有或者控制的、预期会给企业带来经济利益的资源"。广义上的资产可以指一切可以带来增值效益的经济财富，包括可以带来增值的自然资源（如土地、矿山、河流、森林等）、实物资源（如房产、汽车、珠宝）、金融财富（如存款、债务、证券等）以及人力资本、社会资本、政治影响力等无形资产。

20世纪90年代，美国学者迈克·谢若登提出资产建设的概念。资产建设就是在"以资产为基础"的福利政策下，通过社会福利支出建立资产账户，为贫困群体积累资产，提高贫困群体的经济地位和社会地位，改善贫困群体的消费习惯和生活方式，培养贫困群体持续长期积累财富和抵御社会风险的能力，使其依靠自身能力摆脱贫困。

资产建设采取广义上的资产定义。谢若登认为，资产是财富的储备。他把资产分为有形资产和无形资产。有形资产包括：（1）货币储备；（2）股票、债券和其他金融债券；（3）不动产；（4）不动产以外的其他"硬"资产；（5）机器、设备和其他有形产品；（6）家庭耐用品；（7）自然资源；（8）版权和专利。无形资产包括：（1）享有信贷（其他人的资本）；（2）人力资本；（3）文化资本；（4）非正式社会资本；（7）正式社会资本或组织资本；（8）政治资本。

谢若登认为，资产具有如下的福利效应：（1）促进家庭稳定；（2）创造未来取向；（3）刺激其他资产的发展；（4）促进专门化和专业化；（5）提供承担风险的基础；（6）增强个体自我效能；（7）提高社会影响力；（8）增加政治参与；（9）带来后代福利。

资产建设的背景包括：（1）贫困陷阱现象；（2）资产分配不平等的扩大；（3）西方国家的福利危机；（4）经济金融化和金融信息化、全球化。

谢若登认为，资产建设的基本指导思想是在尽可能的范围内，发挥每一个人的最大潜力。这不仅是作为一个人道主义的价值问题，也是作为一个国家长期经济竞争力、社会凝聚力和民主政治制度活力的问题。资产建设有微观和宏观两个层面的目标。在个人和家庭层次的微观层面，资产建设的目标是：（1）使个人有可能积累资产；（2）促进家庭稳定、未来取向和长远规划；（3）促使个人与家庭更成功地建立和实现生活目标。在国家的宏观层面，资产建设的目标是：（1）持续减少贫困；（2）发展在经济上更精明和更活跃的公民群体；（3）帮助提高国家的储蓄率；（4）有助于国家的经济更具竞争性。

谢若登设置了资产建设的 11 条基本原则：（1）补充以收入为基础的政策；（2）具有普遍的可用性；（3）对穷人提供更大的激励；（4）以自愿参与为基础；（5）避免将人定义为"接受福利"或"不接受福利"；（6）促进共同责任；（7）具有特定目的；（8）提供投资选择；（9）鼓励渐进积累；（10）促进经济信息和训练；（11）提升个人发展。

资产建设的主要形式有个人发展账户、补充养老金、住房公积金、小额信贷。

世界上已经有许多国家和地区开展了资产建设方面的实践探索。其中，美国有代表性的是补充养老金制度，个人发展账户还停留在政策倡议方面；韩国已经较大范围地实施了个人发展账户实践，在住房公积金方面也有一定的特色；在中国，台湾地区的家庭发展账户和香港地区的儿童发展账户取得了良好的效果，内地养老金资产建设和住房公积金特色鲜明。

金融社会工作和资产建设的目标高度契合。金融社会工作者是资产建设政策的推广的重要力量。金融社会工作者是资产建设的主要参与力量之一。金融社会工作介入资产建设的内容和方法包括个案工作、小组工作、社区工作和社会行政。

♻ 复习思考题

1. 资产建设的主要目标是什么？
2. 资产建设的指导性原则有哪些？
3. 韩国的个人发展账户有什么启示意义？
4. 金融社会工作介入资产建设的主要手段有哪些？

♻ 推荐阅读

1. 邓锁等主编：《资产建设：亚洲的策略与创新》，北京大学出版社 2014 年版。

2. 侯志阳著：《兰村福利：资产建设与农村社区福利研究》，中央编译出版社 2014 年版。

3. 高鉴国、展敏编著：《资产建设与社会发展》，社会科学文献出版社 2005 年版。

4. ［美］迈克尔·谢若登著，高鉴国译：《资产与穷人》，商务印书馆 2005 年版。

5. 香港理工大学应用社会科学系：《"儿童发展基金"先导计划评估研究报告》，香港劳工及福利局官方网站，https：//www.cdf.gov.hk/sc/resources/download/download_area.html。

6. 香港大学社会工作及社会行政学系、政策二十一有限公司：《"儿童发展基金"计划参加者较长远发展研究》，香港劳工及福利局官方网站，https：//www.cdf.gov.hk/sc/resources/download/download_area.html。

7. 香港理工大学应用社会科学系所：《"儿童发展基金"计划参加者的长远发展跟进研究》，香港劳工及福利局官方网站，https：//www.cdf.gov.hk/sc/resources/download/download_area.html。

第十一章

小额信贷

引导性问题

你申请过小额信贷吗？试举例你知道的小额信贷业务。

你听说过"穷人银行家"尤努斯和他的孟加拉国乡村银行的故事吗？

2006年，诺贝尔和平奖被授予孟加拉国经济学家、银行家穆罕默德·尤努斯和他创办的孟加拉国乡村银行（Grameen Bank，又称为格莱珉银行），以表彰其"自下层为建设经济和社会发展所做的努力"。从1979年在国有商业银行体系内部创立格莱珉分行开始，尤努斯领导这家名不见经传的小银行为无数孟加拉国贫困人口和家庭发放小额信贷，帮助他们自力更生走上脱贫的道路，开创了一种利用小额融资反贫困和促进人类发展的新模式。格莱珉银行模式证明了"即使是最贫穷的人也可以努力工作实现自己的发展"，为国际社会反贫困事业提供了新思路和宝贵经验，使得小额信贷成为风靡全球的金融创新在各国推广开来。

小额信贷的实践引起了社会工作领域的关注。在金融社会工作理念兴起之后，格莱珉银行模式因其助人自助的理念和反贫困、促发展的实践与金融社会工作高度契合，因而成为金融社会工作的主要议题之一。

第一节　小额信贷概述

一、小额信贷的基本内涵

（一）小额信贷的定义

信贷是借贷双方以信用为基础，贷方将一定的货币贷放给借方，借方在约定到期日将本金和利息偿还给贷方的经济活动。如果将发生金额较小的信贷叫作小额信贷，未免有些望文生义之嫌。实际上，小额信贷主要是根据其功能而非规模来进行定义的。挪威诺贝尔学会在授予尤努斯和格莱珉银行诺贝尔和平奖的文件中认为，小额信贷是帮助穷人尤其是贫困妇女的一个非常有效的工具，是一种社会解放的手段。世界银行扶贫协商小组（CGAP），也只是笼统地将小额信贷描述成一种通过为低收入家庭提供金融服务实现反贫困、创造收入和提升就业的战略。无论是国际机构、政府还是学术界，对小额贷款都没有统一的定义，加上近年来金融机构为了拓展业务，推出了面向个人、家庭或者小微企业消费支出领域的信用贷款，放款金额不大，不需要抵押品，为了迎合国家战略获得政策优惠，在很多场合下被宣传成小额贷款，造成了社会大众对小额贷款定义认知的混乱。

在这里，我们把小额信贷定义为面向低收入的个人、家庭以及经营困难的小微型企业发放的额度较小的持续性贷款，为它们创造获得自我就业和自我发展的机会，从而达到反贫困、创造收入和提升就业的战略目标。

（二）小额信贷的特点

小额信贷与一般性的金融机构发放的经营性小额信贷存在着本质的区别。它具有以下显著的特点。

1. 贷款额度相对较小且具有持续性

顾名思义，小额信贷自然是一种额度较小的贷款，但其较小只是相对意义上的，而非绝对意义上的。也就是说，小额信贷主要以其目标达成为依据确定发放金额，不会拘泥于具体的数字。与政策性、开发性金融机构发放的中型、大型贷款相比，小额信贷金额的规模较小；但与有些金融机构发放的消费贷款相比，小额信贷的额度并不算小。

小额信贷的另一个显著特点是发放贷款的可持续性。一般信贷的发放可能是一次性的，在借贷期限未结束之前一般不会发放新的贷款，如果信贷期限结束之后贷方未能如期归还本金和利息，就很难获得新的贷款。与此截然不同的是，小额信贷在借贷期限未结束之前，会根据贷款者运用贷款的效果考虑是否发放新的贷款，以继续帮助贷款方能够获得还款的能力，即使在借贷期限结束之后贷款方未能如期归还本金和利息，也可能申请到新的贷款。小额信贷会对贷款者一直发放贷款，直到其经济能力得到较大的改善，走出生活和经营的困境，实现自力更生。

2. 目标对象为低收入个人、家庭和经营困难的小微型企业

低收入的个人、家庭和经营困难的小微型企业是最需要融资的社会群体。但是，由于其资产贫瘠、经济条件较差被银行视为高风险对象，很难获得贷款。这种需求与供给之间强烈的差距加剧了低收入个人、家庭和经营困难的小微型企业的困难，导致其可能在困难的漩涡里越陷越深。小额信贷的出现正是为了弥补金融市场的缺陷，满足低收入的个人、家庭和经营困难的小微型企业对于贷款的强烈需求，相反那些经济条件好的社会群体不是小额信贷的目标群体。这种"逆市场风险"操作正是小额信贷与一般信贷

最大的区别之一。

3. 小额信贷是一种发展型的社会救济手段

一般信贷通过市场操作，目的在于获得利息收入，实现"钱生钱"，因而具有盈利性和市场性的特征。小额信贷不以追求市场盈利为目的，而是在于帮助服务对象创造获得自我就业和自我发展的机会，本质上是一种社会救济的手段，具有很强的社会福利性质。但是小额信贷又不同于传统的社会救济：传统社会救助一般是"补差型的"，即发放现金或实物只能弥补受助对象的生活水平与社会贫困线之间的差距，受助对象依靠这些救济勉强能摆脱贫困；小额信贷是"发展型的"，其发放的贷款不是为了解决受助对象生活的一时之需，而是着眼于受助对象未来的自我生存和发展。

4. 小额信贷对社会机制具有强烈的依赖性

一般信用贷款是以信用关系为基础的市场经济活动。借款方不仅要对贷款方的信用水平进行精准的研判，为了降低风险需要贷款方提供相应的抵押担保以及到期的利息。而小额信贷的对象经济状况本来就不佳，信用水平较低，无法提供像样的抵押物，市场机制对他们来说基本不起作用，只有通过社会道德、社会信誉、社会网络等机制对贷款人进行约束，因而对社会机制具有强烈的依赖性。例如，在格莱珉银行小额信贷的发放对象中，有97%是妇女，因为他们认为妇女的家庭责任感和社会责任感更强；对贷款对象采取5人小组联保代替担保，同时每一个贷款人还要提供5名相关亲友承担连带责任，这样就能利用社会信誉和社会网络形成相互监督、内外约束的机制，起到很好的效果。

（三）小额信贷与金融社会工作的契合

我们将小额信贷作为金融社会工作的重要内容，是因为小额信贷高度契合金融社会工作的价值理念、理论视角和工作方法。

从价值理念上看，小额信贷遵循金融社会工作关于人的偏好价值，即将信贷视作人的一项基本权利，尊重穷人与生俱来的价值与尊严，相信穷人也有能力和动机追求美好生活，认为社会必须提供让穷人摆脱贫困和自我发展的机会；小额信贷还遵循金融社会工作的工具价值，即尊重服务对象自主选择使用资金、发展生产、自我成长的权利，在组织层面上协助穷人之间的团结和互动，在服务过程中重视个人的独特性，挖掘服务对象的潜能，尊重服务对象自我决定权，为他们提供平等享有金融权利、学习金融知识、通过自身努力改变命运的机会，为服务对象量身定制的项目也尊重了服务对象的多元化需求；小额信贷还响应了金融社会工作的社会价值，即降低贫困率，创造就业机会，实现社会公平正义。

从理论视角上看，小额信贷发扬了金融社会工作的人本传统和社会建构传统，尊重穷人的基本人权，尊重穷人自力更生改变命运的内心驱动；从优势视角上看，注重帮助穷人发挥自己的优势，构建社会网络；从认知行为视角上看，注重客户的社会学习，提高其金融素养；从系统论视角上看，重视分析造成贫困的系统性因素，协助客户处理好与系统外部和内部各个主体的合作、协作甚至是冲突的关系，同时还可以通过改善系统的结构来优化客户所处的环境；从生态角度上看，小额信贷改变穷人所处的金融生态、关系生态和环境生态，从而帮助穷人实现自我发展；从结构视角看，小额信贷为农村贫困人口这类的社会边缘人群提供帮助，致力于改变造成贫困的金融机构和社会结构的不平等现状；从女性主义视角上看，小额信贷把农村妇女作为重要的客户对象，尊重妇女的尊严和权利，为解放女性地位、发挥女性的优势提供了极大的帮助；从增权视角上看，小额信贷做到了为贫困人口增权赋能，赋予他们信贷权利和发展权利，使穷人获得了摆脱贫困、改变命运的机会和能力。

从工作方法上看，小额信贷将社会工作的个案工作、小组工作和社区工作融为一体。小额信贷工作人员会走访每一个客户，了解需求；小额信贷会组织贷款人会议，组织集体培训，小额信贷还会针对一个社区开展工作，注重社区的发展；此外，小额信贷还有利于推动社会福利政策的改革。

二、小额信贷的运作原理

（一）小额信贷的悖论

本书第一章中讲过，借贷是建立在信用关系基础之上的一种经济关系。信用本质上是对双方能力的一种判断，即借方相信贷方有能力到期偿还这笔借款和利息，否则将不会选择借出这笔款项。其背后蕴含的深层次原理便是经济人的理性选择，即人们会根据利益最大化或者成本最小化来进行理性的选择。

如果从经济学角度来考察，向低收入个人、家庭和经营困难的小微型企业贷款是一种风险极高且收益极低的行为：那些低收入个人、家庭和经营困难的小微型企业身处困境且几乎无资产积累，有的甚至负债累累，社会信用度极低，恐怕早就被金融机构纳入贷款的"黑名单"中。况且小额信贷的利息极低甚至没有利息，对于金融机构而言，收益率极低。对于金融机构这样典型的利润驱动型的"经济人"，冒着极高的风险向他们发放贷款，收益又微乎其微，显然不是一种理性的选择。而对于贷款者而言，他们无须提供抵押物就可以获得一笔款项，看上去是一种几乎不用支付成本而能够获得高收益的选择，作为"理性经济人"，贷款者必然选择到期不还款。由于他们几乎没有可支配的财产，银行也不能对他进行相应的惩罚，只能选择不再对这类贷款人发放贷款。这样一来，小额信贷几乎不可能延续下去。但事实上，以格莱珉银行为代表的小额信贷项目虽然历经了一些波折，但是仍然取得了巨大的成功，各种小额信贷不但没有消亡，反而呈增长趋势，显然有悖于经济学常识。

作为格莱珉银行的创始人，尤努斯出生于富庶的家庭，曾经获得达卡大学经济学学士、硕士学位以及美国范德比尔特大学经济学博士学位。毕业后曾在美国田纳西州立大学经济学系任教，担任过吉大港大学经济系主任。从学习经历和工作经历来看，他完全是一个深受经济学熏陶的科班生，"背离"其毕生所学的经济学基本常识，选择创办一

家 "穷人的银行"，而且还获得了伟大的成功，这显然又是一个难以理解的悖论。

（二）社会文化视角下的小额信贷

从社会和文化层面来看，小额信贷的基础是借贷双方的信任关系，而非经济上的信用关系。

所谓信任，是指在外在的约束制度不完全，且行为主体 A 不迫使行为主体 B 采取前者所希望的行动的条件下，A 对于 B 不会作出对 A 不利的行动的预测[①]。这里的制度既是指对于个人具有外在约束力的规则，个人如果违反这些规则，将会受到明确的惩罚。在发达的市场经济中，这种典型的制度就是信用体系。如果贷款人未能如期履行偿还贷款的义务，不但借款人可以诉诸法律对贷款人的财产进行强制执行处置，贷款人的信用记录还要受到严重的影响，其经济活动和日常生活都会受到严格的管制。但是这套制度对小额信贷要服务的对象，即低收入的个人、家庭和经营困难的小微企业未必有效，因为它们可能信用记录就很差，也没有足够的财产可以强制执行。更何况，像在格莱珉银行发端的孟加拉国等国家，原本信用体系就非常薄弱，对于低收入的个人、家庭和经营困难的小微企业的约束就更加微乎其微了。因此，借款方是本着对服务对象的信任发放小额信贷的。

日裔美籍学者弗朗西斯·福山（Francis Fukuyama）在《信任：社会道德与繁荣的创造》一书中，对社会信任理论进行了详细的阐述。他首先对 "理性地追求利益最大化" 的 "经济人" 假设提出了质疑，认为最有效的经济行为，未必就是理性地追求效益最大化的行为。一个经济行为理性与否，常常必须放在其社会文化情境中考量[②]。接着，他从科曼的 "社会资本" 概念出发，提出了自己的信任的概念。所谓信任，是在一个社团之中，成员对彼此常态、诚实、合作行为的期待，基础是社团成员共同拥有的规范，以及个体隶属于那个社团的角色[③]。而社会资本，则是在社会或其下特定的群体之中，成员之间的信任普及程度[④]。假如一个团体成员遵循共同的伦理规范，而对彼此发展出高度的信任，那么这个团体的成本就会比较低廉，生产效能较高。成员普遍具有高度信任感的社会，由于互相信任，结果社会就表现出强盛的自发社交性（spontaneous sociability），社会资本和自发社交性的倾向，对于社会经济具有重大的影响[⑤]。福山认为，对一个经济体而言，攸关其信任度高低以及其体质强弱的社会资本，基础完全在于这个社会的文化根源[⑥]。

福山的社会信任理论可以为小额信贷提供文化层面的理论支撑。福山指出，所有经

---

① 刘世定编著：《经济社会学》，北京大学出版社 2011 年版，第 218 页。
② ［美］弗朗西斯·福山著，李宛蓉译：《信任：社会道德与繁荣的创造》，远方出版社 1998 年版，第 2 页。
③ ［美］弗朗西斯·福山著，李宛蓉译：《信任：社会道德与繁荣的创造》，远方出版社 1998 年版，第 35 页。
④ ［美］弗朗西斯·福山著，李宛蓉译：《信任：社会道德与繁荣的创造》，远方出版社 1998 年版，第 35 页。
⑤ ［美］弗朗西斯·福山著，李宛蓉译：《信任：社会道德与繁荣的创造》，远方出版社 1998 年版，第 39 页。
⑥ ［美］弗朗西斯·福山著，李宛蓉译：《信任：社会道德与繁荣的创造》，远方出版社 1998 年版，第 44 页。

济活动几乎都发生在群体而非个人之间，因此自发社交性对于经济生活更显得意义非凡①。在小额信贷的发放对象中，家庭和小微型企业不言而喻是一个群体，就连个人也是生活在群体中的一员，因此，他们都会自觉产生自发社交性。小额信贷虽然不要求提供财产担保，但是会对发放对象的社会网络提出要求，例如格莱珉银行要求的5人小组联保和5人亲友联保方式，加强了发放对象的自发社交性。这种自发社交性促进了发放对象社会网络中的合作与监督，如果某个贷款者恶意不归还借款的话，将会受到其所在社会网络成员的谴责、抵制和惩罚，从而无法在这个社会网络中立足。同时，承担联保的其他小组成员和亲友也会积极监督和帮助他归还借款，以免使整个社会网络受到牵连。在此基础上，小额信贷的提供者选择信任贷款者，与其结成一个互相信任的社会网络，能够提高经济活动的效率和社会信任的强度。一个高度信任的社会，能够有效地降低交易成本，提高整个社会的效率，对于整个社会都是理性的行为。此外，尽管发放对象目前拥有实物资本较少，但是其拥有的社会资本不可忽略。这种社会资本来源于社会网络中成员的信任普及程度。社会信任感越高，个人参与经济活动的积极性和合作性就越高，就越容易打破固有的"贫困文化"，使自力更生和自给自足成为一种共同遵守的伦理习惯，须知，领救济金的人也想不要靠此度日②。因此，相比经营性贷款发放的依据是贷款者的实物资本，小额信用贷款更为看重的是贷款者的社会资本，坚信信任和社会资本能够改变个人的经济状况，乃至带来社会文化的改变。

三、我国小额信贷的发展历程

（一）我国古代的小额信贷

早在商朝时期，我国就出现了借贷业务，此后一直是经济活动中的重要组成部分。由于古代商品经济发展水平不高，信贷资金有限，加上占统治地位的儒家文化非常强调"信"，有一些不需要质押财产物品、只需要考察贷款人信用的借贷业务，可以视作是广义上的小额信贷。如果从小额信贷的经营主体进行划分，我国古代的小额信贷可以大致分为两类：一类是政府主导的小额信贷。主要是政府给农民发放一定数量的贷款，帮助他们购买土地、生产设备、生产资料以及辅助工具，从而发展农业生产，获得一定的收成之后再偿还贷款。最典型的做法就是北宋时期王安石变法中的"青苗法"，政府将官仓中的现金或者粮谷（折换成钱）贷给农民，农民申请贷款时，必须以五户或十户结为一保，由上三等户作保，每年正月三十日以前贷请夏料，五月三十日以前贷请秋料，夏料和秋料分别于五月和十月随税赋偿还，收息二分。另一类是民间主导的小额信贷，即在银号、钱庄或者富人向有需要的人发放贷款中，金额较小，以贷款人的社会信用为依据，不需要抵押的贷款也是小额信贷，一般期限较短，利息很高，常常带有"高

---

① ［美］弗朗西斯·福山著，李宛蓉译：《信任：社会道德与繁荣的创造》，远方出版社1998年版，第60页。
② ［美］弗朗西斯·福山著，李宛蓉译：《信任：社会道德与繁荣的创造》，远方出版社1998年版，第50页。

利贷"性质。例如，据《北齐书·卢叔武传》记载，卢叔武在乡村居住时"有粟千石，每年春夏之时，乡人无食者令自载取，至秋，任其偿，都不计较。然而岁岁常得倍馀"①。可以说，小额信贷在我国自古有着悠久的传统。

（二）新中国成立以来的小额信贷发展

新中国成立以后，社会主义公有制的确立铲除了"高利贷"，国有银行系统管理信贷业务。中国人民银行、中国农业银行、农村信用合作社曾经都开办过旨在扶持农民生产的小额信贷业务。1981 年，联合国国际农业发展基金会（IFAD）在内蒙古 8 旗（县）开展了一项北方草原与畜牧业发展的试点项目，把现代意义上的小额信贷理念引入到我国。1993 年，中国社会科学院农村发展研究所启动了一项名为"易县信贷扶贫合作社"的项目，这是我国国内首个本土化的小额信贷试点。此后，我国的小额信贷业务进入一个快速发展时期。我们把这个过程分为三个阶段。

第一阶段是试点起步阶段（1993 年底至 1996 年 10 月）。在这一阶段，主要是国内的民间组织依托国际扶贫资金和技术项目，在农村地区开展以"小组联保贷款"形式的试点项目。这些项目具有扶贫资金到户率高、还贷率高、项目成功率高、扶贫户素质提高快等特点，取得了良好的效果，不仅为我国小额信贷的推广积累了经验，也使小额信贷作为一种扶贫理念和独特的信贷技术得到更广泛的认可。但是也存在项目资金短缺、投入人力多、操作烦琐且成本高、项目规模较小、扶贫面窄等缺点，且这些民间组织本身不具备开展包括信贷业务在内的金融服务的资格，项目处于金融政策的灰色地带，因而发展受到极大的限制。

第二阶段是全面扩展阶段（1996 年 10 月至 2005 年底）。在中央扶贫工作会议召开以后，国家加大了扶贫专项资金的投放，鼓励银行通过小额信贷等金融创新支持农村的扶贫工作。中国农业银行或农村信用社成为小额信贷的主力军，它们利用国家政策性扶贫资金和银行资本金开展"小额信用贷款"和"农户联保贷款"等小额贷款业务，助力脱贫攻坚。2004 年，由商务部交流中心、全国妇联妇女发展部、中国扶贫基金会和中国社会科学院农村发展研究所共同发起成立"中国小额信贷发展促进会"，对于推进小额信贷的理论研究和经验推广起到了很好的效果。在这一阶段，由于扶贫政策的引导和农村金融机构的主导，小额信贷项目摆脱了资金的约束，覆盖面和影响力迅速扩大。但是由于缺乏经验、管理比较粗放、监管不到位等原因，存在目标不够精准、项目成功率低、资金浪费等问题。

第三阶段是全面深化发展阶段（2005 年底至今）。随着我国金融业的快速发展，民间资本开始关注并大量涌入小额信贷领域。2005 年底，中国人民银行批准成立"只贷不存"的商业性小额贷款公司试点。随后，国内出现了大量的商业小额信贷公司。截至2021 年 3 月末，全国共有小额贷款公司 6841 家，贷款余额 8653 亿元②。目前我国开展

---

① 《北齐书·卢叔武传》。
② 中国人民银行官方数据，http://www.pbc.gov.cn/goutongjiaoliu/113456/113469/4238459/index.html。

小额信贷业务的机构，除了传统的商业银行、邮政储蓄银行和农村信用合作联社（或农村商业银行）外，还包括贷款公司、村镇银行、农村资金互助社、小额贷款公司等新型金融或类金融机构。各类小额信贷机构各具特色，在满足农户、低收入人群、小微企业等弱势经济主体的融资需求方面发挥了重要作用。但是，商业小额信贷公司发展良莠不齐。其中，不少小额信贷公司只是打着小额信贷的旗号，从事经营性贷款的业务，更有甚者实际上是高利贷或者金融诈骗。近年来，为了规范小额信贷，国家出台了一系列针对小额信贷的政策，加大对小额信贷公司的治理。

第二节　格莱珉银行的小额信贷实践 *

格莱珉银行是由尤努斯亲手创办的一家专为贫困人口发放小额贷款的"穷人的银行"（the bank for the poor）。它的宗旨是"通过提供全面的金融服务，增强穷人的能力，挖掘他们的潜力，打破贫困恶性循环"，致力于通过取消抵押、担保的要求，创造一个基于互信、参与和创造力的银行系统，改变了银行业的传统惯例，为低收入人群提供无抵押、无担保的金融服务。经过几十年的发展，格莱珉银行目前已经成为全球规模最大、运作最成功、影响力最大的小额贷款金融机构之一。截至 2021 年底，格莱珉银行已经在全球拥有 2568 家分支机构，雇员 18056 人，会员人数达到 966.54 万，惠及全球 1688 万个低收入家庭，并创造了 97% 以上还款率的奇迹，获得了包括诺贝尔和平奖在内的多个奖项（见表 11-1），在世界范围被证实为一种具有可持续性并能有效消除贫困的模式。

表 11-1　　　　　　　　　　　**格莱珉银行所获国际重要奖项**

年份	颁发国家	奖项名称
1989	瑞士	阿加汗建筑奖（Aga Khan Award For Architecture）
1993	比利时	博杜安国王国际发展奖（King Baudouin International Development Prize）
1994	孟加拉国	独立日奖（Independence Day Award）
	马来西亚	敦阿都拉萨奖（Tun Abdul Razak Award）
1997	英国	世界人居奖（World Habitat Award）
2000	印度	甘地和平奖（Gandhi Peace Prize）
2004	美国	匹兹堡奖（Petersberg Prize）
2006	挪威	诺贝尔和平奖
2014	孟加拉国	MICC 世纪奖
		最佳企业奖

资料来源：格莱珉银行官方网站，https://grameenbank.org/awards/。

---

* 有关格莱珉银行的资料均来自格莱珉银行官方网站资料，非官方翻译版本。参见 https://grameenbank.org。

一、发展历程

1972 年，就在孟加拉国独立后不久，在美国任教的尤努斯怀揣报国理想，毅然放弃了优渥的生活，回到了孟加拉国。由于不甘于在政府部门无所事事虚度光阴，他再次辞职前往吉大港大学经济系任教。1974 年，孟加拉国发生一场毁灭性的大饥荒，大约 150 万人惨死，深深触动了尤努斯。他深感仅凭经济学理论的坐而论道难以真正帮助那些生活在贫穷状态中绝望的人们，开始以极大的热情投入对贫困与饥饿的研究和实践中。1976 年，尤努斯在一次深入乡村中一些最贫困的家庭的调研中发现，农村家庭只能通过借高利贷获得少量的贷款，不但无法从根本上改变他们的贫困现状，而且要归还高额的利息，使他们陷入更深的贫困深渊。他认识到，造成穷人贫困的根源并非由于懒惰或者缺乏智慧等个人品格问题，而是因为穷人缺少资本。他试图说服一些银行家向这些穷人提供无须抵押的贷款，但是都遭到了拒绝。

1976~1979 年，尤努斯在吉大港大学附近的村庄试点乡村开发计划，以自己为担保人向当地无房无地的贫民发放无抵押的小额信贷。贷款者利用贷款购买工具、设备开办自己的实业，通过自我创业的方式改变生活状况。试点成功地改变了大约 500 位借款人的生活。1979 年，在尤努斯不断努力游说下，孟加拉国央行终于接受尤努斯的建议，开设"格莱珉"分行项目，组织 7 家国有银行支行在一个省份进行试运作，1981 年试点省份增加到 5 个。到 1983 年，格莱珉分行已经拥有 86 个支行，帮助 5.9 万名客户摆脱了贫困。当年，尤努斯辞去在大学的教职，创办了具有独立法人身份的格莱珉银行。同年，孟加拉国政府颁布《1983 年格莱珉银行特别法令》，使格莱珉银行具有法律地位。从此，格莱珉银行一直坚守服务穷人的使命，不断践行以"让所有人在有需求的时候能够以合适的价格，方便快捷并有尊严地享受金融服务"为原则为贫困人群提供以小额信贷为主体的金融服务。截至 2006 年，格莱珉银行已经拥有 650 万客户，其中 96% 是妇女，累计受益人口超过 7000 万，取得了举世瞩目的反贫困效果。

借助尤努斯和格莱珉银行于 2006 年获得诺贝尔和平奖所产生的世界性影响，格莱珉银行积极向国外推广成功经验，在许多国家成立了分支机构，其中包括美国、加拿大、法国、荷兰和挪威等发达国家。格莱珉银行模式在超过 50 个国家得到了成功的复制。在许多发展中国家，例如，菲律宾的 ASHI、Dungganon 和 CARD 项目、印度的 SHARE 和 ASA 项目、尼泊尔的 SBP 项目等都成功复制了格莱珉银行模式，对借款者的生活和收入都起到了明显的改善作用。

二、行政管理

根据孟加拉国政府颁布的有关格莱珉银行的法令规定，格莱珉银行的性质属于社会型企业（social enterprise），兼具社会性和企业的性质。一方面，格莱珉银行不以盈利为目的，而是通过为贫困人口提供金融服务帮助他们获得自力更生和追求更好生活的能力，具有社会福利性质。另一方面，格莱珉银行又不是官办福利机构或者慈善组织，不是一味地向贫困人口输血，而是采取企业化运作的方式，向贷款人收取利息，并将全部收益用于企业的可持续发展。从 1995 年起，格莱珉银行就开始实现了盈亏平衡，之后的盈利作为资本和留存收益被注入银行的资产中，实现了良性循环和可持续发展。

格莱珉银行实行独特的所有制结构，股权由政府和贷款人共同持有。虽然政府持有的股份较少，但是由于贷款人数量众多且分散，难以对所有权实现有效的控制，所以格莱珉银行的实际控制权掌握在孟加拉国政府手中。政府可以单方面决定格莱珉银行的重大决策和人事任免等事项。例如，2011 年，当尤努斯再次被所有贷款人推选为格莱珉银行行长时，孟加拉国政府以未经过其同意而拒绝承认这一结果。尽管尤努斯试图通过向孟加拉国高等法院和最高法院上诉来维护自己的权益，但是最终都被驳回。为了格莱珉银行的长远发展和公众的利益，尤努斯只好辞去行长一职，离开了他一手创办并经营多年的格莱珉银行。随后，政府任命了新的行长。可见，格莱珉银行的股权结构并未对政府权力形成有效的约束。

格莱珉银行实行分级管理、权力下放的管理制度，每个层级都有一定的贷款审批权限。总行在国内和海外设立分行，负责一个大的区域，负责人为区域经理，可以审批该区域的所有贷款。分行下面设立支行，覆盖 15～22 个村庄。负责人为支行经理，可以审批一定金额内的贷款。支行会在各个村庄设置一名中心经理，主要负责走访贷款人，审核贷款材料的真实性，参与中心的会议。经理和员工必须走访村庄，熟悉当地的经营环境，确定潜在客户，并向当地居民宣传格莱珉银行的目标、职能和运营模式。

格莱珉银行采用"小组＋中心"的客户管理机制。由银行工作人员挑选相互认识但来自不同贫困家庭的 5 人组成一个小组，进行连续 7 天的培训，帮助客户了解信贷项目及其规章制度，理解关键概念、信贷项目规则，以及客户的责任。培训结束之后，由银行经理等高级管理人员采取口头测试的方式对小组进行认证，内容包括核实客户真实的贫困状态、考察这些潜在客户是否满足成立小组的要求、考察客户对信贷项目和规则的认知、核实签到记录确认其在持续小组培训期间的出勤率等。中心是格莱珉模式的主要操作单元，一般由两个及以上特征相似的小组组成。中心会定期举行会议，讨论贷款申请、每周还款的本金和利息、储蓄，以及其他社会话题。借贷者在会议进行期间不仅要执行已安排的业务交易，还要深入互动，探寻个人、社区以及机构存在的问题及解决方案。

三、运作模式

格莱珉银行开创了一种小额信贷反贫困的新模式。在贷款对象上，它面向在金融市场中几乎得不到贷款的最贫困的人群，尤其是贫困家庭的妇女；在产品和服务上，它针对服务对象的特点设计了合适的产品与服务，形式多种多样；在行动方法上，它通过

"十大原则"和"十六条公约"在自身和客户之间建立良好的价值观伦理规则；在风险控制方面，它以"小组＋中心"模式培养贷款人之间的信任和团结，通过分短期还款、鼓励储蓄等方式降低还贷风险，同时培训贷款人的金融能力、生产能力和生活能力，激发贷款人还款的意愿和能力，使贷款成为改善客户生活的初始动力，帮助贷款人走上团结、互助、自立、自强的人生道路。

（一）目标人群

格莱珉银行服务对象为"穷人中的穷人"（poorest of the poor），即在社会金字塔最底层的贫困人口，包括赤贫者和乞丐，助其实现从"低收入—低储蓄—低投资—低收入"转变为"低收入—贷款—投资—更多收入—更多储蓄—更多投资—更多收入"的良性循环。

贫困家庭的妇女群体是格莱珉银行的重点目标客户。在社会经济活动中，妇女处于不利的地位，她们要承担更多的家庭工作，在就业市场中往往遭受性别歧视，收入不及男性且失业风险较高，更难获得金融及其他服务，因而贫困发生率和面临饥饿的风险会更高。女性的发展状况直接攸关子女的健康成长，因此会更有动力抓住外部资源的机会来改变自己和家庭的命运，申请贷款的积极性会比较高。而女性的责任感比较强，储蓄意愿更强烈，还款自觉性更高；特别是从事家庭劳动的女性之间联系更紧密，易于组成小组，管理更加方便。格莱珉银行的经验表明，贫困女性确实是比男性更好的贷款客户。

当然，格莱珉银行的项目也不排斥男性客户的加入，在赤贫者和乞丐中有相当数量的男性。格莱珉银行会根据项目所在国家和地域的区别设置男性贷款人的角色，例如，限制小组中的男性人数或者禁止男性在小组和中心担任领导职务，以确保贷款项目向女性倾斜。

（二）行动方法

格莱珉银行制定了行动方法的十大原则，分别是：（1）从问题而不是解决方案开始。信用体系必须基于对社会背景的调查，而不是预先建立的银行技术。（2）采取进取的态度。发展是一个长期的过程，取决于经济运营商的愿望和承诺。（3）确保信贷系统为穷人服务，而不是相反。信贷人员走访村庄，让他们了解贷款人。（4）针对目标人群确定行动重点。为需要投资资源、无法获得信贷的最贫困人群提供服务。（5）一开始，将信贷限制在贷款人自由选择的创收生产业务上，使贷款人能够偿还贷款。（6）依靠团结的群体。由来自相同背景并相互信任的指定成员组成小型非正式团体。（7）将储蓄与信贷联系起来，但不一定是先决条件。（8）将对贷款人的密切监控与尽可能简单和标准化的程序结合起来。（9）尽一切可能确保系统的财务平衡。（10）对人力资源进行投资。向领导者普及真正的、发展的伦理准则，该准则是建立在对农村环境的严谨、创造性、理解和尊重的基础之上。

（三）贷款审批制度

格莱珉银行的中心经理会将 5 名潜在的贷款人组成一个小组，从中挑选两个资质最好的发放贷款，然后对该小组进行为期一个月的观察，确定成员是否能遵守银行的规则。等到两名贷款人在六周内开始偿还本金加利息之后，小组其他成员才有资格获得贷款。

与一般银行贷款的"申请—审批"制度相比，格莱珉模式的贷款审批制度更加严格，且注重发挥贷款人的主体性。贷款审批的程序有三个步骤。

第一步，贷款人准备好申请材料之后，交给其他小组成员进行非正式讨论并审核。在征得全体小组成员的同意之后，将贷款申请提交给小组主席。

第二步，在中心会议举行期间，由小组主席就贷款提案向中心主任进行口头陈述。经过中心会议表决通过之后，中心主任准备书面贷款申请草案提交给银行的中心经理。

第三步，中心经理整理并核实相关的申请材料，走访小组成员了解具体的情况后，决定是否将贷款申请提交给支行经理。在合理的授权管理权限内，支行经理可以批准贷款。如果超出权限，支行经理需要将申请提交给区域经理。区域经理在审核后，会将结果告知支行经理。

（四）贷款发放制度

格莱珉银行贷款发放制度的特征包括以下方面。

1. 专门关注穷人中最穷的人

这种专属性通过以下方式得到保证：（1）明确确定选择目标客户的资格标准，并采取切实措施筛选不符合条件的客户；（2）在提供信贷方面，越来越多地将重点放在妇女身上；（3）发放制度旨在满足穷人不同的社会经济发展需求。

2. 将贷款人组织成小型同质群体

其特点是可以促进群体团结和参与性互动。由 5 名成员组成一个初级群体，并将这些群体组成一个联合中心，使其已经成为格莱珉银行系统的基础。从一开始，格莱珉银行的重点就放在加强客户的组织性上，使他们能够获得规划和实施微观发展决策的能力。这些中心在功能上与格莱珉银行相连，银行的现场工作人员每周都必须参加中心会议。

3. 针对穷人的特别贷款条件

具体条件如下：（1）无抵押贷款；（2）每周分期偿还一次，一年内还清；（3）后续贷款的资格取决于第一笔贷款的偿还情况；（4）个人利用贷款已经具备的技能自主选择快速创收的活动；（5）小组和银行员工对信贷的密切监督；（6）强调贷款规则和同侪支持团结；（7）通过储蓄来降低穷人面临的风险，确保贷款安全性；（8）保证所有银行交易的透明度，大多数交易要在中心会议上进行。

4. 开展社会发展议程，解决客户的基本需求

社会发展议程反映在格莱珉贷款人通过的"十六项决定"中（专栏 11 - 1）。这将有助于：（1）提高新组建群体的社会和政治意识；（2）越来越多地关注来自最贫困家庭的妇女，她们的生存欲望对家庭的发展有着更大的影响；（3）鼓励他们监督社会和物质基础设施项目——住房、卫生、饮用水、教育、计划生育等。

专栏 11 - 1

格莱珉银行的十六条决议

1. 在我们生活的所有方面，都将遵守并践行格莱珉银行的四项原则——规则、团结、勇气与努力。

2. 为我们的家庭带来繁荣。

3. 我们不要住在破房子里。我们要修缮房屋，争取尽早建造新房子。

4. 我们要一年四季种植蔬菜。多吃蔬菜，吃不完的卖掉。

5. 我们要在种植季节尽可能地多种植秧苗。

6. 我们要做好规划，缩小家庭的规模。尽量节省开支。照顾好自己的健康。

7. 我们要教育孩子，教会他们有能力自己挣钱支付学费。

8. 我们要始终保持孩子身上干净，环境清洁。

9. 我们要修造并使用坑式厕所。

10. 我们要饮用从管井中打出的水。如果没有，我们要把水烧开，或是使用明矾把水净化。

11. 儿子的婚礼不会接受任何嫁妆；女儿的婚礼不会送嫁妆。我们要远离嫁妆的诅咒。不实行童婚。

12. 我们不会将任何不公正的事强加给任何人，也不会允许任何人这么做。

13. 我们会集体承担较大的投资，来争取更高的收入。

14. 我们随时准备互相帮助。任何人有困难，我们大家都会帮助他。

15. 如果我们大家得知任何中心出现违反规则的情况，都会到那儿去帮助恢复规则。

16. 我们将集体参加所有的社会活动。

资料来源：作者根据格莱珉银行官方网站资料自行翻译，非官方版本。参见 https://grameenbank.org/16 - decisions/.

5. 设计和开发能够向目标客户提供方案资源的组织和管理系统

通过一个结构化的学习过程逐渐发展这一系统，其中包括试验、试错和持续调整。实施该系统的一项主要要求是，为培养具有高度积极性的工作人员进行必要的特别培训，以使决策和业务权力逐步下放，并将管理职能下放给地区一级。

6. 扩大贷款组合，满足穷人的多样化发展需求

随着一般信贷方案的发展势头不断增强和贷款人对信贷规则的熟悉，银行推出其他贷款方案，以满足客户日益增长的社会和经济发展需求。除住房外，这些方案还包括：（1）用于建造卫生厕所的信贷；（2）用于为厨房花园提供饮用水和安装灌溉管井的信贷；（3）用于购买农业投入的季节性种植信贷；（4）用于为经验丰富的贷款人整个家庭所承担的项目提供资金；（5）租赁设备/机械的贷款，例如格莱珉银行会员用于购买移动电话。

（五）绩效考核

格莱珉银行每年都会派出工作人员检查贷款人的社会经济状况是否正在改善。格莱珉银行使用十项指标评估借款人的贫困水平。如果一名贷款人的家庭符合以下标准，则视为已脱离贫困：（1）贷款人一家住在一所价值不低于 25000 塔卡或有铁皮屋顶的房子里，每个家庭成员都可以睡在床上而不是地板上；（2）家庭成员饮用的水为管井纯水、开水或使用明矾、无砷净化片或水罐过滤器进行净化处理过的水；（3）家中所有六岁以上的孩子都在上学或完成小学学业；（4）贷款人的每周分期还款额最低贷分期付款为 200 塔卡；（5）家庭使用卫生厕所；（6）家庭成员每天都有足够的衣物，冬天穿暖和的衣服，如披肩、毛衣、毯子等，还有蚊帐以保护自己免受蚊子的侵袭；（7）家庭有额外收入来源，如菜园、果树等，当他们需要额外用钱时，可以依靠这些收入来源；（8）贷款人储蓄账户每年平均余额维持在为 5000 塔卡；（9）全家人一年中能保证每天三顿正餐，也就是说，一年中任何时候都不会有人挨饿；（10）家庭可以进行健康照顾，如果有任何成员生病，家庭可以采取一切必要措施寻求适当的医疗保健。

格莱珉银行的绩效考核不仅要看贷款还本付息的水平，而且要根据以上 10 条脱贫标准考核贷款反贫困的绩效。如果贷款客户满足以上 10 条标准，将不再具备贷款资格。

四、经验总结与反思

（一）先进的社会服务理念

在金融业的竞争日趋激烈的形势下，小额信贷俨然成为一个新的业务增长点。但是金融机构开展小额信贷，主要是针对经济条件优越、社会信用好的个人和单位，这些对象其实对小额信贷并没有强烈的需求。相反，经济条件和社会信用不佳的个人和单位却很难得到贷款。这种供需之间的失衡造成小额信贷很难得到拓展，沦为"鸡肋"项目。

本着为穷人服务的初心，尤努斯和格莱珉银行将小额信贷对象锁定为经济条件和社会信用不佳的极贫个人，尤其是家庭妇女。尤努斯认为，信贷是一种人权。人类的信贷

权利是摆脱贫困的社会基本要求。格莱珉银行赋予穷人贷款的权利，充分给予穷人同等的信任，一改财产抵押的传统信贷思路，而是以社会信任机制作为抵押，以提高穷人创业和自我发展的能力作为还款的基础，成功解决了穷人对于信贷的需求和银行信贷供给之间的对接问题。

在扶贫模式上，格莱珉银行一改社会企业的"输血"传统，创新性地利用"造血"方式，将贷款用于穷人购买生产工具、设备和其他必要的生产资料，而不是满足生活需要的生活资料。同时，格莱珉银行非常注重自己的"回血"功能，向服务对象收取较低的利息，而不是零利息。此举一方面可以通过营利保证自身的可持续发展；另一方面，可以使贷款对象有发展生产的压力和动力，改变穷人的金融观念。尽管格莱珉银行所有基本贷款的利率为单利20%，相当于统一利率的10%，免去了放高利贷者和中间商的盘剥，但还是遭遇到了一些争议。有些人质疑尤努斯和格莱珉银行为什么要通过收取利息去营利，对此，尤努斯坚决认为，穷人不应该依赖捐赠，而是要努力实现自我富足。可见，社会主流的金融观念存在一定的误区，格莱珉银行的成功可以改变社会上一些传统的金融观念和福利观念。

（二）目标精准的客户对象

格莱珉银行将主要的客户对象锁定为贫困地区的妇女。在孟加拉国的贫困地区，妇女社会地位低，贫困发生率高，几乎不可能获得信贷。但是，格莱珉银行善于发掘妇女的优势：她们大多性格淳朴、勤劳本分，具有很强的韧性，且更少沾染赌博、酗酒、吸毒等劣习；具有强烈的劳动意愿和改变生活状态的期望；彼此之间比较熟悉，能够开展合作，且居家时间长，有利于定期聚集和召开会议。格莱珉银行通过向贫困地区的妇女发放贷款，帮助她们获得必要的生产资料，建立起自雇式家庭生产，挖掘生产潜力。同时，又通过"联保""小组＋中心"等模式将妇女组织起来，发挥她们社会网络的优势。通过贷款，妇女们获得了劳动的机会，不仅改善了自身和家庭的经济状况，提高了子女的营养和卫生健康水平，而且社会地位得到提升，社会网络得到了进一步的巩固和加强。事实证明，妇女是小额信贷优质的贷款客户，不仅还款率非常高，而且使用贷款的效率也很高。

（三）精心设计的信贷产品

产品是信贷业务的核心。尤其是小额信贷产品，既要控制贷款的规模，金额太小无法保证足以支持穷人发展生产和创业，金额太大会造成贷款人的还款压力，甚至驱动贷款人采取不还款、卷款逃走等机会主义行为；又要有针对性地满足服务对象多样化的需求，保证资金的使用效率。

格莱珉银行审慎地将贷款规模控制在合理的范围之内。每次贷款的款项虽小，但足以为贷款人自主创业和自我创业提供足够的资金，她们可以利用这笔资金购买种子、机器设备、人力车、奶牛、山羊、布料、陶器等生产工具，启动一些诸如稻谷脱壳、石灰制造、陶器制造、纺织和服装缝制、仓储和营销以及运输服务等项目。与此同时，格莱珉银行还鼓励贷款人开展储蓄，逐渐减少对贷款的依赖。

除基本贷款这一主导产品外，格莱珉银行还陆续推出了弹性贷款、房屋贷款、高等教育贷款、微型企业贷款等多种贷款产品，可以满足贷款人除发展生产之外的诸如修缮房屋、子女教育、创业等差异化的贷款需求。同时，格莱珉银行还推出了格莱珉储蓄产品，旨在为贷款人提供储蓄服务，既可以保障贷款人的资金安全和较高的利息收入，又便于银行提供存贷一条龙服务，增强对贷款的风险监控，加强银行与贷款人之间的经济联系。此外，格莱珉银行还推出了抚恤金储蓄产品，存款期限为 5～10 年，利率较高且可以续期，目的在于鼓励客户为养老储蓄。为了解决客户去世后无法还清贷款的问题，格莱珉银行推出了贷款保险储蓄基金，即贷款人根据贷款大小支付一笔资金以保障其去世后贷款得以偿还。

如今，格莱珉银行根据银行业务的特点，从最初的贷款单一业务已经发展出一个贷款与储蓄联动，涵盖生产、教育、养老、保险等领域的多样化产品集群。

（四）高效的风险管控机制

风险管控是信贷业务的关键。尤其对于小额信贷，风险管理既是生命线，也是重难点。格莱珉银行通过多年探索，创新出一套日趋成熟的风险管控机制。

一是变革银行人员的工作方式。格莱珉银行的工作人员不像其他银行工作人员在办公室里养尊处优，而是长期在田间地头拜访客户。参加中心会议，对客户进行培训。如此下沉式的工作方式，确保格莱珉银行能够时刻了解客户的状态和贷款的使用情况，打破信息壁垒，减少贷款的风险。

二是发挥社会网络机制作用，形成良好的信贷文化。格莱珉银行赖以成功的信用管理机制就是"团体联保"制度，每 5 人组成一个贷款小组，每 6 个小组建立一个中心，采用 2—2—1 顺序放贷，小组长最后得到贷款，便于小组成员之间的监督。这一机制不但收到了高比例还款的效果，而且还培养了农村信贷文化。即使格莱珉银行后来放松甚至取消了"团体联保"机制，依然可以保证 97% 以上的还款率。

三是实行灵活的还贷机制。格莱珉银行要求贷款人每周还款，这样就加速了还贷速度和资金周转的速度。同时还推出了多项存款业务，实现存贷联动，以存促贷。此外，格莱珉银行还推出了贷款保险储蓄基金项目，保证即使贷款人死亡，其继承人仍可以继续还贷。

四是提供周到的服务，提升贷款人的还款能力。格莱珉银行主动为贷款人提供各种相关的服务，包括生产技能培训、产销信息、周边贷款等，为渔场、灌溉项目、高风险投资、纺织业及其他活动提供经费，促进贷款人开展生产活动，提升了还款人创收能力，保证能够及时回收贷款。

（五）不断反思和创新

尽管取得了非凡的成功，赢得了巨大的国际声誉，但是格莱珉银行并没有骄傲自满，故步自封，而是根据形势发展，不断反思，对自身存在的问题进行改革，加快自我创新和自我完善。

格莱珉银行的改革始终秉承以帮助最底层的穷人为宗旨。尤努斯敏锐地观察到在全球进入信息时代后，信息技术对改变贫困人口生产和生活方式的重要性。于是他在 1996 年底创办了非营利性的"格莱珉电信公司"，并与格莱珉银行的业务有效地连接起来。格莱珉银行顺势推出购买手机的信贷业务，帮助贷款人从事经营电话租赁业务。1998 年，孟加拉国发生了一场长达 2 个多月的世纪洪水灾害，给该国的经济和社会生活造成难以估量的损害。格莱珉银行的许多客户好不容易积累的资产毁于一旦，对格莱珉银行的业务形成巨大的冲击。面对困难，尤努斯对格莱珉银行已经成功运作 20 多年的模式进行了反思，决定对原来的"格莱珉经典体系"（grameen classic system）进行重大改革，推出了全新的"格莱珉广义体系"（grameen generalized system）。改革后的格莱珉银行取消了原有的一些贷款种类、贷款规则以及"团结组"模式，为贷款者量身定制各种灵活宽松的贷款项目，在贷款产品的发放方式、贷款额度上限、期限、分期付款额度、还款形式方面更加灵活，对没有足额偿还完现有贷款者的新申请更加宽松，对违约和违约者的限制更加严格，增加了包括住房、高等教育等新的贷款项目和更多的储蓄计划项目。2003 年，在尤努斯倡导发起的"奋斗成员"项目中，格莱珉银行推出了针对乞丐的小额信贷业务，帮助了 7 万多名乞丐改善生存条件，最终摆脱乞讨生涯。通过不断地自我改革，格莱珉银行的业务模式更加多样化，贷款方式更为灵活，实现了更为周全的风险控制，在坚持服务穷人的初心的同时，延续了格莱珉银行的活力和效率。

♻ 基本概念

小额信贷　信任　社会资本　自发社交性　格莱珉银行

♻ 本章要点

小额信贷被定义为面向低收入个人、家庭和经营困难的小微型企业发放的额度较小的持续性贷款，为它们创造获得自我就业和自我发展的机会，从而达到反贫困、创造收入和提升就业的战略目标。

小额信贷具有以下显著的特点：贷款额度相对较小且具有持续性；目标对象为低收入个人、家庭和经营困难的小微型企业；是一种发展型的社会救济手段；对社会机制具有强烈的依赖性。

我们将小额信贷作为金融社会工作的重要内容，是因为小额信贷高度契合金融社会工作的价值理念、理论视角和工作方法。从社会和文化层面来看，小额信贷的基础是借贷双方的信任关系，而非经济上的信用关系。

小额信贷在我国自古有着悠久的传统。1981 年，联合国国际农业发展基金会（IF-

AD）在内蒙古8旗（县）开展了一项北方草原与畜牧业发展的试点项目，把现代意义上的小额信贷理念引入我国。1993年，中国社会科学院农村发展研究所启动了一项名为"易县信贷扶贫合作社"的项目，这是我国国内首个本土化的小额信贷试点。此后，我国的小额信贷业务进入一个快速发展时期。这个过程分为三个阶段：第一阶段是试点起步阶段（1993年底至1996年10月），第二阶段是全面扩展阶段（1996年10月至2005年底），第三阶段是全面深化发展阶段（2005年底至今）。

格莱珉银行是由尤努斯亲手创办的一家专为贫困人口发放小额贷款的"穷人的银行"（the bank for the poor）。它的宗旨是"通过提供全面的金融服务，增强穷人的能力，挖掘他们的潜力，打破贫困恶性循环"，致力于通过取消抵押、担保的要求，创造一个基于互信、参与和创造力的银行系统，改变了银行业的传统惯例，为低收入人群提供无抵押、无担保的金融服务。

格莱珉银行的性质属于社会型企业，兼具社会性和企业的性质；实行独特的所有制结构，股权由政府和贷款人共同持有；格莱珉银行实行分级管理、权力下放的管理制度，每个层级都有一定的贷款审批权限；采用"小组＋中心"的客户管理机制。

格莱珉银行开创了一种小额信贷反贫困的新模式：在贷款对象上，它面向在金融市场中几乎得不到贷款的最贫困的人群，尤其是贫困家庭的妇女；在产品和服务上，它针对服务对象的特点设计了合适的产品与服务，形式多种多样；在行动方法上，它通过"十大原则"和"十六条公约"为自身和客户建立良好的价值观伦理规则；在风险控制方面，它以"小组＋中心"模式培养贷款人之间的信任和团结，通过分短期还款、鼓励储蓄等方式降低还贷风险，同时培训贷款人的金融能力、生产能力和生活能力，激发贷款人还款的意愿和能力，使贷款成为改善客户生活的初始动力，帮助贷款人走上团结、互助、自立、自强的人生道路。

格莱珉银行的成功经验包括：（1）先进的社会服务理念；（2）目标精准的客户对象；（3）精心设计的信贷产品；（4）高效的风险管控机制；（5）不断反思和创新。

♻ 复习思考题

1. 什么是小额信贷？它有什么显著的特点？
2. 如何理解小额信贷的悖论？
3. 格莱珉银行的成功经验对我国小额信贷的发展有什么启示？

♻ 推荐阅读

1. 刘世定编著：《经济社会学》，北京大学出版社2011年版。
2. 陈工孟、傅建源主编：《小额信贷理论与实务》，清华大学出版社2017年版。
3. ［美］弗朗西斯·福山著，李宛蓉译：《信任：社会道德与繁荣的创造》，远方出版社1998年版。

4. ［美］伊丽莎白·拉尼著，李百兴译：《从小额信贷到普惠金融：基于银行家和投资者视角的分析》，中国金融出版社 2016 年版。

5. ［孟］穆罕默德·尤努斯著，吴士宏译：《穷人的银行家》，生活·读书·新知三联书店 2015 年版。

6. ［孟］阿西夫·道拉、迪帕尔·巴鲁阿著，朱民译：《穷人的诚信：第二代格莱珉银行的故事》，中信出版社 2007 年版。

第十二章

金融社会工作与乡村振兴战略

◎ **引导性问题**

你知道乡村振兴战略吗？国家为什么要实施乡村振兴战略？

据你观察，乡村振兴战略实施以来农村发生了什么变化？

你注意到农村的社会工作站吗？你认为他们在乡村振兴中将发挥什么作用？

2017 年，党的十九大报告正式提出乡村振兴战略。乡村振兴战略是以习近平同志为核心的党中央在我国进入中国特色社会主义新时代的历史方位下提出的解决农业农村农民问题的重大方略，是实现全体人民共同富裕和中华民族伟大复兴的一项重大任务。乡村振兴需要全社会的共同参与，其中包括社会工作组织和社会工作者。作为社会工作新兴的领域，金融社会工作者与乡村振兴有着紧密的联系，是乡村振兴的重要参与力量，必将在其中发挥出独特的作用。

第一节　乡村振兴战略与农村金融

一、乡村振兴战略的深刻内涵

乡村是指城市建成区以外具有自然、社会、经济特征和生产、生活、生态、文化等多重功能的地域综合体，包括乡镇和村庄等。它与城镇互促互进、共生共存，共同构成人类活动的主要空间。

乡村的兴衰关乎国家的兴衰成败。我国是世界上的农业大国，拥有庞大的乡村人口基数。尽管近年来城镇率不断上升，但截至 2021 年底，我国的乡村仍然生活着近 5 亿人。进入中国特色社会主义新时代以来，我国人民日益增长的美好生活需要和不平衡不充分的发展之间的矛盾在乡村最为突出，我国仍处于并将长期处于社会主义初级阶段，它的特征在很大程度上表现在乡村。全面建成小康社会和全面建设社会主义现代化强国，最艰巨最繁重的任务在农村，最广泛最深厚的基础在农村，最大的潜力和后劲也在农村。

农业农村农民（以下简称"三农"）问题是关系国计民生的根本性问题，党和政府始终把解决好"三农"问题作为工作的重中之重。2017 年 10 月 18 日，党的十九大报告中提出"实施乡村振兴战略"，即"坚持农业农村优先发展，按照产业兴旺、生态宜居、乡风文明、治理有效、生活富裕的总要求，建立健全城乡融合发展体制机制和政策体系，加快推进农业农村现代化"。实施乡村振兴战略，是习近平同志为核心的党中央着眼党和国家事业全局，深刻把握现代化建设规律和城乡关系变化特征，顺应亿万农民对美好生活的向往，对"三农"工作作出的重大决策部署，是决胜全面建成小康社会、全面建设社会主义现代化国家的重大历史任务，是新时代做好"三农"工作的总抓手。实施乡村振兴战略是建设现代化经济体系的重要基础，是建设美丽中国的关键举措，是传承中华优秀传统文化的有效途径，是健全现代社会治理格局的固本之策，是实现全体人民共同富裕的必然选择。

2018 年 9 月，中共中央、国务院印发了《乡村振兴战略规划（2018—2022 年)》，该规划以习近平总书记关于"三农"工作的重要论述为指导，按照产业兴旺、生态宜居、乡风文明、治理有效、生活富裕的总要求，对实施乡村振兴战略作出阶段性谋划，分别明确至 2020 年全面建成小康社会和 2022 年召开党的二十大时的目标任务，细化实化工作重点和政策措施，部署重大工程、重大计划、重大行动，确保乡村振兴战略落实落地，为指导各地区各部门分类有序推进乡村振兴提供了重要依据。

2021 年 2 月 21 日，中共中央、国务发布了《关于全面推进乡村振兴加快农业农村现代化的意见》。该文件确定了 2021 年和 2025 年乡村振兴的总体任务，在实现巩固拓展脱贫攻坚成果同乡村振兴有效衔接、加快推进农业现代化、大力实施乡村建设行动、加强党对"三农"工作的全面领导等方面作出了部署。

2021 年 4 月 29 日，十三届全国人大常委会第二十八次会议表决通过《中华人民共和国乡村振兴促进法》（以下简称《乡村振兴法》)。《乡村振兴法》是新中国成立以来第一部专门针对农业农村农民问题而制定的法律，充分总结了"三农"法治实践，以法律形式保障乡村振兴战略全面实施。它是贯彻落实习近平新时代中国特色社会主义思想和有关"三农"问题的重要讲话精神以及党中央关于乡村振兴战略的系列决策部署的重要举措，是立足新发展阶段，推动实现"两个一百年"奋斗目标的重要支撑，也是完善和发展中国特色"三农"法律体系的重要成果，对促进农业全面升级、农村全面进步、农民全面发展，全面建设社会主义现代化国家，实现中华民族伟大复兴中国梦，具有重要意义。

二、农村金融在乡村振兴中的作用

金融对于乡村振兴的意义不言而喻。尽管我国的农村金融事业取得了长足的发展，但仍然是农村经济发展中的短板。创新和提升农村金融服务，是实施乡村振兴战略的重要支撑。

（一）我国农村金融发展历程和取得的成就

新中国成立伊始，党和政府就着手恢复农村金融体系，支持农村土地改革和经济建设。1951 年 7 月成立的中国农业合作银行是新中国设立的第一家专业银行，后于 1952 年 7 月被撤销。1955 年 3 月，中国农业银行成立，成为服务农村的专业银行。此后，因为政策的变化，中国农业银行历经"三设三撤"的曲折发展，其中有段时间被合并入中国人民银行，兼行专业银行的职责。另外，中国人民银行还在农村设立了农村信用合作社，由社员出钱形成资本金，并向有资金需求的农民发放贷款，是一种典型的互助合作的金融形式。农业银行和农村信用合作社构成了新中国成立初期农村金融的基本体系，为经济恢复、土地改革、农业合作化以及农村信用合作事业发展等作出了不可磨灭的贡献。在 20 世纪 60 年代中期以后，我国农村金融体系尽管因为国家政治、经济的整体形势的急剧变化而受到严重影响，仍然坚持农村阵地不放松，肩负农村资金筹集和供应的主渠道的重任。

改革开放之后，我国农村的金融体系逐渐恢复并得到进一步发展。在党的十一届三中全会审议的《中共中央关于加快农业发展若干问题的决定（草案）》中明确提出"恢复中国农业银行，大力发展农村信贷事业"之后，1979 年 2 月，中国农业银行第四次恢复设立。农村信用合作社归于中国农业银行领导。同时，从原有的中国人民银行分设出来的工商银行、建设银行、中国银行等商业银行，以及新成立的交通银行等商业银行，纷纷在农村设点。农村金融体系开始呈现出多元化的特点，有力地支持了农村改革和经济体制的发展。

1992 年以后，我国全面建设社会主义市场经济体制，农村金融体制也随之发生重大改革和调整。其一是农村信用合作社从农业银行脱离，先由中国人民银行负责管理，后来中国人民银行退出，交由各省政府管理，形成了省级—县级联社两级管理结构。在许多条件成熟的地方，农村信用合作社成功改制成农村商业银行。农业银行通过管理体制调整、剥离不良资产、股份制改革等步骤，成功改制成股份制商业银行。其二是工商银行、建设银行、中国银行、交通银行等商业银行逐渐撤销农村网点，从农村金融市场撤离。其三是国家成立了农业发展银行，成为支持农村和农业发展的政策性银行。这样就形成了农村政策性、商业性和合作性金融"三足鼎立"的局面。同时，国家加大了使用金融手段对农村开发扶贫的力度，农村金融创新层出不穷，进一步推动了农村金融体系的完善。

党的十八大以来，我国农村金融事业取得重大成就。一是农民连年增产增收，金融资产规模不断扩大。2021 年末，农村居民人均可支配收入 18931 元，人均可支配收入中位数 16902 元，主要农村金融机构（农村信用合作联社、农村合作银行、农村商业银行）人民币贷款余额达到242496亿元，比年初增加26607亿元①。二是支农惠农金融政策法规不断完善。党的十八大以来，国家陆续出台了《关于开展农村承包土地的经营权和农民住房财产权抵押贷款试点的指导意见》《农村承包土地的经营权抵押贷款试点暂行办法》《农民住房财产权抵押贷款试点暂行办法》《关于财政支持建立农业信贷担保体系的指导意见》《关于金融服务乡村振兴的指导意见》等一系列重要文件，不断加强对农村金融的监管和风险防控。三是涉农贷款每年都保持较高幅度增长，支农力度不断加大。中国人民银行统计显示，2022年二季度末，本外币涉农贷款余额47.1万亿元，同比增长13.1%，增速比上年末高2.2个百分点；上半年增加4.07万亿元，同比多增1.05万亿元②。四是农村基础金融服务和普惠金融服务水平不断提升，惠农支农金融产品日益丰富。国家大型商业银行不断加强农村普惠金融事业部等专营机制建设，如中国农业银行、中国邮政储蓄银行已创建并不断完善"三农"金融事业部运营体系。五是农村金融服务主体日益多元化，服务形式多样化。除了农业银行、农村信用合作联社（农商银行）、农业开发银行等传统的农村金融服务主体之外，中国邮政储蓄银行、农村发展基金、小额信贷公司等金融机构也积极开拓农村金融业务，为农村提供多种多样的金融服务。

（二）乡村振兴中的农村金融

党的十九大报告中明确提出要"深化金融体制改革，增强金融服务实体经济能力""健全金融监管体系，守住不发生系统性金融风险的底线"，对今后一段时期内我国农村金融改革与发展指明了方向。目前，农村金融体系和金融事业的发展还存在着短板。主要表现为：城乡金融机构分布失衡，农村金融缺口总体仍较大；农村金融服务体系、运营机制、机构设置、服务方向、服务覆盖面和服务质量等仍有很大优化和提升空间；农村金融产品和服务方式仍然比较单一，供给与需求脱节问题仍然比较严重；风险防范工作相对滞后，尤其需要加强基于广大农民群众的全面金融风险防范；助力农村进城者安居、留守者进城、留守者在农村幸福生活、农村空心化科学治理、农村文化遗产保护的专项金融服务仍然薄弱。此外，还存在农村金融专业人才较为匮乏等问题。

实施乡村振兴战略，是金融系统开展农村金融服务工作的根本遵循。国家高度重视农村金融在乡村振兴中的重要作用，针对农村金融参与乡村振兴的短板问题出台了许多指导性的政策。

为贯彻党的十九大精神，中共中央、国务院于2018年1月出台了《关于实施乡村振兴战略的意见》，指出"农村金融改革任务繁重"，强调除了要"充分发挥财政资金的引导作用，撬动金融和社会资本更多投向乡村振兴"之外，还要"提高金融服务水平"。具体措施包括坚持农村金融改革发展的正确方向，健全适合农业农村特点的农村

---

① 国家统计局官方网站：《中华人民共和国2021年国民经济和社会发展统计公报》，http：//www.stats.gov.cn/tjsj/zxfb/202202/t20220227_1827960.html.

② 中华人民共和国中央人民政府网站，http：//www.gov.cn/xinwen/2022−08/10/content_5704785.htm.

金融体系，推动农村金融机构回归本源，把更多金融资源配置到农村经济社会发展的重点领域和薄弱环节，更好满足乡村振兴多样化金融需求；强化金融服务方式创新，防止脱实向虚倾向，严格管控风险，提高金融服务乡村振兴能力和水平；抓紧出台金融服务乡村振兴的指导意见。加大中国农业银行、中国邮政储蓄银行"三农"金融事业部对乡村振兴支持力度；明确国家开发银行、中国农业发展银行在乡村振兴中的职责定位，强化金融服务方式创新，加大对乡村振兴中长期信贷支持；推动农村信用社省联社改革，保持农村信用社县域法人地位和数量总体稳定，完善村镇银行准入条件，地方法人金融机构要服务好乡村振兴；普惠金融重点要放在乡村；推动出台非存款类放贷组织条例。制定金融机构服务乡村振兴考核评估办法；支持符合条件的涉农企业发行上市、新三板挂牌和融资、并购重组，深入推进农产品期货期权市场建设，稳步扩大"保险＋期货"试点，探索"订单农业＋保险＋期货（权）"试点；改进农村金融差异化监管体系，强化地方政府金融风险防范处置责任。

2018 年，中央制定的《国家乡村振兴战略规划（2018—2022 年）》中指出"农村金融改革任务繁重""加大金融扶贫力度"，明确提出了要通过健全金融支农组织体系、创新金融支农产品和服务、完善金融支农激励政策等措施健全适合农业农村特点的农村金融体系，把更多金融资源配置到农村经济社会发展的重点领域和薄弱环节，更好满足乡村振兴多样化金融需求。规划还发布了"乡村振兴金融支撑重大工程"，包括金融服务机构覆盖面提升、农村金融服务"村村通"、农村金融产品创新、农村信用体系建设等项目（见表 12－1）。

表 12－1　　　　　　　　　　　乡村振兴金融支撑重大工程

项目	主要内容
金融服务机构覆盖面扩大	稳步推进村镇银行县市服务网点设立工作，扩大县城银行业金融机构服务覆盖面。在严格保持县域网点稳定的基础上，推动银行业金融机构在风险可控、有利于机构可持续发展的前提下，到空白乡镇设立标准化固定营业网点
农村金融服务"村村通"	在具备条件的行政村，依托农村社区超市、供销社经营网点，广泛布设金融电子机具、自助服务终端和网络支付端口等，推动金融服务向行政村延伸
农村金融产品创新	深化"银保合作"，开发设计以贷款保证保险为风险缓释手段的小额信贷产品。探索开展适合新型农业经营主体的订单融资和应收账款融资，以及农业生产设备、设施抵押贷款等业务
农村信用体系建设	搭建以"数据库＋网络"为核心的信用信息服务平台，提高信用体系覆盖面和应用成效。积极推进"信用户""信用村""信用乡镇"创建，提升农户融资可获得性，降低融资成本

资料来源：《乡村振兴战略规划（2018—2022 年）》，中华人民共和国中央人民政府网站，http://www.gov.cn/zhengce/2018－09/26/content_5325534.htm.

2019 年，人民银行、银保监会、证监会、财政部、农业农村部联合发布《关于金融服务乡村振兴的指导意见》（以下简称《指导意见》），强调要以习近平新时代中国特色社会主义思想为指导，紧紧围绕党的十九大关于实施乡村振兴战略的总体部署，坚持以市场化运作为导向、以机构改革为动力、以政策扶持为引导、以防控风险为底线，聚焦重点领域，深化改革创新，建立完善金融服务乡村振兴的市场体系、组织体系、产品体系，促进农村金融资源回流。《指导意见》对标实施乡村振兴战略的三个阶段性目标，明确了相应阶段内金融服务乡村振兴的目标。短期内，突出目标的科学性和可行性，到 2020 年，要确保金融精准扶贫力度不断加大、金融支农资源不断增加、农村金融服务持续改善、涉农金融机构公司治理和支农能力明显提升。中长期，突出目标的规划性和方向性，推动建立多层次、广覆盖、可持续、适度竞争、有序创新、风险可控的现代农村金融体系，最终实现城乡金融资源配置合理有序和城乡金融服务均等化。《指导意见》指出，要坚持农村金融改革发展的正确方向，健全适合乡村振兴发展的金融服务组织体系，积极引导涉农金融机构回归本源；明确重点支持领域，切实加大金融资源向乡村振兴重点领域和薄弱环节的倾斜力度，增加农村金融供给；围绕农业农村抵质押物、金融机构内部信贷管理机制、新技术应用推广、"三农"绿色金融等，强化金融产品和服务方式创新，更好满足乡村振兴多样化融资需求；充分发挥股权、债券、期货、保险等金融市场功能，建立健全多渠道资金供给体系，拓宽乡村振兴融资来源；加强金融基础设施建设，营造良好的农村金融生态环境，增强农村地区金融资源承载力和农村居民金融服务获得感。为确保各项政策措施有效落实落地，《指导意见》提出，要完善货币政策、财政支持、差异化监管等政策保障体系，提高金融机构服务乡村振兴的积极性和可持续性。金融机构也要切实加强组织领导，不折不扣抓好落实。同时，开展金融机构服务乡村振兴考核评估，从定性指标和定量指标两大方面对金融机构进行评估，定期通报评估结果，强化对金融机构的激励约束，有效提升政策实施效果。《指导意见》要求各相关部门将按照职责分工，扎实推进金融服务乡村振兴各项工作。各涉农金融机构要根据《指导意见》的要求，加大对乡村振兴领域的支持力度，更好满足乡村振兴多样化、多层次的金融需求。

第二节　金融社会工作参与乡村振兴

一、社会工作在乡村振兴中的作用

2020 年 12 月 28 日，习近平总书记在中央农村工作会议上发表重要讲话指出，"要举全党全社会之力推动乡村振兴"。乡村振兴是一场攻坚战、持久战，不仅是农民的事，也不仅是农业部门的事，还需要全社会的共同努力。其中，社会工作的力量不可忽视。

乡村是社会工作的传统领域。在全社会参与乡村振兴战略的新形势下，社会工作理应义不容辞、责无旁贷。《乡村振兴战略规划（2018—2022 年）》提出要"大力培育服务性、公益性、互助性农村社会组织，积极发展农村社会工作和志愿服务"，为社会工作更好地发挥专业优势参与乡村振兴战略提供了前所未有的机遇。

（一）社会工作的乡村传统

乡村社会工作，即农村社会工作，是指社会工作者以社会工作专业价值为理念，以社会工作方法为手段，以社区为平台，根据农村社区居民的需求和问题，与农村社区居民、政府工作人员以及其他人员一起，通过平等合作和参与解决农村社区的问题和需求，从而促进农村社区生产方式和生活方式的转变和发展，改善村民的生活品质，增强社区凝聚力，提高村民的发展能力，达到农村社区的公平、公正、生态、和谐的可持续发展的活动和过程。①

乡村社会工作实践的起源可以追溯到 1908 年美国乡村委员会的成立并于当年召开的慈善与矫治会议。以后，美国的一些志愿者自发深入到偏远的乡村地区开展救济和慈善等活动，推动了乡村社会工作的实践。二战以后，乡村社会工作在世界各国迅速发展起来。在发达国家，由于经济的高速发展和福利国家政策的实施，城市居民的生活保障水平较高，乡村地区成为社会的短板。政府鼓励专业社会工作者进入乡村地区，运用专业知识和方法改善农民的生活处境，回应社会急剧变迁和城乡差距给农民带来的不适感。例如，在美国，20 世纪 60 年代，约翰逊政府发起了"向贫困宣战"的项目。社会工作界积极响应，于 1969 年成立了乡村工作小组和乡村社会工作年度研究会。1969～1985 年，美国的乡村社会工作教育工作者和实践者的学术活动取得了巨大的发展②。在发展中国家，由于这些二战以后独立的国家几乎都是农业国，农村地区非常落后，乡村社会工作基本处于起步阶段。21 世纪初，在一些由国际组织和西方国家援助的发展项目中实施了一些乡村社会工作项目。

在我国，20 世纪 20～30 年代多地开展的乡村建设项目可以被看作是乡村社会工作的起步，代表人物有梁漱溟、晏阳初等人，他们也为我国的社会工作扎根乡村、服务乡村奠定了优良的传统。新中国成立以后，尽管我国很长时间并无社会工作的概念，但是党和政府始终高度重视农村，在农村实行了一系列帮扶政策，从事农村工作的人员虽无社会工作之名，但有社会工作之实。进入 21 世纪，随着社会工作在我国的发展，大量的社会工作者进入农村，推动了乡村社会工作的发展。

（二）社会工作与乡村振兴的契合

从社会工作的传统角度来看，乡村社会工作与乡村振兴的契合度非常高。乡村社会工作一直致力于解决农村存在的问题，促进农村的发展。进入中国特色社会主义新时代以后，我国社会主要矛盾已经转化为人民日益增长的美好生活需要和不平衡不充分的发展之间的矛盾。在我国乡村，发展的不平衡不充分仍然存在，同时城乡之间的差距仍然比较大；农民对于美好生活的需求日益增长，乡村振兴正是解决这一社会主要矛盾的重要抓手。在这个过程中，乡村社会工作继续发扬扎根农村的传统，不仅可以从宏观上参与乡村振兴一系列政策的实施，还可以从微观上发挥专业优势为农民赋能，提供养老服务、医疗服务、社会救助、心理疏导、人际关系调解、和谐社区建设等全方位的服务。

---

① 王思斌主编：《社会工作概论》（第三版），高等教育出版社 2014 年版，第 306 页。

② ［美］O. 威廉·法利、拉里·L. 史密斯、斯科特·W. 博伊尔著，隋玉杰等译：《社会工作概论》（第 11 版），中国人民大学出版社 2010 年版，第 9 页。

因此，乡村社会工作应坚持一贯的扎根农村、服务农村的优良传统，自觉服从、服务于乡村振兴战略。

从社会工作的专业属性角度来看，乡村社会工作与乡村振兴的契合度非常高。社会工作遵循平等、尊重、助人自助、和谐互动的专业理念，其目标是帮助服务对象的自我发展。实施乡村振兴战略的基本原则之一是坚持农民主体地位，即切实发挥农民在乡村振兴中的主体作用，调动亿万农民的积极性、主动性、创造性，把维护农民群众根本利益、促进农民共同富裕作为出发点和落脚点，促进农民持续增收，不断提升农民的获得感、幸福感、安全感，其最终目标也是为了保障农民的全面发展。因此，社会工作的专业属性决定了乡村社会工作只有在参与乡村振兴战略实施的过程中才能更好地体现其专业价值，并将其专业理念自觉融入服务于乡村振兴的伟大实践中。

从社会工作的价值理念角度来看，乡村社会工作与乡村振兴战略有高度的契合度。现代社会工作的核心价值理念包含以人为本、自决、个别化和实现社会公正等。乡村振兴战略坚持农民的主体性，真正体现了以人为本的理念；党和政府一直在农村中坚持的群众路线和村民自治的组织原则在乡村振兴战略中得到了继续贯彻和实施；乡村振兴战略坚持因地制宜、循序渐进的原则，科学把握乡村的差异性和发展走势分化特征，既尽力而为，又量力而行，不搞层层加码，不搞"一刀切"，不搞形式主义和形象工程，久久为功，扎实推进，充分体现了个别化的原则；乡村振兴战略坚持城乡融合发展，坚决破除体制机制弊端，推动城乡要素自由流动、平等交换，推动新型工业化、信息化、城镇化、农业现代化同步发展，加快形成工农互促、城乡互补、全面融合、共同繁荣的新型工农城乡关系，旨在进一步实现社会公正。可以说，乡村社会工作只有投身于乡村振兴战略中，才能贯彻实施其核心价值理念。

从社会工作的实践方式角度来看，乡村社会工作与乡村振兴战略有高度的契合度。社会工作强调实践性。乡村社会工作从诞生之日起就扎根于乡村，切实解决乡村存在的实际问题，在实践中总结乡村社会工作的方法与技术，形成理论再指导实践工作。乡村振兴战略是党和政府在精准把握现时代的社会主要矛盾和"三农"发展的新态势，认真总结农业农村发展的历史性成就和历史性变革的基础上，站在当前历史发展方位，着眼党和国家事业全局，深刻把握现代化建设规律和城乡关系变化特征，顺应亿万农民对美好生活的向往，对"三农"工作作出的重大决策部署，强调真抓实干，稳步推动，落到实处。因此，乡村振兴为当前我国乡村社会工作提供了最佳的实践场域。乡村社会工作的技术和方法可以在乡村振兴的实践中得到发挥和检验，从中总结出适合我国国情的实践做法，形成中国特色的乡村社会工作理论，用以丰富乡村社会工作的内涵，指导今后的实践工作。

从社会工作的专业发展角度来看，乡村社会工作与乡村振兴战略有高度的契合度。任何专业存在和发展的基础都是回应和满足社会的需要。当前，乡村振兴已经成为我国乡村发展的主题，为社会工作专业的发展提供了宏大的时代背景，也提出了新的要求。社会工作专业应积极响应乡村振兴的需求，在理论建设方面为乡村振兴战略提供更强的理论支撑，同时从乡村振兴实践中汲取更多的理论营养，丰富自己的理论基础，发展出具有时代特色的中国特色乡村社会工作理论。在人才培养方面，面向乡村振兴的任务培养更多的乡村社会工作人才，满足乡村振兴的需要。在课程建设方面，紧紧围绕乡村振兴的时代主题，对乡村社会工作方向的课程体系进行反思和调整，增加有关乡村振兴内容的课程。总之，乡村社会工作专业建设和发展要自觉服从、服务于乡村建设，把专业建在中国大地上，融入乡村建设的大局中，才能永葆专业的活力。

二、金融社会工作参与乡村振兴的实践路径与服务重点

乡村社会工作参与乡村振兴的实践路径是在中央对乡村振兴的统一部署和乡村振兴有关部门指导之下，以"五社联动"机制为载体，积极、主动、全面、深度地参与到乡村建设。其服务的重点内容包括以下四个方面。

1. 与社区的联动

2022年，在国务院印发的《"十四五"推进农业农村现代化规划》中明确提出"加快推动乡镇社会工作服务站建设，吸引社会工作人才提供专业服务"。目前，全国多地已建立了乡村社会工作服务站，为乡村社会工作者深入农村地区提供了平台，可以定点定期地在乡村社区开展社会工作服务。第一，在尊重农民主体地位的前提下，为农民赋权，针对农民开展能力培训，挖掘他们的潜力，使之能够发挥乡村振兴的积极性和主动性。第二，参与乡村社区环境建设，包括自然环境、生态环境、人文环境等，助力美丽乡村建设，打造一个生态宜居、乡风文明的乡村社区。第三，参与乡村教育事业。乡村社会工作者可以支持乡村小学、希望小学、乡村中学等教育事业，弥补乡村教育师资的短缺，加强对贫困家庭、留守家庭儿童的支持，帮助他们快乐成长。

2. 与社会组织的联动

近年来，随着我国各类社会组织的发展，社会组织在各类社会事务中的参与程度显著提高。参与乡村振兴，既是社会组织的重要责任，又是社会组织服务国家、服务社会、服务群众、服务行业的重要体现，更是社会组织实干成长、实现高质量发展的重要途径和广阔舞台。

2022年3月，民政部、国家乡村振兴局下发《关于动员引导社会组织参与乡村振兴工作的通知》，要求各级民政部门和乡村振兴部门要将社会组织参与乡村振兴纳入重要议事日程，通过强化党建引领、加强组织领导、推进部门协同、优化政策保障等方式，推动社会组织积极参与乡村振兴。

在乡村振兴方面，社会组织具有如下独特的优势：相比于政府部门，社会组织的自由度比较高，可以根据乡村振兴的实际需要调整组织架构，以多种形式参与到乡村振兴中；相比于企业，社会组织可以长期扎根基层，掌握和响应乡村的需求。而且社会组织具有公益性和非营利性，在乡村振兴上可以更多地考虑社会效益。此外社会组织行动效率高，能够快速地组织资金和资源投入乡村振兴活动中。

乡村社会工作者应与社会组织形成良好的联动机制，助力社会组织在产业振兴、科技助农、文化体育、环保生态、卫生健康、社会治理、民生保障方面的积极作用。

首先，作为所在机构的一员，乡村社会工作者要充当自身所在的社会组织参与乡村建设的排头兵，积极促成本组织更深入地参与到乡村建设中来。

其次，乡村社会工作者可以与其他社会组织合作，利用自身优势帮助其他社会组织迅速熟悉融入乡村环境，找准参与乡村振兴的切入点，实现巩固拓展脱贫攻坚成果同乡村振兴有效衔接。乡村社会工作者和社会组织可以一起参与乡村振兴专项行动，打造社会组织参与乡村振兴对接平台，认真做好社会组织参与乡村振兴项目库建设，加强自身能力建设和机制建设，吸引高校毕业生、退役军人和返乡创业农民工等加入社会组织中来，参与乡村治理体系建设。

最后，协助发展乡村社会组织。一方面，助力乡村经济组织改变基础弱化、空壳化严重、发育水平低等现状，把农民组织起来，发扬农民合作互助的精神，夯实集体经济组织基础。另一方面，在乡村培育新的社会组织。乡村社会工作者可以和社会组织合作，利用乡村振兴平台和项目，培育乡村中的专业合作社、技术服务小组、文化团体等新型组织，既要为乡村带来经济和技术支持，还要丰富农民的精神文化生活，积极倡导现代文明理念和生活方式，建设社会主义新农村。

3. 与社会志愿者的联动

志愿者是以自己的时间、知识、技能、体力等从事志愿服务的自然人，也是参与乡村振兴的重要社会力量之一。志愿者和社会工作者常常被混淆，因为它们的工作范围有部分交叉之处：社会工作者有时会以志愿者的身份参与到乡村振兴活动中；而在社会工作者缺位的情况下，志愿者有时候也会承担一些社会工作性质的工作。但是，总的说来，社会工作者是经过资格审核拥有职业资格的专业人士，一般志愿者往往不具备这样的条件。

乡村社会工作者与志愿者之间的联动表现在他们在乡村振兴中并肩作战，互相支援。对于乡村社会工作者而言，他可以充当志愿者熟悉乡村环境的引路人，乡村振兴活动的组织者和领导者，带领志愿者开展相关的活动；运用专业知识为志愿者提供相关的培训，指导志愿者在条件具备、时机成熟时向社会工作者转型；还可以为志愿者提供心理治疗、胜任力提升等相关的专业服务。对于志愿者而言，可以充当乡村社会工作者的助手，分担一部分的工作；也可以从外部为社会工作者输送资源，比如筹措、运输、发放社会工作者开展工作所需的物资设备。当然，志愿者还可以承担社会工作者职责和能力之外的任务。

4. 与社会资源的联动

链接资源是社会工作的一大优势。而社会资源是乡村振兴的重要保障。因此，乡村社会工作者的一大任务就是为乡村振兴链接各种资源。一方面，利用自身优势，发动社会各方面的力量，整合社会资源，将有效资源引入乡村中来；另一方面，通过专业介入手段，帮助村民链接外部资源，建立社会支持网络，并引导他们能够有效支配这些资源。

在全社会力量积极参与乡村振兴的浪潮中，金融社会工作自然不甘于落后，必要有所作为。金融社会工作参与乡村振兴，就是深入贯彻落实党的十九大报告精神、《中共中央 国务院关于实施乡村振兴战略的意见》《乡村振兴战略规划（2018—2022 年）》和《关于金融服务乡村振兴的指导意见》等文件的有关要求，在中央和各级乡村振兴有关部门对乡村振兴的统一部署下，将金融服务与社会工作有机结合起来，找准切入点，发挥自身优势，运用科学、专业的方法介入农村金融体系和经济社会发展的重点领域和薄弱环节，更好满足乡村振兴多样化的需求。

三、金融社会工作在乡村振兴中的主要责任和策略

（一）深入基层，充当乡村振兴信息上传下达的沟通者

尽管乡村振兴战略在全国各地得到了广泛的响应和落实，但是仍有相当多的农民对乡村振兴的理论内涵、党和国家有关乡村振兴的重要文件精神、各级部门和机构推出的一系列金融支农惠民的措施知之甚少，因而处于被动接受甚至冷眼旁观的状态，如此很难发挥农民在乡村振兴中的主体性作用，无法调动农民参与乡村振兴的积极性和主动性。与此同时，由于我国乡村地区地域的广阔性和差异性，各级部门和机构很难掌握农民具体的金融需求以及各项金融措施在实施过程中出现的问题，容易出现"一刀切"的情况，影响金融措施与农民需求之间的精准对接。

金融社会工作的优势在于能够深入基层，近距离接触到服务对象，因此，可以充当乡村振兴信息上传下达的沟通者角色。一方面，金融社会工作者可以通过个案工作、小组工作和社区工作等方法，为农民深入讲解乡村振兴战略的理论内涵和有关重要文件精神，详细介绍各级部门和机构推出的一系列金融措施，解答他们的疑问，使农民在正确理解全面乡村振兴的理论内涵的基础上积极主动参与其中，发挥农民的主体性；另一方面，调查和了解农民在乡村振兴中的金融需求，跟踪乡村振兴金融措施在具体实施过程中出现的问题以及农民的反应，将这些信息反馈给有关部门和机构，帮助他们建立分层分类的农业经营主体金融支持体系，探索完善对各类新型农业经营主体的风险管理模式，增强金融资源承载力。

（二）开展金融培训，充当乡村干部和农民金融能力的提升者

长期以来，由于城乡之间金融发展存在着较大的不平衡，农民接触金融事务的机会比较少，业务比较单一，导致农民的金融知识比较欠缺，金融素养普遍偏低。各级金融机构在乡村振兴中推出的信贷、担保、保险以及其他金融创新和衍生品对于广大农民来说都是新鲜事物，加上农民自身的金融能力相比金融自身带来的风险显得非常脆弱，因而这些金融业务会让农民难以理解，不敢去接触。同时，乡村干部在许多农村金融业务中充当着管理者和推广者的角色，他们的金融素养也不高，而且可能会滋生腐败。这些因素会影响金融在乡村振兴中的效率。此外，还有一些非法金融机构为了谋取利润，打

着乡村振兴的旗号，向农村和农民推销违法、违规的金融产品，甚至进行金融诈骗，造成农民经济损失，不但增加了农民的金融风险，也会给乡村振兴抹黑。

开展金融培训，提高全民金融素养是金融社会工作一项持之以恒的任务。在乡村振兴中，金融社会工作可以利用自身的知识优势，一方面在乡村广泛开展金融教育活动，帮助农民学会规范使用银行卡、网络支付、移动支付等支付方式以及电子商务等新型商务模式，帮助农民了解针对农村电商的专属贷款产品和小额支付结算功能，打通农村电商资金链条；另一方面，加强农村金融安全宣传和教育，增强广大农村群众金融知识和金融安全意识，提高涉农信贷风险的识别、监控、预警和处置水平，参与涉农信贷数据的积累和共享，创新农村经营主体信用评价模式，帮助农民识别各种金融诈骗和非法金融活动，维护农民合法的金融权益。

（三）链接各种资源，充当金融支农惠民项目的推广者

金融社会工作可以从"优势视角"出发，帮助农民发现自身优势，挖掘潜力，链接各种资源。金融社会工作在各种金融支农惠农项目和农民的需求之间搭建信息桥梁，充当这些项目的推广者。一是可以帮助农民申请助农信贷、小额信用贷款、创业担保贷款、助学贷款、康复扶贫贷款等多项优惠贷款项目，满足农民生产、创业、就业、就学等合理贷款需求。二是帮助农民引入农业科技项目，推进农业科技与资本有效对接，保障农业的增长增收，做好国家粮食安全金融服务。三是引导外部资源发展节水农业、高效农业、智慧农业、绿色农业等新兴农业模式，充分发掘地区特色资源，支持探索农业与旅游、养老、健康等产业融合发展的有效模式，推动休闲农业、乡村旅游、特色民宿和农村康养等产业发展，促进农村一二三产业融合发展。四是利用专业知识，协助农民链接厂房和大型农机具抵押、圈舍和活体畜禽抵押、动产质押、仓单和应收账款质押、林权抵押、农业保单融资等信贷业务，协助企业和农户通过融资租赁业务，解决农业大型机械、生产设备、加工设备购置等资金方面的难题。五是协助农民链接农业科技资源，一方面帮助农业科技人员加快技术推广，另一方面，帮助农民学习和掌握这些新技术，拓宽农业产品的销售渠道。六是链接外部资源帮助发起设立乡村振兴投资基金，支持符合条件的涉农企业在主板、中小板、创业板以及新三板等上市和挂牌融资，推动农业产业整合和转型升级。

♻ 基本概念

乡村　乡村振兴　乡村社会工作　五社联动

♻ 本章要点

乡村是指城市建成区以外具有自然、社会、经济特征和生产、生活、生态、文化等多重功能的地域综合体，包括乡镇和村庄等，与城镇互促互进、共生共存，共同构成人

类活动的主要空间。乡村的兴衰关乎国家的兴衰成败。农业农村农民（"三农"）问题是关系国计民生的根本性问题，党和政府始终把解决好"三农"问题作为工作的重中之重。2017年10月18日，党的十九大报告中提出"实施乡村振兴战略"，即"坚持农业农村优先发展，按照产业兴旺、生态宜居、乡风文明、治理有效、生活富裕的总要求，建立健全城乡融合发展体制机制和政策体系，加快推进农业农村现代化"。

金融对于乡村振兴的意义不言而喻。尽管我国的农村金融事业取得了长足的发展，但仍然是农村经济发展中的短板。创新和提升农村金融服务，是实施乡村振兴战略的重要支撑。党的十九大报告中明确提出要"深化金融体制改革，增强金融服务实体经济能力"，"健全金融监管体系，守住不发生系统性金融风险的底线"，对今后一段时期内我国农村金融改革与发展指明了方向。实施乡村振兴战略，是金融系统开展农村金融服务工作的根本遵循。国家高度重视农村金融在乡村振兴中的重要作用，针对农村金融参与乡村振兴的短板问题出台了许多指导性的政策。

乡村社会工作，即农村社会工作，是指社会工作者以社会工作专业价值为理念，以社会工作方法为手段，以社区为平台，根据农村社区居民的需求和问题，与农村社区居民、政府工作人员以及其他人员一起，通过平等合作和参与解决农村社区的问题和需求，从而促进农村社区生产方式和生活方式的转变和发展，改善村民的生活品质，增强社区凝聚力，提高村民的发展能力，达到农村社区的公平、公正、生态、和谐的可持续发展的活动和过程。乡村社会工作实践的起源可以追溯到1908年美国乡村委员会的成立并于当年召开的慈善与矫治会议。在我国，20世纪20～30年代多地开展的乡村建设项目可以被看作是乡村社会工作的起步，新中国成立以后，在农村实行了一系列帮扶政策，从事农村工作的人员虽无社会工作之名，但有社会工作之实。进入21世纪，随着社会工作在我国的发展，大量的社会工作者进入农村，推动了乡村社会工作的发展。

从社会工作的传统、专业属性、价值理念、实践方式、专业发展等角度来看，乡村社会工作与乡村振兴的契合度非常高。

乡村社会工作参与乡村振兴的实践路径是在中央对乡村振兴的统一部署和乡村振兴有关部门指导之下，以"五社联动"机制为载体，积极、主动、全面、深度地参与到乡村建设。其服务的重点内容包括与社区的联动、与社会组织的联动、与社会志愿者的联动、与社会资源的联动。

金融社会工作在乡村振兴中的主要责任和策略包括：（1）深入基层，充当乡村振兴信息上传下达的沟通者角色。一方面，金融社会工作者可以通过个案工作、小组工作和社区工作等方法，为农民深入讲解乡村振兴战略的理论内涵和有关重要文件精神，详细介绍各级部门和机构推出的一系列金融措施，解答他们的疑问，使农民在正确理解全面乡村振兴的理论内涵的基础上积极主动参与其中，发挥农民的主体性；另一方面，调查和了解农民在乡村振兴中的金融需求，跟踪乡村振兴金融措施在具体实施过程中出现的问题以及农民的反应，将这些信息反馈给有关部门和机构，帮助他们建立分层分类的农业经营主体金融支持体系，探索完善对各类新型农业经营主体的风险管理模式，增强金融资源承载力。（2）开展金融培训，充当乡村干部和农民金融能力的提升者。在乡村振兴中，金融社会工作可以利用自身的知识优势，一方面在乡村广泛开展金融教育活动，帮助农民学会规范使用银行卡、网络支付、移动支付等支付方式以及电子商务等新型商务模式，帮助农民了解针对农村电商的专属贷款产品和小额支付结算功能，打通农村电商资金链条；另一方面加强农村金融安全宣传和教育，增强广大农村群众金融知识和金融安全意识，提高涉农信贷风险的识别、监控、预警和处置水平，参与涉农信贷数据的积累和共享，创新农村经营主体信用评价模式，帮助农民识别各种金融诈骗和非法金融活动，维护农民合法的金融权益。（3）链接各种资源，充当金融支农惠民项目的推广者。一是可以帮助农民申请助农信贷、小额信用贷款、创业担保贷款、助学贷款、康复扶贫贷款等多项优惠贷款项目，满足农民生产、创业、就业、就学等合理贷款需求。二是帮助农民引入农业科技项目，推进农业科技与资本有效对接，保障农业的增长增收，做好国家粮食安全金融服务。三是引导外部资源发展节水农业、高效农业、智慧农业、绿色农业等新兴农业模式，充分发掘地区特色资源，支持探索农业与旅游、养老、健康等产业融合发展的有效模式，推动休闲农业、乡村旅游、特色民宿和农村康养等产业发展，促进农村一二三产业融合发展。四是利用专业知识，协助农民链接厂房和大型农机具抵押、圈舍和活体畜禽抵押、动产质押、仓单和应收账款质押、林权抵押、农业保单融资等信贷业务，协助企业和农户通过融资租赁业务，解决农业大型机械、生产设备、加工设备购置等资金方面的难题。五是协助农民链接农业科技资源，一方面帮助农业科技人员加快技术推广，另一方面，帮助农民学习和掌握这些新技术，拓宽农业产品的销售渠道。六是链接外部资源帮助发起设立乡村振兴投资基金，支持符合条件的涉农企业在主板、中小板、创业板以及新三板等上市和挂牌融资，推动农业产业整合和转型升级。

♻ 复习思考题

1. 什么是乡村？它有什么特点？
2. 阐述乡村振兴的基本内涵。
3. 阐述社会工作与乡村振兴的契合度。
4. 阐述金融社会工作参与乡村振兴的实践路径和服务重点。
5. 阐述金融社会工作参与乡村振兴的主要角色和策略。

♻ 推荐阅读

1. 习近平：《决胜全面建成小康社会 夺取新时代中国特色社会主义伟大胜利——在中国共产党第十九次全国代表大会上的报告》，中华人民共和国中央人民政府网站，http：//www. gov. cn/zhuanti/2017－10/27/content_5234876. htm.

2. 习近平：《高举中国特色社会主义伟大旗帜 为全面建设社会主义现代化国家而团结奋斗——在中国共产党第二十次全国代表大会上的报告》，中华人民共和国中央人民政府网站，http：//www. gov. cn/xinwen/2022 – 10/25/content_5721685. htm.

3. 王思斌主编：《社会工作概论》（第三版），高等教育出版社 2014 年版。

4. ［美］O. 威廉·法利、拉里·L. 史密斯、斯科特·W. 博伊尔著，隋玉杰等译：《社会工作概论》（第 11 版），中国人民大学出版社 2010 年版。

5. 刘守英、程国强著：《中国乡村振兴之路——理论、制度与政策》，科学出版社 2021 年版。

6. 田剑英著：《乡村振兴战略背景下新型农业经营主体的金融支持》，中国财政经济出版社 2019 年版。

7. 王华峰编著：《普惠金融与乡村振兴解读》，四川大学出版社 2022 年版。

8.《乡村振兴战略规划（2018—2022 年)》，中华人民共和国中央人民政府网站，http：//www. gov. cn/zhengce/2018 – 09/26/content_5325534. htm.

第十三章

金融社会工作项目评估

○ **引导性问题**

你是否参加过一些社会工作项目？它们最终的效果怎么样？

你是否参加过一些项目的评估？评估的过程是什么样的？

你是否掌握一些项目评估的方法？

项目评估要遵循哪些伦理？

如同一栋大楼竣工以后必须要对它的质量进行验收才能入住一样，任何项目，包括社会工作项目，都要经过评估，才能充分验证相应的服务是有用的还是无效的抑或是有害的。即使证明项目是有用的，那么它是否完成了预期设定的目标，在项目实施过程中发现了什么问题，有哪些环节还可以改善，这些评估结果都可以作为以后开展项目时的有益借鉴。这些问题都体现了运用科学、专业、可靠的研究工具对项目和服务是十分有必要而且非常重要的。

金融社会工作作为一项社会工作服务，在项目完成后进行评估是理所当然的事情。而且，金融社会工作涉及金钱、资产等非常敏感的话题，因此，对其评估的科学性和严谨性会有更高的要求。

第一节 项目评估概述

一、项目评估的内涵

项目是为了达成特定目标而进行的一系列的活动①。如果我们把人类活动简单分为

---

① ［美］戴维·罗伊斯、布鲁斯·A. 赛义、德博拉·K. 帕吉特著，王海霞、王海洁译：《项目评估：循证方法导论》（第六版），中国人民大学出版社 2018 年版，第 7 页。

自然科学领域和人文社会科学领域，那么，自然科学项目的目标是为了科学发现、技术创新和生产出产品等，它的目标非常明确且可以量化；人文社会科学项目的主要目标包括改变人们对世界的看法、启迪思维、理论发现、社会和谐与发展、经济增长、人文关怀以及人际关系的和睦等，相比之下，它的目标繁杂，难以量化，甚至有时候放眼于未来而不是当下。

一个项目通常会配备相应的人员和资金，有时候项目人员的规模还十分庞大，资金预算的额度非常高。例如，一个自然科学的大项目可能涉及成千上万的工作人员，资金预算过亿元。这就决定了项目结束之后，项目的投入方必然要考察工作人员是否尽心尽力、资金是否物有所值、项目目标是否达到预期等，即使项目不幸失败了，那么失败的原因是什么、是否有歪打正着的结果、过程中间有哪些经验教训等问题也是十分有价值的。这样看来，项目结束并不意味着工作的真正终结，而是一个新的开始，可以为今后的项目提供宝贵的经验和教训。对项目进行评估的意义如同项目本身一样重要。

格林内尔和昂罗（Grinnell & Unrau）将项目评估定义为"一种使用有效可靠的研究方法，探讨一个组织为满足某些社会需要而存在的过程或结果的形式"[①]。从这一广受推崇的定义中我们不难看出，项目评估具有以下三个显著的特征。

（一）项目评估的对象是项目的过程和结果

一般认为，项目评估是在项目结束以后对结果的评估，但实际上，项目评估还要考察项目的过程，也就是说，过程和结果具有同等的重要性。这意味着项目评估不仅可以在项目结束之后进行，也可以在项目过程中进行，甚至可以在项目开始之前进行。

（二）项目评估的方法必须是有效可靠的

自然科学领域的项目评估相对比较成熟且简单，无论是过程还是结果的量化都比较明确。比较困难的是人文社会领域的项目评估，很多结果都是定性、难以量化的，甚至是不显现的，无疑给项目的评估增加了困难。但这并不是说因此可以省去或者忽略项目评估，相反，我们可以借鉴自然科学项目的评估方法和工具，设计一套规范化、可量化、可操作的指标体系开展项目评估。同时，我们还不应刻板地拘泥于某些量化指标而忽视人文社会科学领域项目的人文性和社会价值，要在评估过程中遵循相关的伦理要求。

（三）项目评估的意义在于体现项目和组织的必要性

项目评估不仅在于考察项目的实施过程和结果是否达到了预期的效果，比如有哪些科学发现，产出了哪些理论或者产品，解决了什么社会问题等，而且更深远的意义在于项目的实施是否有必要，能否为今后的项目或者科学、经济、社会领域提供经验或者教

---

① Grinnell, R. M. and Unrau, Y. A. （Eds），"Social Work Research and Evaluation（8th ed.）"，New York：Oxford University Press，2008，P553.

训。通过对某个项目的评估，甚至可以验证开展这个项目的组织是否对社会有益或者对社会作出贡献。

二、项目评估的方法

一般来说，项目评估的方法主要有定性评估法、定量评估法、混合评估法和成本收益评估法等。这几种方法主要是根据在评估过程中的侧重点不同而进行区分的。实际上，这几种方法并不是截然分开的，在很多时候都会交叉并用、融为一体。

定性评估法主要是在调查、观察和分析数据的基础上，依赖详细的文献资料，对项目的过程和结果进行综合评价。定性评估法的优势在于对于一些难以量化的过程和结果，例如理论价值、人文关怀、社会意义等方面，可以给出解释性的评估结果。

定量评估法主要是在调查、观察和分析数据的基础上，通过量化的、可操作性的指标体系，对项目的过程和结果进行综合评价。定量评估法的优势在于对于过程和结果可以量化，实证特色鲜明，因此对于可数量化的结果，如产品产出、经济增长等，可以给出比较精确的评估结果。

定性评估法和定量评估法并无优劣之分，因此，很多评估会将两者结合在一起，形成混合评估方法。常用的混合评估法是三角测量法，即同时使用定性评估法和定量评估法，比较两组方法的发现是否一致，从而提供确证和确认，如果存在差异，那么就将两组方法的结论结合在一起，形成互补。混合评估法另一种选项就是将一种方法中得到的数据转换成另一种方法，例如对定性数据进行量化，将其转化为连续的或者分类的变量再进行定量分析。混合评估法的优势是能够将定性评估法和定量评估法结合起来，使其能够发挥各自的优势，或者使两种方法能够交叉融合，当然也会有一定的难度。

成本效益分析法是一种经济学的方法，就是将项目的结果进行收益化，与项目的成本进行比较，如果收益大于成本，则认为项目是有效的；反之，则认为项目是失败的。成本收益法的思路比较清晰，操作性较强，具有较强的说服力，还可以使项目实施方在项目进行过程中具有良好的成本意识，但是短板也是显而易见的，在一些结果难以进行收益化的项目中，往往会忽视项目的社会效益和长远效益，使得项目的评估可靠性大打折扣。

三、项目评估的过程

项目评估是一项有组织的活动。它可以在项目进行中同时开展，也可以在项目结束以后进行。项目评估的过程大体可以分为如下几个步骤。

（一）组成项目评估组

项目评估组是对项目进行评估的专家团队。评估组人员可以由项目投入方确定，也可以由项目实施方确定，还可以邀请第三方独立机构组成，甚至三方各派出一部分人员组成联合评估团队。团队人员规模根据项目本身的具体情况决定。在构成体系上除了项目涉及的学科专业人才之外，还可以邀请其他领域的专家参与，如经济学、社会学领域的专家，从而可以对项目的专业价值之外的经济效益和社会价值进行综合评估。

（二）确定评估方法

评估方法的确定对评估的效果具有至关重要的作用。选择哪种评估方法当然是根据评估的内容来决定，选择最能发挥优势的方法。在现实中，定量评估法可能因为其具有的量化性、操作性的特点加之带有"科学性"的神秘色彩而更受青睐。但是，我们要清醒地认识到定量评估法不是万能的，也不一定是最有效的。混合评估法虽然结合了定性评估法和定量评估法的优势，越来越普及，但是我们对其操作难度和存在的缺陷不能掉以轻心。另外，评估方法的选择还要考虑评估的周期，保证评估的科学性的同时也要做到及时性和经济性。

（三）收集相关收据

无论采用哪种评估方法，收集数据都是评估的基础。数据包括过程数据和结果数据，可以由项目实施方提供，也可以由评估组自行去收集。有时候，为了更好地得到真实有效的数据，评估组会参与观察项目实施的过程，在项目人员中开展访谈，以得到一手的数据。

（四）分析相关数据

在得到相关数据之后，评估组使用设定好的评估方法对数据进行分析。不同的评估方法对数据分析的侧重点不一样。例如，定性评估法根据文献资料对数据进行分析；定量评估法要设计一套指标体系，利用数据计算相关的指标。混合评估法要对数据的类别进行区分，将不同类别的数据归类到相应的评估方法中；成本效益评估法主要是从众多的数据中甄别出属于成本类和效益类的数据，然后进行相关的处理。

（五）得出结论，撰写评估报告

通过分析相关的数据，评估组可以得出结论，并将结论形成评估报告。不同项目的评估报告的结构有所区别，但内容大体上应包括项目的背景介绍、评估的方法、项目过程的基本情况、数据的来源及相关分析、项目实施的结果、评估组的结论以及评估组的建议等几个部分。值得注意的是，评估报告应不局限于项目本身，还要阐明项目实施的意义以及对其他项目的借鉴意义。如果不涉及商业和技术机密，评估报告在征得各利益相关方的同意后可以向社会公布和推广。这样不但可以使项目实施引起更大的关注，也可以使社会各界从中得到启迪。

第二节　金融社会工作项目评估的理论

一、金融社会工作项目评估的定义和特点

如同所有项目一样，项目评估也是金融社会工作的重要环节。在社会工作中，项目评估的使命是提供信息，以提升社会项目[①]。金融社会工作项目评估就是使用科学、可靠的方法，在收集相关证据的基础上，验证金融社会工作项目实施的过程和结果。

金融社会工作兼具金融工作和社会工作的两大属性，它的项目评估具备以下鲜明的特点。

（一）金融社会工作项目的过程评估与结果评估同等重要

在大多数项目评估中，对结果的重视总是高于过程，项目的成败也多以结果来进行评判。而金融社会工作与金融领域挂钩，涉及金钱的议题，很容易走进以成本效益法来进行评估的误区。事实上，金融社会工作作为社会工作领域的一个分支，过程与结果同等重要。在服务过程中，金融社会工作可以改变人对金钱的思想、看法和态度，提升个人的金融素养，解决个人因金钱带来的各种情绪上和心理上的问题，教会个人和家庭积累资产，改变生活方式，这些潜移默化的改变对个人、家庭和社会都具有深远的影响，这些影响在项目结束的时候未必能够体现出来，也不易通过量化的指标计算出来。即使项目没有达到预期的目标，金融社会工作对于个人和家庭的思维和生活方式上的改善也是非常有价值的。因此，金融社会工作必须将过程评估和结果评估放在同等重要的位置，更多地关注它的社会效益而非简单的经济效益。

（二）金融社会工作项目评估宜采用综合评估法

由于金融社会工作的复杂性、交叉性和人文性，金融社会工作项目选用的方法就不能简单地套用一般项目的方法。例如，金融社会工作项目的前期有资金投入，在服务过程中案主可能会有投资或者资产收入，很容易误导项目评估的时候采用成本收益法。又或者因为金融社会工作中的金融素养提升、资产建设等内容都可以量化，因而也容易误导评估方采用定量评估法。实际上，金融社会工作项目评估不能单一地采用一种方法，而是应该将项目评估的定性评估法、定量评估法、混合评估法和成本效益法结合起来，针对金融社会工作项目中的不同内容的特色，采用对应的评估方法，形成一种综合评价方法，这样才能发挥各种评估方法的优势，对金融社会工作项目的过程和结果的价值进行全面的评价。

---

① Tripodi T., "Program evaluation", in A. Minahan（Ed.）, Encyclopedia of Social Work, Silver Spring, MD: National Association of Social Workers, P366.

（三）金融社会工作项目需要进行需求评估

一般项目的需求都是来自项目投资方并体现在目标中，而社会工作是服务对象需求导向型的，因此对需求进行评估是社会工作项目中极其重要的一环。

广义上，需求评估是对社区或者服务群体内存在的问题的评估和预测[①]。对于金融社会工作项目而言，服务对象的需求决定了项目的性质、方向和结果，而项目投入方在立项时对服务对象的需求一般不会做过于详细的调查。虽然金融社会工作者在项目开始时也会对案主进行需求评估，但是评估方出于保障项目的顺利进行，也应该进行需求评估。需求评估可以提高项目的水平，优化人力和物力资源的使用和分配，随时掌握项目进行中的新问题和新需求，识别项目进行中的干扰因素，为项目实施方提供帮助。此外，评估方还可以根据项目的实际情况，向项目投入方提出目标调整和预算调整的建议，充当项目投入方和实施方信息沟通的桥梁。

（四）形成性评估对于金融社会工作项目必不可少

对于金融社会工作而言，过程和结果同等重要。因此，在金融社会工作评估中，评估者需要参与到社会工作者和案主的关系体系之中，及时发现项目的实施过程中的问题并加以调整和完善，这就是形成性评估。它对于推进和改善金融社会工作项目并最终达成理想的效果具有非常重要的作用。

金融社会工作项目较之于一般的项目有很大的不确定性：金融社会工作的理念和方法都是全新的，参加项目的社会工作者可能只接受过金融学理论或者社会工作单个学科的学习和培训，即使社会工作者完成了金融社会工作的培训，其效果还有待检验，因此社会工作者的知识体系和工作技能是不确定的；案主过往的金融经历对案主产生的影响比较模糊，同时案主对于金钱的态度和想法的变动性很大，因而案主的背景和需求是不确定的；由于金融市场瞬息万变，"黑天鹅""灰犀牛"事件层出不穷，其影响和后果也不可预测，因此金融社会工作者项目达成的目标也具有很大的不确定性。形成性评估可以用于调节和提升服务，为项目，尤其是新项目提供指导，而不是用来证明项目是否值得它所花费的资金[②]。

二、金融社会工作项目评估的内容

（一）金融社会工作项目评估的逻辑模型

任何一项工作都有一套严密的逻辑思路。逻辑模型就是将逻辑思路进行技术化的图

---

　　① ［美］戴维·罗伊斯、布鲁斯·A. 赛义、德博拉·K. 帕吉特著，王海霞、王海洁译：《项目评估：循证方法导论》（第六版），中国人民大学出版社 2018 年版，第 64 页。

　　② ［美］戴维·罗伊斯、布鲁斯·A. 赛义、德博拉·K. 帕吉特著，王海霞、王海洁译：《项目评估：循证方法导论》（第六版），中国人民大学出版社 2018 年版，第 116 页。

表。评估工作的逻辑模型就是检验评估过程及各组成部分是否达到预期项目成效的工具。更准确地说，逻辑模型是描述理论上评估项目应该如何进行，从而帮助参与者实现预期结果①。

评估的逻辑模型一般如图 13－1 所示。

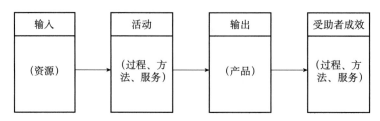

图 13－1　逻辑模型

资料来源：［美］戴维·罗伊斯、布鲁斯·A. 赛义、德博拉·K. 帕吉特著，王海霞、王海洁译：《项目评估：循证方法导论》（第六版），中国人民大学出版社 2018 年版，第 114 页。

根据逻辑模型，可以制作出金融社会工作评估的逻辑模型（见表 13－1）。其中，输入就是项目投入的人力、物力和财力资源；活动包括项目内容和服务对象；由于金融社会工作的输出（产品）就是受助者的成效，因此，这两项可以合并为输出，主要分析短期、中期和长期的成效。时间跨度的划分可以根据项目的周期进行合理的设置。

表 13－1　　　金融社会工作逻辑模型

输入	活动		输出（成效）		
项目投入	项目内容	服务对象	短期成效	中期成效	长期成效
1. 招募金融社会工作者队伍并对其进行培训 2. 项目开展的资金 3. 配套的硬件设施（电脑、网络等） 4. 提供的辅助性学习和宣传材料 5. 开展活动的场所 6. 其他	1. 金融素养的提升 2. 金融压力的缓解 3. 家庭金融决策的介入 4. 金融可及性的增强 5. 金融活动的介入 6. 金融文化的营造 7. 金融从业人员帮扶 8. 互联网金融事件中的维权 9. 资产积累的增加 10. 金融能力建设 11. 小额信贷的介入 12. 社会福利政策的倡导 13. 乡村振兴的参与 14. 其他	1. 居民个人 2. 家庭 3. 金融机构 4. 金融从业人员 5. 政府 6. 其他社会组织	1. 案主金融素养提升 2. 案主金融压力得到缓解 3. 金融可及性增强 4. 金融从业人员困境得到纾解 5. 互联网金融事件中的受害者权利得到维护 6. 资产积累小有规模 7. 金融能力得到提升 8. 小额信贷普及面提升	1. 家庭金融决策合理化 2. 金融文化氛围浓厚 3. 资产积累达到一定规模并能够获得稳定的收入流 4. 小额信贷的反贫困效果得到体现	1. 贫困率降低 2. 推动乡村振兴事业 3. 以资产建设为核心的社会福利政策出台并实施

在评估之前确定金融社会工作项目评估的逻辑模型，有助于帮助评估者明确评估的

① ［美］戴维·罗伊斯、布鲁斯·A. 赛义、德博拉·K. 帕吉特著，王海霞、王海洁译：《项目评估：循证方法导论》（第六版），中国人民大学出版社 2018 年版，第 114 页。

主要组成部分和任务，根据组成部分的主要特点有针对性地确立评估方法，并据此开展数据收集。同时，逻辑模型还可以对金融社会工作项目的过程进行检验，查明其中的重点和难点，检验初始目标是否合理并对不合理之处提出反馈，方便项目投入方进行修改和调整。

（二）金融社会工作项目评估的过程

根据一般项目的评估内容并结合金融社会工作的特点，金融社会工作评估的过程依次包括需求评估、形成性评估、过程评估和结果评估四个部分。

需求评估是评估方在独立对金融社会工作项目的服务对象开展的需求调查之后，检验其需求是否符合项目开展的初衷以及项目实施方开展的需求调查是否真实可靠。需求评估是判定金融社会工作项目和金融社会者服务的重要依据。需求评估可以放在项目开始时进行，这样就可以发现问题，适时对项目的目标进行调整，并对项目开展提出指导性意见；也可以放在项目结束时进行，此时可能会发现在接受服务之后的案主出现的新需求，可以为以后的项目提供宝贵的经验。

形成性评估既是对金融社会工作过程的跟踪，也是对金融社会工作项目的参与、管理和指导，做到"评估参与""以评促管""评估指导"。"评估参与"意味着在金融社会工作项目进行过程中，评估者是除社会工作者和案主之外项目的重要参与者，通过对项目的跟踪和评估，评估者需要了解金融社会工作的理念和方法是否合理，金融社会工作者是否胜任，服务过程中系统和生态出现了哪些新变化以及如何应对，最初设定的项目目标是否能够预期实现以及该作出哪些调整，等等。"以评促管"意味着评估方可以参与到项目的管理过程中，包括代表项目投入方参与到对项目的管理，对金融社会工作的服务人员提供力所能及的培训和帮助，代表项目实施方反馈项目的进度和存在的问题，为其尽可能地争取更多的支持，连接项目投入方和实施方的信息沟通。"评估指导"意味着评估方利用自身的优势和掌握的信息，帮助金融社会工作者在契合项目初始目标的同时，积极发现新问题，增加新内容，开发新方法，在金融社会工作的项目实施过程中进行全方位的指导。

过程评估就是对金融社会工作项目开展的全过程进行综合评价，主要包括三个方面的内容：一是评估项目过程中的过程材料，即对金融社会工作者服务全过程中形成的书面材料、影像、记录等工作材料进行查阅，审核真实性和有效性，了解项目开展的全过程；二是与金融社会工作者和服务对象分别开展访谈，了解项目开展的质量；三是对项目开展全过程中的伦理进行审核，保证金融社会工作者的服务符合职业规范。

结果评估就是对项目结束之后的成效进行评估。金融社会工作项目的成效包括三个方面：一是项目实施是否达成了项目投入方最初拟定的目标；二是金融社会工作服务是否帮助服务对象解决了问题，例如金融素养得到提升、资产积累达到一定规模、金融权益得到维护、生活状态得到改善等；三是金融社会工作是否产生了社会效益，如改善人际关系、取得反贫困的效果、促进金融市场的稳定、推动社会福利政策的完善等。众所周知，金融社会工作某些方面的成效要在相当长的时间之后才能显现出来，因此，结果评估应"风物长宜放眼量"，不要过于拘泥于当期的成效。

（三）金融社会工作项目评估中的伦理要求

所有的评估工作都有一定的伦理要求。社会工作必须遵循一定的伦理规范，评估工作因为要对金融社会工作进行全方位、全过程的审核，必然接触到一些关乎案主隐私的信息，还要与案主进行访谈。因此，金融社会工作项目评估中要特别注意遵守相应的伦理规范。

金融社会工作项目评估中的伦理要求主要有以下内容。

1. 评估工作要遵循独立、客观、公正的原则

无论评估工作者是受项目投入方的委任，还是来自项目实施方的有关人员，抑或是独立的第三方机构，在评估过程中必须独立于项目双方的利益之外，既不能屈服于项目投入方的过分要求，也不能迁就于项目实施方而损害投入方的利益，要不偏不倚、客观公正地对项目的需求、形成、过程和结果作出评价。这是项目评估的基本职业道德要求。

2. 评估工作中要遵循保护评估材料和案主的隐私的准则

确保评估材料的隐私是任何评估工作的基本职业准则。社会工作的特殊性决定了金融社会工作服务过程中记录了案主大量的隐私，有些隐私信息涉及金融事务，也许除了社会工作者和案主本人之外，其他人都不知情，万一泄露出去，将会对案主本人的财务和心理造成巨大的伤害，也有损评估者和社会工作者的专业信誉。因此，评估过程中要严格遵守隐私伦理。

3. 评估工作中要恪守尊重的原则

在评估工作过程中，评估者会与社会工作者、案主进行大量的互动，评估者应保持客观、平等、尊重的态度，尊重社会工作者和案主的人格，尤其是特殊群体中的案主。在对社会工作者进行调查和垂询中，要尊重他们的专业性，不要过多干涉社会工作者的工作内容，更不能因为是评估就对社会工作人员居高临下、颐指气使；在与社会工作者和案主进行座谈、访谈时，要耐心倾听他们的需求并及时给予反馈。同样，评估者也要尊重项目实施方，努力提供客观、真实、中肯的评估意见。

第三节　金融社会工作项目评估的实务案例

项目评估对于每一个金融社会工作项目都必不可少。本节我们分别选取有关金融治疗和资产建设的金融社会工作项目评估作为案例，介绍金融社会工作评估的实务。

一、金融治疗项目的评估实务案例[①]

我们选取美国凯斯通研究公司（Key Stone Research Corporation）为宾夕法尼亚州伊利市 4 家机构执行的并由丽塔·沃尔夫森指导和支持的名为"伊利市免税、当地志愿者所得税援助和工作所得抵税优惠联合之路"（united way erie free taxes，the iocal volunteer income tax assistance and earned income tax credit program，以下简称"联合之路"）的金融社会工作进行评估的文本，展示金融治疗项目的评估实务内容。

（一）项目背景

"联合之路"项目是在 2012 ~ 2014 年期间，由位于美国宾夕法尼亚州伊利市（Erie，PA）的 4 家机构组成联盟单位开展的一项金融社会工作项目。这 4 家机构分别是"阶梯式行为健康"（Stairways Behavioral Health）、"伊利黎明"（Erie DAWN）、"安全网"（Safe Net）和"社区庇护服务"（Community Shelter Services），它们长期为低收入家庭服务，并提供金融知识培训。

"联合之路"项目在 3 年项目执行期内，为 45 个家庭开展了金融社会工作服务，主要内容包括对案主的教育、激励和支持，帮助他们达到可持续的、长期的金融行为改变，支持个人和家庭的自给自足和财务稳定。

资金来源于支持"联合之路"项目的专用资源，包括该项目的匿名捐助和伊利市社区基金会的支持。金融社会工作领域的权威专家丽塔·沃尔夫森为各机构培训个案管理者和实施项目提供了重要的指导和支持。

（二）项目目标

总体目标：旨在帮助低收入家庭学习和内化更具生产力的金融行为。

具体目标拟定为：（1）金融社会工作项目参与者增加对金融概念/术语的了解。（2）金融社会工作项目参与者提高改变自我金融行为的能力。（3）金融社会工作项目的个案管理者提高其改变参与者金融能力的效能。（4）金融社会工作项目参与者（如果适用）：（a）在以下方面改善其金融行为：获得主流资源以改善他们的财务状况；建立一套银行服务；跟踪个人支出；平衡他们的支票簿；减少个人支出；制订和实施个人储蓄和支出计划；平衡的预算内生活；减少债务。（b）从过渡性住房搬到永久性住房。（c）改善就业状况。（5）金融社会工作项目的参与者在以下方面提高了长期自给自足的能力：获得服务；职业弹性—就业和培训；育儿；债务；教育；情绪健康；住房；收入；法律；生活技能（金融事项）；生活技能（设定目标以及资源丰富）；身体健康；安全（社区）；安全（关系）；支持系统；交通。

---

① 本案例参见 Key Stone Research Corporation，"Financial Social Work：An Evaluation of Its Effectiveness in Changing Financial Behaviors and Improving Self-Sufficiency"，April 2015，https：//financialsocialwork.com.

（三）评估机构

评估工作由凯斯通研究公司承担。该公司位于美国宾夕法尼亚州伊利市，是一家独立的第三方机构。

（四）伦理规范

在案主参与金融社会工作项目的评估之前，要求他们签署一份知情同意文件，文件里详细说明了他们作为评估参与者的权利和义务。评估过程恪守社会工作评估的相关伦理规范。

（五）评估方法

评估采用定性和定量相结合的混合评估方法。定量部分使用前测—后测实验设计。

（六）逻辑模型

评估方为此次评估设计了逻辑模型（见表 13 - 2）。

表 13 - 2　　　　　　　　　　　　"联合之路"项目评估逻辑模型

项目目标	● 通过教育、激励和支持，创造可持续的、长期的金融行为改变，支持个人和家庭的自给自足和金融稳定
社会工作者短期成效	● 增加对金融概念和术语的了解 ● 致力于金融社会工作模式，提高影响客户效能的能力
参与者短期成效	● 增加对金融概念和术语的了解 ● 提高了改变金融行为的能力
参与者中期成效	● 获得适当主要资源（其他/非收入）的参与者数量增加 ● 从过渡性住房搬到永久性住房的参与者人数增加 ● 越来越多的参与者拥有银行存款 ● 改善就业状况 ● 改善金融绩效：追踪个人支出，平衡支票簿，减少个人支出，减少债务，制订并实施个人储蓄和支出计划 ● 生活预算实现平衡的参与者数量增加
参与者长期成效	● 提高了自给自足能力

（七）数据采集

用于收集数据的研究工具包括：（1）客户知识审查表；（2）客户绩效表；（3）客户绩效表/家庭作业；（4）客户绩效表/活动表；（5）客户自我效能表；（6）个案管理者自我效能表；（7）客户满意度：评估参与者对项目的满意度；（8）个案管理者/项目管理者满意度表。

（八）评估过程

1. 需求评估

在需求评估阶段，评估方主要采用知识审查表调查了服务对象对整个项目中学习的基本金融事项知识的了解程度；采用金融自我效能感和自我调节效能感两个量表来评估服务对象的自我效能感；采用个案管理者自我效能表评估个案管理者在项目开始之前对改变参与者金融结果方面的自我效能；采用个案管理者/项目管理者满意度表评估案例/项目管理者对项目的期望。

2. 形成性评估

在形成性评估阶段，评估者根据确定的领域，采用客户绩效表收集了项目参与者、家庭中被照顾者和自给自足的人口统计信息。

3. 过程评估

在过程评估阶段，评估者采用客户绩效表/活动对项目的社会工作者和服务对象在整个项目中的有关金融社会工作活动进行了评估，包括项目完成的评价、年度工作手册、目标和整个项目的转介以及 6 个月的后续随访。还审查了服务过程中的两类客户家庭作业文件，涉及就业稳定和债务领域。评估者还根据社会工作者和服务对象两组人员的反馈跟踪了解金融社会工作项目的适用范围和不适用范围，以及可以改进的方面。

4. 结果评估

在结果评估阶段，评估者采用客户知识审查表评估服务对象完成之后对于金融知识的掌握程度；采用客户绩效表对项目完成以后项目参与者、家庭中被照顾者和自给自足的人口统计信息，以及后续追访的补充信息；采用金融自我效能感和自我调节效能感两个量表评估项目结束以后参与者的自我效能感；采用个案管理者自我效能表评估项目结束时个案管理者在改变参与者金融行为方面的自我效能；采用客户满意度表评估服务对象对项目的满意度；采用个案管理者/项目管理者满意度表评估案例/项目管理者在项目结束以后对项目的满意度。

评估组还对参与项目的社会工作者和服务对象进行了后续随访，收集相关数据并进行分析，对项目中长期成效也作出了评估。

（九）评估结果

通过对为期三年的"联合之路"金融社会工作项目的全面评估，评估方形成了最终的评估报告，为项目投入方和实施方揭示了许多新的实践和成果，并进一步了解如何改进未来的实施方案，以及未来的研究可以为该领域作出的贡献。

主要评估结果如下。

结果 1：服务对象对金融概念和术语的理解和掌握显著提高。总体而言，随着时间的推移，受试者的金融知识得分由前测的 68.3% 提高到后测的 77.4%，变化显著（$p \leqslant 0.001$）。

结果2：总体而言，在这4个机构中，有3个机构的服务对象在执行各种金融行为时的自信心（自我效能感）从项目开始到结束有显著提高（$p \leqslant 0.001$）；另外，服务对象能够进行自我调节学习的信心在前测时已经很高，所以变化并不显著。

结果3：个案管理者的自我效能感从项目开始到结束有显著提高，在4个评估领域中有以下3个领域可以体现：影响机构决策的效能（$p \leqslant 0.01$）；影响案主相关金融表现的效能（$p \leqslant 0.05$）；创造积极的代理机构环境的效能（$p \leqslant 0.05$）。

结果4：金融社会工作项目服务对象在使用银行服务和参与其他积极的金融行为方面发生了显著变化。在$p \leqslant 0.001$的显著性水平下，受试者从前测（5.6）提高到后测（7.0）提高的变化证明了这一点。其中，受试者的后测评分显示，服务对象对金融事项的理解和运用所学知识的能力有所提高。在其对6个月的后续随访的分析表明，服务对象在理解金融事项和运用所学知识的能力方面，始终保持一个平稳状态。

结果5：金融社会工作项目服务对象的债务水平从前测到后测以及后续随访都发生了重大变化。受试者的债务前测得分为5.0，项目结束时后测得分为6.2，表明债务水平显著改善（$p \leqslant 0.01$）。虽然这是一个进步，但这两个分数都代表了一个稳定的债务状况。入不敷出会导致个人积极参与信贷服务。在受试者前测、后测和后续随访债务数据（$n = 24$）的后续比较中，存在从5.63（前测）到6.71（后测）再到7.08（后续随访）的变化。从前测到后测以及从前测到后续的变化都具有显著性差异（$p \leqslant 0.05$）。这意味着服务对象的债务进入安全水平，收入和维持生活所必需的支出相等，同时，个人积极参与信贷咨询服务。

结果6：金融社会工作项目服务对象的住房状况没有发生显著变化。在40名受试者的前后测数据中，住房状况前测评分为6.4分，在项目结束时后测得分为6.2分，表明受试者的住房情况下降幅度不大。然而，6分以上的评分表示参与者的住房是稳定的，他们可以负担得起私人住房（用于住房的开支占家庭收入的50%或更低），但中等收入的因素限制了他们的选择。从时间上比较，服务对象的住房状况由6.96（前测）到6.5（后测），然后稍微上升到6.81。这些变化同样都不显著，表明受试者参加金融社会工作项目对他们的住房状况几乎没有影响。当然，服务对象加入金融社会工作项目的时间如此之短，特别是在住房状况已经处于稳定的情况下，预计服务对象的住房发生重大变化可能是不合理的。

结果7：在金融社会工作项目改善服务对象的就业状况方面，结果好坏参半。与其他领域能够自给自足相比，就业稳定仍然是一个严峻的挑战。在项目开始之前和结束之后的两个时间段数据完整的39名受试者的前测得分为4.3，后测得分为4.1，表明这些服务对象都属于弱势群体。毫无疑问，就业不稳定极大地加剧了这些服务对象的资金困难。随后，对这39名受试者中的24人进行了后续随访，其前测（3.13）、后测（2.75）、后续随访（4.04）的评分表明尽管参与者的就业状况很不稳定，但是从后测（2.75）到后续随访（4.04）的时间段也表现出显著变化（$p \leqslant 0.05$）。受试者3.13分和2.75分的前后测评分表明，他们的工作大部分是临时、季节性或非全日制的，在

50%~74%的工作时间内没有任何福利。

结果8：受试者的职业弹性/培训领域也显示出随着时间的推移会发生一些重大变化。虽然从其前测（5.6）到后测（5.9）的总体变化不显著，但也略低于稳定范畴。这在很大程度上表明，参与者具有1~2年的工作经历以及一些技能，这些技能为获得类似的职位提供了可能性。但是，受试者缺乏以下方面之一的技能：工作准备；或识字、算术，或在稳定行业内从事某一职业的技能。在前测、后测和后续随访数据都完整的26名受试者中，随着时间的推移变化，相关的评分从4.69（前测）到5.08（后测），再到5.88（后续随访），表明从前测到后续随访（$p \leqslant 0.01$）以及从后测到后续随访（$p \leqslant 0.05$）具有显著变化。虽然随着时间的推移，这对于这些受试者来说是一个积极的结果，但该领域内的分数仍略低于稳定范畴。

结果9：可获得自给自足数据的41名受试者从前测（6.84）到后测（7.04）有显著改善（$p \leqslant 0.05$）。在前测、后测和后续随访三个时间段都可获得数据的26名参与者中，其自给自足水平从6.93（前测）到7.15（后测）再到7.45（后续随访）。从前测到后续随访的变化存在显著性差异（$p \leqslant 0.001$）；同时，从后测到后续随访的变化也存在显著性差异（$p \leqslant 0.05$）。

结果10：所有服务对象对金融社会工作项目的评价都很好。其中，83%的受试者认为该项目是好的或优秀的。关于是否会向其他希望实现财务自给自足的人推荐该项目，绝大多数受试者（87.9%）回答"是"。

结果11：评估要求服务对象和个案/项目管理者对金融社会工作项目的各个组成部分的质量进行评分，分值从1到4，其中1=差，4=优秀。根据比较服务对象的平均分后发现，其对个案管理者的支持率最高（3.36），其次是5个模块的工作手册（3.12）、个人金融目标计划制订（3.02）、社区资源推荐（2.97）。但是与服务对象总体平均评分高于3或接近3相比，个案/项目管理者对项目的评价较差，他们的平均分徘徊在2~3之间。个案管理者对这些组成部分的评分高低依次如下：对个案管理者的支持（3.33）、5个模块的工作手册（2.23）、个人财务目标计划制订（2.50）、社区资源推荐（3.33）、获得短期金融援助（2.83）。参与项目的社会工作者对项目的评价存在积极和消极的两面。例如，一名个案管理者积极地表示，"这是一个非常必要的项目，而且非常独特。项目经过精心策划和组织，金融知识和情感因素对服务对象的某些金融状况至关重要"。也有个案/项目管理者消极地表示，工作手册似乎过时了；培训课程超出了服务对象提高自给自足能力所需的基本知识；工作手册需要删除细枝末节的内容。此外，还应注意的是，过多的励志名言以及自我分析练习，会使服务对象感到不知所措。

结果12：评估方面向服务对象询问了他们参加金融社会工作项目的一系列问题。在4分量表中，1=否，2/3=有点，4=是。受试者对其从金融社会工作项目取得的成效持肯定态度，所有确定的结果都被评为3.47或更高。服务对象认为最有价值的成效是该项目为他们提供了：为自己的情感福祉及经济未来承担更大责任的过程（3.72），有提出问题并向其学到知识的人（3.72），金融知识、技能、工具和洞察力，以创造一个更稳定和更安全的未来（3.47），帮助改变自我行为和与金钱的关系（3.47）。

结果 13：服务对象对个案管理者在各个领域的帮助的评价也很积极。在 4 分量表的评估中，所有受试者的平均得分都达到 3.32 或更高。平均得分较高的评价项目依次是：个案管理者回答了客户的问题或担忧（3.68），服务对象受到尊重（3.66）。平均分较低（均为 3.32）的三个项目是：金融服务工作手册的知识；确定优势并利用它们帮助减少/消除财务问题；使用有用的案例来改善金融行为。与服务对象的评估相比，个案管理者评分最高的两个项目与服务对象相同，即回答问题或担忧（3.60）和受到尊重（3.60），但自我评分略低。

（十）结论和建议

1. 项目联合执行难度较大

作为一个试点项目，"联合之路"金融社会工作项目在三年的实施过程中经历了许多坎坷。最初，跨机构合作定期召开会议讨论项目的实施。确实在项目的开始阶段，这种方式有利于联合决定提供金融教育的最佳方法（即一对一的个案管理者/服务对象互动与小组会议），对接契合项目的服务对象，采用合理的评估工具和数据收集方法，以及应对出现的任何其他问题。然而，在第一批服务对象完成项目之后，这种势头就很难保持，很快发现社区庇护服务的服务对象并不适合参加该方案，因为他们无家可归，住在收容所，且在大多数情况下没有稳定的收入来源。因此，社区庇护服务很快退出了"联合之路"项目。正因为如此，评估方无法收集 4 名参与者及其个案/项目管理者的任何后续数据。于是，4 家机构决定，允许每家机构自行选择最适合它们的执行方案（例如，一对一与小组会议）。由于执行方式的差异，以及分组人数有限，因此项目评估时无法统一项目的执行方式，也无法确定这种方式与其他方式相比是否能为服务对象带来更好的结果。

2. 收集数据困难重重

要求收集和报告大量数据成为机构工作人员的负担，并且各家机构需要协调大量的后续工作，才能获取完成评估所需的数据。4 家机构在数据收集方面的资金预算安排不足，给评估增加了不小的难度。

3. 项目预算捉襟见肘

机构负责个案管理者培训和制作客户工作手册的费用，以及他们在提供有关工作方案方面的间接费用，对于这些机构来说是不小的负担，增加了长期开展项目的难度。对于服务对象来说，他们也可以获得其他"免费"的金融知识课程资料，降低了他们参加项目的积极性。

4. 成效喜忧参半

尽管一路坎坷且存在诸多的困难和问题，"联合之路"还是为 45 名服务对象提供了服务。评估发现，事实上，该项目对服务对象产生了许多积极的影响。服务对象和个案管理者的自我效能得到了提升，获取了新的知识，金融行为更为积极、债务有所减少、就业状况得到改善、职业弹性提高以及总体自给自足能力得到了提升，这一切都发生了显著的积极变化。此外，服务对象对个案管理者、项目本身以及其他方面的影响都表示很满意。

虽然在许多领域都有了显著的改善，但服务对象仍难以达到"稳定"的自给自足水平。他们大多处于自给自足水平的中间状态，尤其在就业领域最为脆弱，导致他们感觉经济困难。

在参与者以及个案/项目管理者提出的评论中，着重强调了金融社会工作项目实施方面需要改进的地方。大多数人的观点认为，工作手册内容和方法需要改善，此外，还需要寻找有效的方法保障服务对象能够完成项目中规定的任务/作业。

5. 不足之处

由于评估后续工作的时间限制，评估工作无法确定金融素养的提高以及服务对象与金钱和行为变化有关的社会心理变化在储蓄和支出方面是否会产生长期影响。同时，评估也无法确定这项金融社会工作项目是否比典型的金融知识课程更好，因为没有对照组来确定这一点。这两个问题都为进一步研究提供了可能的领域。

6. 有关金融社会工作的总结

评估认为，金融社会工作项目确实有潜力实现其既定目标，即通过教育、激励和支持，创造可持续的、长期的金融行为变化，从而能够支持个人和家庭的自给自足和金融稳定。当然，还有许多领域需要改进，需要进一步研究才能确定金融社会工作在提高金融素养方面优于其他方法。不过，项目的实施验证了金融社会工作可以帮助低收入家庭学习和内化更具生产力的金融行为。因此，各组织可以对金融社会工作者开展此类心理社会取向的金融知识培训，并将这种方法整合到他们的工作中。

二、资产建设项目的评估实务案例

资产建设类的金融社会工作项目已经在世界许多国家和地区如火如荼地开展起来。我们以中国香港特别行政区"儿童发展基金"的三份评估报告为案例①，分析资产建设项目的评估实务。

（一）项目背景

"儿童发展基金"项目由中国香港特别行政区政府拨款 3 亿港币设立，以便有效运用和结合从家庭、私人机构、社会及政府的资源促进弱势社群儿童较长远的个人发展。

---

① 这三份报告分别是香港理工大学应用社会科学系所做的《"儿童发展基金"先导计划评估研究报告》、香港大学社会工作及社会行政学系和政策二十一有限公司所做的《"儿童发展基金"计划参加者较长远发展研究》以及香港理工大学应用社会科学系所做的《"儿童发展基金"计划参加者的长远发展跟进研究》。这三份报告已由香港劳工及福利局官方网站发布，获取网址为：https：//www.cdf.gov.hk/sc/resources/download/download_area.html。

基金首批七个先导计划于 2009 年 4 月由六家非政府机构在全港七个区进行，每个计划为期三年，目标对象为 10～16 岁的弱势社群儿童。为减少跨代贫穷，基金考虑到弱势社群儿童在资产建设上的需要，故此基金计划都由三个主要元素组成，分别是个人发展规划、师友配对及目标储蓄。

（二）项目目标

儿童发展基金的主要目标是为参加者提供更多个人发展机会，凭借订立和实行个人发展方案，协助儿童建立金融及非金融资产，提升他们日后改善自己及家人的生活素质。

（三）评估机构

香港特区政府相关管理部门对"儿童发展基金"首批先导项目组织了三轮评估。

第一轮评估在 2008 年 12 月到 2012 年 6 月之间进行，为期 42 个月。评估机构为香港理工大学应用社会科学系的顾问团队，主要为先导计划进行评估及纵向研究，包括评估首批先导计划的成效；检阅香港以外最少三个地区所推行的以资产为本模式鼓励弱势家庭儿童个人发展的计划；以及为基金长远发展模式提供建议。

第二轮评估在 2015～2016 年期间进行，评估机构为香港大学社会工作及社会行政学系和政策二十一有限公司，主要是对已完成基金计划的参加者较长远的状况进行评估，包括基金计划的三个主要元素（即个人发展规划、师友配对及目标储蓄）对参加者的影响；就基金计划参加者及由非计划参加者组成的合适对照组的较长远发展进行比较分析，分析基金计划对参加者的影响、基金计划对年长和年幼参加者的影响上有何差异及对参加者志向的影响。

第三轮评估从 2018 年 1 月至 2020 年 2 月期间进行，评估机构为香港理工大学应用社会科学系跟进研究团队，旨在追踪调查曾经参与第二轮评估的基金计划参加者和非计划参加者（目标受访者）的发展，以及探讨计划参加者在完成基金计划后 4～7 年的处境和情况，包括与目标受访者保持联系及邀请他们参与跟进研究；探讨、量度、分析和报告基金计划参加者的长远发展及心理健康，例如他们的教育程度、事业规划、未来期望、社交网络、储蓄习惯的持续性、就业情况、收入水平、经济活动状况和家庭的收入水平；就基金计划参加者及由非计划参加者组成的对照组的发展进行比较分析，以分析基金计划对参加者的长远影响。

（四）伦理规范

由于"儿童发展基金"的服务对象都是未成年人，评估组严格恪守评估过程和社会工作的伦理规范，同时儿童的家长和教师也被纳入评估范围内，有效地保护了儿童的权益。项目的资金来自政府的拨款，属于公共资源，所以评估报告应及时向公众公开，接受公众的监督。

（五）评估方法

三轮评估都采用了定性和定量相结合的混合评估法。

（六）数据采集

第一轮评估在评估期间进行了五轮问卷调查、三轮焦点小组讨论，以及定期向营办计划的非政府机构（营办机构）收集各先导计划的进程数据（包括活动举办记录、活动出席记录及参加者实践个人发展方案的数据），收集完成了整个先导计划的721名参加者、670名家长和625名友师，以及完成五轮问卷的208名对照组成员的数据。

第二轮评估和第三轮评估都采用了多种方法收集数据。定性资料由聚焦小组讨论和深入访谈所得出，而定量资料则是从问卷调查收集得来。第二轮参与基金计划的有效样本人数共为550人，还邀请350名受访者的家长和150名受访者的友师参与访谈。对照组招募了来自低收入家庭的350名符合资格但没有参与基金计划的非计划参加者。第三轮评估有552名计划参加者和和350名非计划参加者。

（七）评估过程

第一轮评估的需求调查是在计划开始前，评估方对参加者、家长、友师及对照组进行了一次基线问卷调查。过程评估是在计划进行期间进行了四轮跟进问卷调查，同时邀请了对照组也参与问卷调查，以将他们的数据与参加者的数据作出比较，作为评估成效的其中一个指标。除此以外，研究每年还通过焦点小组讨论收集各持份者的深入意见及想法，在计划的第三年，顾问团队设计了机构模式问卷，从更多角度了解先导计划如何影响参加者的发展。在第一批项目结束通过收集相关数据进行结果评估。

第二轮和第三轮评估由于是后续随访的评估，因而只进行结果评估。主要收集相关的数据，并将参与组和对照组进行比较，得出分析结果。

（八）评估结果

1. 第一轮评估结果

第一轮评估结果反映儿童发展基金一期项目结束时的成效。

（1）个人发展规划。个人发展规划整体的行动项目完成比率为78.8%，比目标的70%为高。相对于对照组的青少年，参加者在订立人生目标和规划未来时，有较理想的表现。对目标的追求促使他们对学业有更高的期望，或更好地善用时间参与各类型的活动，而在达成目标的过程中，他们增加了本身的自尊感，促进了与家长的亲密关系。参加者在讨论毕业后的计划、储蓄计划，或遇到情绪及人际关系问题时，明显地会向更多非直系的成年长辈（包括老师、学校/中心社工、和友师）讨论或倾诉。计划还对参加者的学业具有正面影响。不过，评估也显示参与先导计划固然为参加者带来不少正面的影响，但参与计划的过程和质量更为重要。

（2）师友配对。参加者的友师沟通及会面次数与部分师友关系的维度呈正向相关，显示沟通及会面次数有助于师友关系的建立。

（3）目标储蓄。有721名参加者能完成为期两年的目标储蓄，其中有702名已各建立一笔12600元港币的金融资产，余下的19名（2.6%）参加者也已建立7500~12400元港币的金融资产。参加者家庭的经济状况并未影响其供款能力，与未能按月进行目标储蓄的情况也没有相关性。在目标储蓄结束后维持储蓄习惯的参加者，他们的储蓄金额较参与计划前有所提升。

2. 第二轮评估结果

第二轮评估结果反映儿童发展基金项目计划较长远的成效。

（1）个人发展规划。计划参加者通过个人发展规划在多方面均有获益。他们会开始认真思考未来的职业路向，并推动不断自我改进以追求实现未来的职业目标。相比起非计划参加者，计划参加者对自己将来的学业和事业有更多的正面探索，也更加投入。计划参加者可以在活动中更深入了解自己和社会、探索自己的能力以及为未来订立目标。计划参加者从项目中所获得的正面经验有助于他们继续升学以及其职业发展。此外，年长参加者在为自己订立职业路向或发展计划期间也会变得更上进和成熟。基金计划参加者较非计划参加者得到较高程度由家庭、朋友和其他人士提供的社会支援。

（2）师友配对。约3/4的友师与完成基金计划的学员仍保持联络。

（3）目标储蓄。大部分参加者在完成计划后仍能保持储蓄习惯，并表示目标储蓄帮助他们建立了储蓄习惯，有助于他们的个人发展。除此以外，目标储蓄除了影响到计划参加者外，也影响其家庭。部分参加者家庭开始意识到持续储蓄的重要性，也对财富管理有更深入了解。

（4）较长远影响。参加者在完成计划后，比非计划参加者在学习上更有动力和兴趣、有较高的学业期望、更有自信、沟通技巧亦大大提高，也有较高程度的社会支援、对自己未来的学业和事业有更多的正面探索，也更加投入，并有较正面的未来路向。此外，计划对参加者的兄弟姐妹也有正面改变。

3. 第三轮评估结果

第三轮评估结果反映儿童发展基金长远的成效。

（1）个人发展规划。基金计划参加者在计划结束后的长期内能够不断自我改进，以实现未来的职业目标。相比非计划参加者，计划参加者在情绪症状、行为问题及朋辈问题方面获得更大的改善、有更大的学习动机、在学习和学业中得到更多乐趣、具有更高的学业期望、会更积极探索和投入未来的学业和事业。

（2）师友配对。计划参加者参与基金计划的各种活动后，变得更善于交际及建立社交网络，建立起正面的价值观和改善个人性格，在社交和沟通技巧方面有所改善。这些技巧有助于计划参加者扩大人际网络及建立社会资本，因此对计划参加者的个人发展有持续影响。计划参加者比非计划参加者得到更多来自家庭和其他人员的社会支援。相比起没有参与任何师友计划的非计划参加者，参与师友配对的计划参加者明显更积极探索和投入未来的学业和事业。

（3）目标储蓄。计划参加者中有储蓄习惯的（80.8%）在比例上较非计划参加者（56.3%）为多，反映出大部分计划参加者在完成计划后仍能保持储蓄习惯。在非在学的参加者中，计划参加者的储蓄金额（平均每月为2836元港币）明显高于非计划参加者（平均每月为1623元港币），反映计划参加者（尤其是非在学的）会在开始赚取收入后采取有储蓄习惯的生活方式。部分计划参加者在完成计划后，对储蓄的态度有所改变，并表示自己明白金钱是协助他们达成目标的一项资源，因此在未来也会保持储蓄习惯。此外，他们学会了理智消费，增加储蓄。在长远发展方面，计划参加者能够培养和保持储蓄习惯，对财富管理也有更深入的了解。

（4）长远影响。计划参加者比非计划参加者有较好的情绪表现，对未来的学业和事业也有较正面的感受（包括勇气和良好心情）。再者，非在学的计划参加者会比非在学的非计划参加者更能坚持不懈地追求长期的目标。就在职的计划参加者和非计划参加者而言，对自己的工作感到有些兴趣和很大兴趣的计划参加者的百分比（73.4%），明显高于非计划参加者（38.8%）。在工作的每月薪酬方面，月薪为15000元港币或以上的计划参加者的百分比（45.9%），也比非计划参加者（25.4%）为高。相比起非在学的非计划参加者，更多非在学的计划参加者表示没有接受社会福利署任何形式的经济援助。跟进研究的结果显示，基金计划对纾缓跨代贫穷有正面的影响。大部分营办机构对基金计划感到满意，他们相信计划参加者能从个人发展规划、师友配对、目标储蓄及与基金计划各持份者的交流中获益。

（九）结论和建议

1. 第一轮评估的结论和建议

（1）肯定儿童发展基金的作用。儿童发展基金鼓励弱势家庭儿童培养建立资产的习惯和正确态度，是在传统的模式以外，尝试一个崭新的资产为本模式，支援他们作长远的个人发展。此新模式整合各界的资源，协助儿童建立非金融资产，并营造一个正面的成长环境，以帮助他们建立积极的人生观，培养他们的学习能力、个人责任感及自我价值观。

计划为参加者提供了良好的基础，为他们长远脱贫创造有利条件。先导计划帮助并诱发参加者的人生规划和建立长远发展目标，也促使他们对学业有更高的期望，更懂得善用时间，更多参与有益的课外活动，减少一些违规行为。

先导计划有助于参加者建立社区网络，并与非直系的成年人建立健康跨代关系。这点对处于资源匮乏的青少年极具意义。先导计划为弱势环境的青少年介绍一个非直系成年长辈，为这些青少年的成长和固有文化注入新元素，制造了条件和机会，能拓宽青少年的眼光和接触面，调解参加者在生活中所遇到的困难，甚至是与父母的矛盾，促进青少年的健康成长。

基金为参加者建立了实在的金融及非金融资产，参加者通过完成目标储蓄及个人发展方案中的短期目标，为未来个人及就业发展奠定基础。

因此，评估认为基金应持续推行。先导计划的推行及配置能让大部分参加者完成计划，但基金需要以更贴近目标的方向推行，使参加者的家庭及成长环境变得更有利于发展。

（2）重视过程管理。项目应通过个人层次及机构层次的数据管理去跟进参加者的表现及得益，并能及时微调计划实行与相应措施，有效利用各种现有的管理、项目执行及评估工具使基金计划能长远地维持政策及服务目的和目标，确保在将来批次的参加者、家长及友师们在计划中都能得到优质的服务及预期的得益。

（3）重视项目培训。基金计划应同时考虑加强家长及友师的培训，使他们能提供优质指导给予参加者，协助参加者制定及实行个人发展方案。家长及友师的培训也使他们能为儿童个人发展制造及建立良好的关系和支援环境，基金应增加这方面的资源，让营办机构可提供优质的培训给予家长及友师，提升他们为儿童提供指导和支援的能力。

（4）加强机构能力建设。基金可鼓励并协助营办机构加强推行计划的能力，包括积极发展友师人才库、建设资源网络及调整资源分配，以配合计划的长远发展，使营办机构能有效地整合社区各方面的资源，为儿童个人发展及累积资产筑构有利的社会环境及提供良好的机会。同时，基金也应鼓励营办机构为执行计划的社工及其他人员提供培训，发展个别范畴的专业知识和能力，包括：资产为本概念的相关政策及服务项目、招募义工、社区网络建设、友师培训与督导技巧、儿童个人发展及相关体验活动培训、计划信息及数据管理和运用等。这些都有助于营办机构执行计划的能力和效益。

（5）加强合作机制建设。基金的长远发展有赖政府、社会私营机构及民间共同合作参与，为计划提供配对供款、义务友师、有助于儿童未来个人及就业发展的体验学习以至实习的机会等，达到为弱势社群儿童个人发展提供支援的目标。因此，基金应考虑可行机制，促进社会各方对基金的长远发展达成共同的愿景及期望，并适当地表扬合作伙伴，提供诱因，使各界持续参与基金，以及共同努力为儿童发展凝聚资源，为社会未来建立资本。

（6）吸引更多主体参与。除了加强宣传工作外，基金亦可考虑协助有需要的营办机构获取一些有助于执行计划的基本支援硬件（例如数据系统），促进没有推行基金计划经验的社会福利服务机构成功申办计划后的前期筹备工作，借此增加计划的吸引力。同时，在以社会福利机构的社区为本的服务模式之中，以合作形式鼓励并加强社区的其他团体的常规角色，为基金有系统地在全港注入更强的诱因及社会资本，以确保不会因量的增加而引起质的下降。

（7）不足之处。由于每个计划持续三年，加上申请营办、筹划、招募、筹款等前期工作以及完成计划后的跟进、资料更新及报告等后期工作，每个计划将要求营办机构投入三年半或以上的时间和资源。此外，友师人才需要较长时间在社区及社会中培育及累积。基金应参考过往批次计划的经验、参与的营办机构数目及能力、社区的参与程度，以及需要，制订每年/每批次计划的数目，并按社区的需求而考虑制订每年各区的计划数目。如果各方面因素许可，顾问团队认为基金可逐步增加每年/每批计划的数目。

（8）对金融社会工作的评价。综合而言，唯有持续及强化一个官、商、民合作的多界别推广平台，促进以资产为本、持续推行儿童发展基金的较长远模式，才足以配合社会福利及服务政策新思维去优化基金计划，包括：推广人本社会服务；鼓励参加者建立及累积金融及非金融资产；配合优质基础教育及职业培训、家长—子女双代服务，支援儿童的个人发展，方能达到减少跨代贫穷的目标。

2. 第二轮评估的结论和建议

第二轮评估的结论表明，总体而言，基金计划能帮助参加儿童提高管理资源的能力、建立持续储蓄习惯及为未来订立目标。这些裨益对他们未来的成功非常重要，长远来说有助于扶贫。

评估团队提出以下建议。

（1）经验分享。建议营办机构之间可以多分享营办计划的良好措施和意见，同时也应积极鼓励友师之间的经验分享。

（2）接触更多基金的潜在受惠者。为了增加基金计划的受惠人数，建议致力于增加宣传和推广，以提高学校和学校老师对基金计划的认识；提高基金计划资料的透明度，让有兴趣的家庭可获知如何申请参加基金计划；鼓励营办机构以计划参加者的兄弟姐妹为计划宣传对象。

除了挽留和累积富有经验的友师外，建议通过以下策略来增加潜在友师的数量：招募友师时以商界和学校教师为目标；协助营办机构联系有兴趣支持基金计划的机构，从而增加友师的数量。同时，也要考虑针对商界和学校教师增加有关基金计划的宣传。

（3）目标储蓄。基金可考虑从长远来看是否需要检讨目标储蓄的金额，以让目标储蓄的总额跟得上物价水平并让计划参加者在实践个人发展规划时可以继续享有广泛的选择。

（4）继续追踪研究。追踪研究有助于追查基金计划受惠者的长远成就和心理健康，其中一个可行的方法是追查参与研究的计划参加者于两三年后的表现，届时越来越多的参加者应已投身职场。他们的就业状况和经历有助于了解基金计划对减轻跨代贫穷的长远成效。

3. 第三轮评估计划的结论和建议

评估认为，在长远发展方面，计划参加者于完成计划 4~7 年后，在许多方面均明显比非计划参加者表现得更好。其表现包括以下内容。

在个人发展规划方面，计划参与者较少存在问题行为，精神健康较佳；更有学习兴趣，从学习中得到较多快乐；对就读专科以上教育课程时的成绩有较高的期望；在完成学业的计划参加者中，有较高的学业成绩；获得较佳的专业资格及其他技能；以较高程度的规划来达成目标。

在师友配对方面，计划参与者从家庭和其他重要的人那里得到较高程度的社会支援；对未来学业和事业表现出较高程度的正面探索和投入。

在目标储蓄方面，计划参与者养成了持续储蓄习惯；储蓄更多。

在整体影响方面，计划参与者情绪表现较佳；对自己的工作更感兴趣；完成学业的计划参加者的每月薪酬较高；完成学业的计划参加者会更坚持不懈地追求长期目标，更有勇气和良好心情面对未来的教育和职业。此外，项目对纾缓跨代贫穷具有正面的影响。

基金计划的三个主要元素互相补足，而且每个元素对计划参加者都有独特的长远影响，因此这三个主要元素对基金计划都是极为重要的。

评估团队因此提出以下建议。

（1）为年幼参加者和年长参加者分别制订适切的计划。考虑到年幼参加者和年长参加者的不同需要和目标，建议鼓励营办机构为两类参加者分别制订适切的计划。例如，营办机构可为年幼参加者举办更多成长和发展计划，以协助他们探索潜能和长处；为年长参加者举办更多职业导向计划，以加强他们的就业准备和就业能力。

（2）举办工作坊以分享良好的师友配对安排。师友配对是基金计划中的主要元素。建议可以举办工作坊，邀请营办机构分享良好的师友配对安排，令各机构得以参考彼此的成功经验。

（3）促进不同届别的计划参加者进行交流。建议可以鼓励营办机构更积极地促进不同届别的计划参加者进行交流，令应届及往届的计划参加者都能获益。

基本概念

项目　项目评估　金融社会工作项目评估　逻辑模型

本章要点

格林内尔和昂罗将项目评估定义为"一种使用有效可靠的研究方法，探讨一个组织为满足某些社会需要而存在的过程或结果的形式"。项目评估具有三个显著的特征：（1）项目评估的对象是项目的过程和结果；（2）项目评估的方法必须是有效可靠的；（3）项目评估的意义在于体现项目和组织的必要性。

一般来说，项目评估的方法主要有定性评估法、定量评估法、混合评估法和成本收益评估法等。

项目评估是一项有组织的活动。大体可以分为如下几个步骤：（1）组成项目评估组；（2）确定评估方法；（3）收集相关收据；（4）分析相关数据；（5）得出结论，撰写评估报告。

金融社会工作项目评估就是使用科学、可靠的方法，在收集相关证据的基础上，验证金融社会工作项目实施的过程和结果。具备以下鲜明的特点：（1）金融社会工作项目的过程评估与结果评估同等重要；（2）金融社会工作项目评估宜采用综合评估法；（3）金融社会工作项目需要进行需求评估；（4）形成性评估对于金融社会工作项目必不可少。

逻辑模型就是将逻辑思路进行技术化的图表。评估工作的逻辑模型就是检验评估过程及各组成部分是否达到预期项目成效的工具。

根据一般项目的评估内容结合金融社会工作的特点，金融社会工作评估的过程依次包括需求评估、形成性评估、过程评估和结果评估四个部分。

金融社会工作评估中要特别注意遵守相应的伦理规范。主要有：（1）评估工作要遵循独立、客观、公正的原则；（2）评估工作中要遵循保护评估材料和案主的隐私的准则；（3）评估工作中要恪守尊重的原则。

♻ 复习思考题

1. 项目评估有哪些显著特征？
2. 在项目评估中，定性评估、定量评估和混合评估各有什么优势？
3. 项目评估大体可以分为哪几个步骤？
4. 金融社会工作项目评估有哪些鲜明的特点？
5. 金融社会工作评估中要特别注意遵守哪些伦理规范？
6. 试画出项目评估的逻辑模型。

♻ 推荐阅读

1. ［美］戴维·罗伊斯、布鲁斯·A. 赛义、德博拉·K. 帕吉特著，王海霞、王海洁译：《项目评估：循证方法导论》（第六版），中国人民大学出版社 2018 年版。

2. Key Stone Research Corporation，"Financial Social Work：An Evaluation of Its Effectiveness in Changing Financial Behaviors and Improving Self-Sufficiency"，April 2015，https：//financialsocialwork. com.

3. 香港理工大学应用社会科学系：《"儿童发展基金" 先导计划评估研究报告》，香港劳工及福利局官方网站，https：//www. cdf. gov. hk/sc/resources/download/download_area. html.

4. 香港大学社会工作及社会行政学系、政策二十一有限公司：《"儿童发展基金" 计划参加者较长远发展研究》，香港劳工及福利局官方网站，https：//www. cdf. gov. hk/sc/resources/download/download_area. html.

5. 香港理工大学应用社会科学系所：《"儿童发展基金" 计划参加者的长远发展跟进研究》，香港劳工及福利局官方网站，https：//www. cdf. gov. hk/sc/resources/download/download_area. html.

第十四章

金融社会工作的教育、培训与认证

◎ **引导性问题**

你为什么要选择学习金融社会工作课程?

你认为一个合格的金融社会工作者需要具备哪些能力?

如果有可能,你会选择做一个金融社会工作者吗?

近年来,随着金融社会工作理念的传播和经济、社会形势的发展,社会对金融社会工作的需求越来越旺盛和迫切。开展金融社会工作专业教育已经提上了议事日程。而现有的金融社会工作者一般都是从金融从业人员或者其他领域的社会工作者转化而来,或者是兼职,在金融社会工作理论/能力和实务方面还有所欠缺。因此,金融社会工作的教育和培训已成为当前社会工作领域一项迫切的任务。

第一节　金融社会工作的专业教育

金融社会工作专业教育是指在正式的国民教育体系的高等教育序列(如大学、科研院所、职业院校等)中开设金融社会工作专业,或者其他学科(如金融学、社会工作)中开设金融社会工作专门化方向,通过对学生进行金融社会工作课程体系的教育,使之能够全面掌握金融社会工作的理论和实务技能,从而培养金融社会工作专业人才的过程。

一、金融社会工作专业教育的必要性

2013 年 9 月 25 日,习近平主席在联合国"教育第一"全球倡议行动一周年纪念

活动上发表的视频贺词中指出，"百年大计，教育为本。教育是人类传承文明和知识、培养年轻一代、创造美好生活的根本途径"。在现代社会，教育已经不再是高高在上的"象牙塔"，而是在经济社会中承担着人才培养、科学研究、社会服务、文化传承与创新等四大职能。学科设置要根据经济和社会形势的发展进行适当调整，以满足经济和社会的迫切需要。

（一）履行金融社会工作人才培养职能的需要

教育系统要培养社会所需要的金融社会工作专业人才。在经济金融化和金融全球化的趋势下，金融与经济发展和社会生活的结合度日益增强。金融市场瞬息万变，风险丛生，迫切需要居民、家庭、社会组织掌握全方位的金融知识，具备较高的金融素养，能够独立地处理金融问题。一旦在金融能力方面有所欠缺，人们在金融市场里就会遭遇各种风险，就会严重影响生活质量和身心健康状况。而目前的教育系统中，金融学专业的发展已经非常强大，培养出来的金融人才比比皆是，而金融社会工作专业的发展还刚刚起步，专业人才寥寥无几。因此，教育不但需要培养大量的金融业从业人员，也需要培养大量的金融社会工作专业人才，能够为人们的金融活动提供各种帮助，为金融市场和社会的稳定保驾护航。而完成如此繁重的人才培养任务，只有正规的教育系统才能胜任。

（二）履行金融社会工作科学研究职能的需要

教育系统需要提高金融社会工作的科学研究水平。人才培养需要高水平的科学研究作为基础。金融社会工作是个新事物、新领域，有大量的新理论问题需要探讨。同时，金融社会工作实践中也出现了许多新的做法，需要从理论上进行总结、升华，然后把好的做法再推广到实践中对理论进行检验。教育系统中有大量优秀的专家学者，尤其是金融理论和社会工作理论方面的专家，必须责无旁贷地承担起金融社会工作理论和实务的科学研究任务。

（三）履行金融社会工作服务社会职能的需要

随着社会对金融社会工作需求越来越大，必然也对金融社会工作的教育提出更高的要求。学校不但要建设金融社会工作专业方向，还要让高校的教师和学生密切联系社会，用知识和技能提供社会服务。教师可以及时总结金融社会工作领域实务的经验，加以理论化，再指导具体的实践，学生可以通过实习将所学的知识应用于金融社会工作实务中。因此，金融社会工作必须在高校建立一个"根据地"，在教育的服务社会职能与社会对于金融社会工作的需要之间架起一座桥梁。这个"根据地"就是金融社会工作专业。

（四）履行金融社会工作文化传承和创新职能的需要

金融社会工作实践的发展逐渐将金融文化和社会工作文化有机融合在一起，发展出一种独特的金融社会工作文化，包括"自力更生""金融自由""助人自助"等重要因素。它使人们对于金钱、资产和生活的认识更加深刻，在许多方面改变了人们的价值观和生活观。这种文化需要在下一代传承下去，而青年正是这种文化的中坚力量。因此，需要通过金融社会工作专业建设将金融文化普及给大学生，树立他们正确的金钱观、价值观和人生观，通过他们影响父母、亲戚、朋辈，并在今后的实务中将金融社会工作文化进行发扬和传承。此外，青年大学生具有强大的文化创造力，如果能够通过从事金融社会工作专业，并在专业实践中加以创新发展出新的金融社会工作文化，对于金融文化和社会工作文化都是一种重要的创新。

（五）促进金融社会工作专业发展的需要

从各个专业发展来看，无一不是在理论和实践的基础上，通过在高等教育系统中设置本科、硕士、博士等各个层次，对学生进行从价值观、理论体系到实践训练进行系统的教育，从而建立一个完整的学科体系。从全世界来看，社会工作已经发展成一个较为完整的体系，而且它极具包容性，能够容纳新出现的领域。金融社会工作的新颖性之一在于它是社会工作和金融学这样一个强势的学科进行交叉融合，以至于在原有的社会工作专业体系中增加一门或者几门金融课程，仍然无法满足金融社会工作知识体系的需要。因此，从社会工作专业自身的发展需要来看，需要将金融社会工作作为一个独立的方向，或者设置一个专门的金融社会工作专业。

（六）满足金融社会工作职业化发展的需要

社会工作专业教育还是一项职业教育。从全世界社会工作职业规范来看，要从事社会工作，除了接受相关的学科训练之外，还要经过考试和认证，才能获得相应的职业资格。在金融社会工作理念诞生之前，社会工作实务虽然也会涉及金融事务，但是在社会工作专业教育中几乎不涉及金融方面的课程。如果社会工作专业的学生毕业以后要从事金融社会工作领域的实务，恐怕从知识储备上还难以达到社会工作职业标准的要求。因此，学校的专业教育和训练是社会工作职业化的前提。要想培养合格的、职业的金融社会工作者，必须在其上岗之前完成在学校的专业培养和训练。

二、金融社会工作专业教育的模式

根据社会科学专业教育的以往经验，金融社会工作专业教育模式可以采取在社会工作专业或者金融学专业中设置金融社会工作方向，也可以专门设置独立的金融社会工作专业。

（一）社会工作专业设置金融社会工作方向模式

在社会工作专业中设置金融社会工作方向只需对原有的社会工作专业培养方案作出

微小的调整，增加一些金融学课程，引导社会专业学生往金融社会工作方向发展，就可以培养出金融社会工作专业学生，毕业后从事该领域的工作。这种做法是最简洁、最高效且最经济的做法，也是目前国内外某些高校开展金融社会工作专业教育的普遍做法，尤其是在一些以经济管理类为主的高校，有得天独厚的优势。

从 2005 年开始，马里兰大学巴尔的摩分校社会工作学院的社会工作硕士（MSW）就增加了金融社会工作的课程，随后推出了"金融社会工作创新"（financial social work initiative，FSWI）项目，在美国社会工作界产生了一定的影响。华盛顿大学圣路易分校在社会工作硕士增加了"国内社会和经济发展方向"（domestic social and economic development concentration）和"国际社会和经济发展方向（international social and economic development concentration）"两个专业方向。其中，"国内社会和经济发展方向"目标在于培养学生"能够与社区和政府合作，创造复杂的解决方案，改善美国人民的生活"。学生接受地方和国家的综合和可持续发展方法的培训，了解美国贫困和不平等的基础，能够分析机构和组织，并学会使用在许多不同层面组织变革的工具和技术。毕业以后可以在政府和非政府组织工作，从事制订和实施计划、设计和评估政策、建立行动循证数据库等相关方面的工作。近年来，培养出来的应届毕业生已经担任了社区发展公司执行董事、国内残疾人服务组织领导人、社区发展专家、美国参议院传媒专家、金融稳定顾问、资产经理和房地产专家以及医疗和饥饿救济发展干事等职位。"国际社会和经济发展方向"目标在培养"学生与社区、组织和政府合作，创造复杂的解决方案，在全球范围内改善人们的生活"。学生在理解世界各地贫困和不平等根源的基础之上，能够分析机构和组织，并学会使用工具和技术应用于综合和可持续发展方法，以促进多个不同层面的变革。近年来的应届毕业生已担任外交官、医疗和饥饿救济发展干事、国际服务雇员联合会医疗保健组织者、拉丁美洲和加勒比国际发展项目经理、中国台湾地区"联合之路"项目研究员与传媒工作者，以及美国国际开发署项目经理等职务。

在国内，已有高校陆续在社会工作本科、硕士层次设置了金融社会工作方向。例如，中央财经大学社会与心理学院在本科层次开设了社会工作（金融社会工作方向），培养具有"以人为本、助人自助、公平公正"的专业价值观，全面掌握社会工作理论和方法，能熟练开展专业服务、督导、咨询和研究，兼具较强的应用和研究能力的社会服务与管理人才。在研究生层次设置了金融社会工作方向，培养社会工作硕士既要掌握社会工作基本原理与实务方法，又应具备一定的金融学基本知识，并拥有将二者结合熟练开展特殊人群金融赋能的干预服务能力，以及通过金融赋能干预服务进一步掌握全面的综合研究能力，描述、解释和预测服务对象金融能力、金融服务供给、普惠金融服务政策对其的多重影响。江西财经大学人文学院在本科层次开设了社会工作（金融社会工作方向），"主动对接财经类高校的主流学科，体现财经管理特色，把金融社会工作作为专业发展的重要方向，培养既懂社工，又懂金融的复合型人才，能在金融部门、基金会、大中型企业和社会服务机构从事金融社会工作实务，协助经济弱势者发展金融能力，实现金融赋能，促进社会公平"。该专业 2019 年被教育部评定为国家一流专业培育点，进入江西省一流专业建设名单，成为江西省财政专项支持的优势专业。同时，在研究生层次也设置了社会工作硕士（金融社会工作方向），为社会输出了大量的金融社会工作人才。

（二）金融专业设置金融社会工作方向模式

金融学专业目前是世界各国高等教学中的热门专业，它主要培养学生系统掌握金融基本理论、基本知识、基本技能，具备能进行金融实际业务操作和金融风险防范、化解金融风险的基本素质和能力。金融学专业覆盖了本科、硕士和博士三个层次，每年都为社会输送大量具有深厚的金融理论知识以及较强的实践能力、分析综合能力、组织能力、表达能力和创新能力的复合型人才。

在国外，金融学作为一个大类，不太严格细分方向，每位老师根据研究兴趣和方向为学生讲授相关的课程。在我国，1998 年，教育部进行了专业调整，将原有的货币银行学、国际金融、保险与投资经济（部分）合并成金融学专业。因此，目前国内许多高校在金融学专业之下设置这些方向，另外根据金融学的发展，又增加了行为金融、金融科技、金融工程等新的专业方向。以国内金融学专业顶尖高校为例：北京大学光华管理学院金融学系的研究方向包括公司金融、资产定价、货币银行、国际金融、金融工程与风险管理、房地产、金融科技。清华大学经济管理学院金融系的金融学教育分为本科经济与金融专业、金融专业硕士和金融博士三个阶段；同时，清华大学还与中国人民银行合作，在中国人民银行研究生部的基础上创建了"五道口金融学院"，开设金融学博士、金融专业硕士、双学位金融 MBA、金融 EMBA、全球金融 GSFD 以及高管教育等项目。中国人民大学财政金融学院金融学本科专业采用大类招生培养的模式，金融学教学环节专业设置了金融学、金融工程、信用管理、保险学等；研究生阶段除招收学术型硕士和博士之外，还招收金融、税务、保险等专业学位硕士。

可以看出，目前金融学界还没有注意到金融学与社会工作进行学科交叉的增长点，这无疑为金融学设置金融社会工作方向提供了契机。目前，设置金融学专业的高校太多，在金融市场人才趋于饱和的背景下，毕业生的就业空间逐渐萎缩。如果能提前布局，在金融学专业之下设置金融社会工作方向，不但是必要的，而且是可行的。

（三）独立设置的金融社会工作专业模式

如果按照传统的学科发展思路，在社会工作或者金融学专业设置金融社会工作方向，虽然快捷、高效地突出金融社会工作的地位，培养出金融社会工作人才，但是从长远看还是存在不少问题。以金融学专业的强势地位来看，未必愿意设置金融社会工作方向，毕竟金融学专业的主流指导思想是市场效率；即使在金融学专业之下设置了金融社会工作方向并培养了金融社会工作学生，学生毕业之后进入金融行业从事的工作也可能与社会工作无关，这样势必造成资源的浪费。而在社会工作专业设置金融社会工作方向，可能会遭遇到因传统的社会工作专业课程过多，金融专业课程设置不足，导致学生在金融领域涉足较浅，基础不够扎实，难以承担真正的金融社会工作任务。时间一长，不但金融社会工作方向名不副实，还会因为负面的社会声誉形成对金融社会工作方向的质疑和否定。

独立设置金融社会工作专业模式是未来可以探索的一种新模式。随着新时代的发展，学科之间的界限已经不再像以前那样清晰，学科之间的交叉融合已经成为当前科学技术发展的重大特征，是新学科产生的重要源泉，是培养创新型人才的有效路径，是经济社会发展的内在需求。2018 年，习近平总书记在北京大学考察时指出"要下大气力组建交叉学科群"。2020 年 12 月，国务院学位委员会、教育部下发通知，设置"交叉学科"为第 14 个学科门类。在国家大力倡导和发展交叉学科的大形势下，摒弃传统的学科发展思路，将金融学和社会工作两个专业交叉融合成独立的金融社会工作，已经成为学科发展的必然趋势和新的增长点。

金融社会工作作为交叉学科可以充分结合金融学宽厚扎实的理论基础和社会工作科学、专业、助人的学科内涵，在课程设置上不必再拘泥于偏重金融学或者社会工作哪一个专业，而是按照金融社会工作的培养目标，设置全新的课程体系，培养具有扎实的理论基础和全面的业务能力的高层次创新型、复合型、应用型金融社会工作人才。

第二节　金融社会工作的培训和认证

尽管金融社会工作专业的发展刚刚起步，但是社会对金融社会工作的需求越来越旺盛，造成金融社会工作人才供不应求。因此，在一段时间内，需要从现有的金融从业人员或者社会工作者中遴选人才充实金融社会工作者队伍，那就要对这些人员进行相关的培训，提高他们的胜任力。同时，金融社会工作者也要遵守社会工作的行业规范，在经过考核和认证之后才具备相应的职业资格。因此，培训和认证是金融社会工作者职业生涯中的常态。

一、金融社会工作培训

（一）金融社会工作培训的重要性

金融社会工作培训就是对在职的金融社会工作者进行再教育，使之能够继续学习新知识、新理论和新技能，不断提高服务质量的过程。培训是社会工作专业制度中重要的环节，对金融社会工作者更为重要。

一是许多金融社会工作者都是从金融从业人员或者社会工作者转型过来的，他们对于金融社会工作的认知还处于初始、自发的状态，培训可以帮助他们快速地完成知识的补充和职业的转型。美国金融社会工作领域 10 多年的研究和实务证明，社会工作和人类服务组织表现出对金融社会工作者培训和技能建设战略的持续需求，以使他们能够适当有效地干预陷入金融困境的个人、家庭和社区。二是金融社会工作还处于快速发展时期，理论上的更新非常快，需要通过培训将理论传播给金融社会工作实务工作者，更新他们的知识，提高他们的服务水平。同时，通过培训也可以将金融社会工作实务中的新问题、新挑战和新做法带回理论界，供理论界检验和发展相关的理论，形成理论与实践的联动。三是对于一些有志于将要从事金融社会工作者的社会人士而言，培训不仅为他们提供了一个系统地接受知识和技能培训的机会，而且能扩大金融社会工作在社会上的影响力，推动金融社会工作专业的发展。

（二）金融社会工作培训的实践

在美国，马里兰大学巴尔的摩分校推出了金融社会工作培训项目，并于 2021 年将项目推广到马里兰地区以外的从业人员，以继续满足在非营利和其他社会服务机构以及学校、医疗机构、司法和法院等机构执业的社会工作者对更高的金融能力和知识赋权的需求。培训目标设定为提高社会工作者对金融社会工作概念和实践的知识和技能，并将这些内容纳入日常引导复杂金融活动的工作中；提高社会工作专业的能力，让案主参与金融赋权战略，实现自我确定的金融目标和实现金融稳定与金融福祉；对社会工作者进行技能建设培训，使其金融社会工作实践能够响应和有效应对与金融和其他类型压力源作斗争的个人、家庭和社区；培训社会工作者成为其实践社区内强有力的变革推动者和倡导者。培训采用课程学习与讨论环节相结合的方式，内容包括理论学习、实务交流和伦理规范。完成学习全部内容经考核合格之后将发给金融社会工作证书。

在我国，金融社会工作的培训也通过各种方式开展起来。一是政府组织的金融社会工作培训项目。例如，深圳市地方金融监督管理局推出"深圳市居民金融素养提升工程"，覆盖 66 个社区（试点），包含近 50 个金融社会工作服务项目，其中包括对社区社会工作者的金融能力的培训项目，努力构建多层次的金融社会工作人才服务网络。二是行业协会（联合会）推出的金融社会工作培训项目。例如，2021 年，由中国社会工作联合会、中国金融教育发展基金会和益宝计划主办，中国社会工作教育协会金融社会工作专委会、中国社会工作联合会社会工作职业技能认证中心等单位承办的"中国社会工作者金融能力（首届）通识培训"项目在全国多个城市展开。培训对象涵盖社工机构从业者、公益慈善组织从业者、公益慈善和民生事业政府部门工作人员、街道社区工作人员和金融机构从业者。项目旨在帮助学员全面学习国内外金融社工的发展状况及价值，系统了解金融发展历程及现代金融体系，学习掌握个人和机构的金融及财务处理的基础技能。同时，整体学习普惠金融的发展状况及具体案例，最终助力社会工作者可以更有自信、更有效处理自身及所在机构有关的金融事务；学习在社会服务和公益慈善项目中开展基础性金融服务方法和策略，为公益组织与金融机构开展更多的各类公益金融项目合作奠定良好基础。培训内容为线上课程学习和线下试点项目锻炼相结合的方式，所有学员参加完各模块培训并通过考核，可以获得培训结业证书。三是高校推出的金融社会工作培训项目。例如，复旦大学与华盛顿大学圣路易斯分校合作，开办"社会治理与社会工作暑期班"，为中国的社会工作专业的教师和学生开设包括金融社会工作在内的课程，向国内输入国际金融社会工作最新的理论和实务，取得一致好评。由上海商学院等高校与机构发起的"上海金融社会工作服务中心"，也在积极探索开展针对金融社会工作者的培训。四是社会组织开展的金融社会工作培训。例如，中国金融教育发展基金会与 Vsia 中国合作，倡导并发起"金惠工程"，通过在各社区的社会服务站点和社会服务机构中设立金融社会服务站点，培训发展当地金融社会工作服务队伍。

二、金融社会工作认证

金融社会工作认证是社会工作主管部门、行业协会或者获得授权的机构对金融社会工作者的执行资格进行考核与认定的过程。

（一）金融社会工作认证的重要性

认证是社会工作专业化和职业化的重要环节。从 1961 年美国全国社会工作者协会正式出台志愿者注册认定从业资格制度开始，至今世界大部分国家都已经建立了社会工作者职业资格认定的制度，在具体规定上略有不同。我国的基本要求是具有相应的学历要求并通过资格考试。在美国，由于大量的社工是独立执业的，因此除了学历和资格考试要求之外，还有完成工作时长和接受督导时长的要求，有些州甚至还有通过口试的规定。这些资格认证要求是社会工作者人才质量和服务质量的重要保证。

金融社会工作者首先必须通过社会工作职业资格认证，这点毋庸置疑。但是，金融社会工作者的职业素养要求应该更高。原因如下：一是金融社会工作者除了全面掌握社会工作的理论知识和实务技术之外，还要全面掌握金融专业的理论和技术以及相关的社会发展政策，这就决定了金融社会工作者必须兼具社会工作者、金融专家和社会政策专家等多重能力，因此，对其认证应该更加严格。二是金融社会工作者服务的内容涉及金钱等敏感领域，案主在这一领域的期望很高，如果不对金融社会工作者进行高标准的把关，很可能会使服务质量得不到保证，从而有损金融社会工作的职业信誉度。三是金融市场的信息和知识瞬息万变，理论知识与实践有一定的差距，如果没有一段时间的实务工作经验，仅凭考试无法准确考核金融社会工作者的能力。

因此，为了保证金融社会工作者的职业素养、工作水准和行业信誉度，对于金融社会工作者的认证要标准从高、程序从严、过程从紧。

标准从高就是除了要对金融从业人员的学历和培训经历严格把关，还要求其必须至少具备社会工作者和金融从业人员的双重资格。

程序从严就是要保证严格的资格认证程序，除了考试考核之外，还必须设置机构担保、工作时长和接受督导的时长等要求。机构担保是保证金融社会工作者能获得机构的支持，尤其是在服务出现问题时，相应的风险由机构进行兜底；工作时长是为了确保金融社会工作者至少具有一定的工作经验；接受督导的时长是为了确保金融社会工作者能够得到相关的指导，能够不断对其服务案例进行反思，并学习新的知识、方法和技巧。

过程从紧是要加强金融社会工作者服务过程的管理，将其服务质量与职业资格挂钩。金融社会工作者必须向所在机构以及行业协会提交过程材料以备审核；金融社会工作者参与的项目要接受更为严格的评估；所在机构和行业协会要及时收集服务对象在服务完成之后的反馈和评价。

（二）金融社会工作认证的经验

美国全国社会工作者协会已经开展了金融社会工作认证，于 2013 年批准了 20 家拥有认证资格的机构，这些机构可以对学员进行培训后经考核认证金融社会工作者的资格。美国全国社会工作者协会全程监督认证过程，并且保留最终审核权。金融社会工作的创始人沃尔夫森创建的金融社会工作中心就是其中一家机构。金融社会工作中心为学员开设六个月的培训课程，完成课程之后还要接受 20 小时的督导时长，然后在 2 周时间内完成在线考试通过之后提出认证申请。在认证中，学历和相关资格证书将与职业类别挂钩。例如，认证为金融社会工作者必须拥有博士或者硕士学位，认证为金融社会工作顾问必须拥有咨询资格证或心理学学位。拥有其他学位的毕业生能够认证为金融社会工作教育者/督导。

♻ 基本概念

金融社会工作专业教育　金融社会工作认证

♻ 本章要点

金融社会工作专业教育是指在正式的国民教育体系的高等教育序列（如大学、科研院所、职业院校等）中开设金融社会工作专业，或者其他学科（如金融学、社会工作）中开设金融社会工作专门化方向，通过对学生进行金融社会工作课程体系的教育，使之能够全面掌握金融社会工作的理论和实务技能，从而培养金融社会工作专业人才的过程。

金融社会工作专业教育的必要性体现在：（1）履行金融社会工作人才培养职能的需要；（2）履行金融社会工作科学研究职能的需要；（3）履行金融社会工作服务社会职能的需要；（4）履行金融社会工作文化传承和创新职能的需要；（5）促进金融社会工作专业发展的需要；（6）满足金融社会工作职业化发展的需要。

根据社会科学专业教育的以往经验，金融社会工作专业教育模式可以采取在社会工作专业或者金融学专业中设置金融社会工作方向，也可以专门设置独立的金融社会工作专业。

金融社会工作培训就是对在职的金融社会工作者进行再教育，使之能够继续学习新知识、新理论和新技能，不断提高服务质量的过程。培训是社会工作专业制度中的重要环节，对金融社会工作者非常重要。

　　金融社会工作认证就是社会工作主管部门、行业协会或者获得授权的机构对金融社会工作者的执行资格进行考核与认定的过程。为了保证金融社会工作者的职业素养、工作水准和行业信誉度，对于金融社会工作者的认证要标准从高、程序从严、过程从紧。

🔄 复习思考题

　　1. 简述金融社会工作专业教育的必要性。

　　2. 简述金融社会工作认证的重要性。

　　3. 论述建设金融社会工作交叉学科的可行性。

🔄 推荐阅读

　　1. 王思斌主编：《社会工作概论》（第三版），高等教育出版社 2014 年版。

　　2. ［美］O. 威廉·法利、拉里·L. 史密斯、斯科特·W. 博伊尔著，隋玉杰等译：《社会工作概论》（第 11 版），中国人民大学出版社 2010 年版。

参考文献

一、中文著作

[1] 邓锁等主编：《资产建设：亚洲的策略与创新》，北京大学出版社 2014 年版。

[2] 何雪松著：《社会工作理论》（第二版），格致出版社、上海人民出版社 2017 年版。

[3] 黄达、张杰编著：《金融学》（第五版），中国人民大学出版社 2020 年版。

[4] 焦瑾璞著：《普惠金融导论》，中国金融出版社 2019 年版。

[5] 李建军、罗明雄主编：《互联网金融》，高等教育出版社 2018 年版。

[6] 李健主编：《金融学》（第三版），高等教育出版社 2018 年版。

[7] 刘世定编著：《经济社会学》，北京大学出版社 2011 年版。

[8] 田明著：《中级会计实务》，中国物价出版社 2014 年版。

[9] 王思斌主编：《社会工作概论》（第三版），高等教育出版社 2014 年版。

[10] 谢平、邹传伟、刘海二著：《互联网金融手册》，中国人民大学出版社 2014 年版。

[11] 张亦春、郑振龙、林海主编：《金融市场学》（第 5 版），高等教育出版社 2017 年版。

[12] 郑杭生主编：《社会学概论新修》（第三版），中国人民大学出版社 2003 年版。

[13] 《中国大百科全书·社会学卷》，中国大百科全书出版社 1991 年版。

[14] 周建松、章金萍编著：《中国金融文化》，高等教育出版社 2017 年版。

二、中文译著

[1] ［德］乌尔里希·贝克著，张文杰、何博闻译：《风险社会：新的社会性之路》，译林出版社 2018 年版。

[2] ［法］阿比吉特·班纳吉、［印］埃斯特·迪弗洛著，景芳译：《贫穷的本质》，中信出版社 2013 年版。

[3] ［美］O. 威廉·法利、拉里·L. 史密斯、斯科特·W. 博伊尔著，隋玉杰等译：《社会工作概论》（第 11 版），中国人民大学出版社 2010 年版。

[4] ［美］戴安娜·M. 迪尼托著，杨伟民译：《社会福利：政治与公共政策》（第

七版），中国人民大学出版社 2016 年版。

［5］［美］戴维·罗伊斯、布鲁斯·A. 赛义、德博拉·K. 帕吉特著，王海霞、王海洁译：《项目评估：循证方法导论》（第六版），中国人民大学出版社 2018 年版。

［6］［美］弗朗西斯·福山著，李宛蓉译：《信任：社会道德与繁荣的创造》，远方出版社 1998 年版。

［7］［美］玛丽·里士满著，刘振主译：《社会诊断》，华东理工大学出版社 2018 年版。

［8］［美］迈克尔·谢若登著，高鉴国译：《资产与穷人》，商务印书馆 2005 年版。

［9］［英］安东尼·吉登斯著，赵旭东等译：《社会学》（第 4 版），北京大学出版社 2003 年版。

三、中文期刊

［1］方舒、兰思汗：《金融社会工作的本质特征与实践框架》，载于《社会建设》2019 年第 4 期。

［2］黄进、方舒、周晓春：《美国社会工作专业的思考和探索》，载于《社会工作与管理》2020 年第 2 期。

［3］黄修民：《由韩国住房金融制度看中国公积金制度的改革和完善》，载于《经济与管理研究》2010 年第 3 期。

［4］李迎生：《新时代发展金融社会工作的意义及其路径》，载于《社会建设》2019 年第 4 期。

［5］梁力军、陈晓华：《金融文化》，载于《财经界》2019 年第 10 期。

四、外文文献

［1］Allianz Research, "Allianz Global Wealth Report 2021", 2021, 10 (7), P11, https：//www. allianz. com/content/dam/onemarketing/azcom/Allianz_com/economic-research/publications/specials/en/2021/october/2021_10_07_Global-Wealth-Report. pdf.

［2］CGAP, "Access For All：Building Inclusive Financial Systems," The World Bank, 2006, P13 - 14, https：//openknowledge. worldbank. org/bitstream/handle/10986/6973/350310REV0Access0for0All01OFFICIAL0USE1. pdf? sequence = 1&isAllowed = y.

［3］Consumer Financial Protection Bureau, "CFPB Financial Well-Being Scale", May 2017, www. consumerfinance. gov.

［4］Grinnell R. M. & Unrau Y. A. (Eds), "Social Work Research and Evaluation (8th ed.)", New York：Oxford University Press, 2008.

［5］Ian and Holliday, "Productivist Welfare Capitalism：Social Policy in East Asia", Political Studies, 2000, 48 (4).

［6］Kepmpson E. and Whyley C. , "Kept Out or Opted Out? Understanding and Combating Financial Exclusion", Bristol：Policy Press, 1999.

［7］Key Stone Research Corporation, "Financial Social Work：An Evaluation of Its Effectiveness in Changing Financial Behaviors and Improving Self-Sufficiency", April 2015, https：//financialsocialwork. com.

［8］Leyshon A. and Thrift N. , "The Restructuring of the UK Financial Services Industry in the 1990s：A Reversal of Fortune?", Journal of Rural Studies, 1993, 9（3）, P 223－241.

［9］Margaret S. Sherraden and Jin Huang, "Financial Social Work", Encyclopedia of Social Work, National Association of Social Workers and Oxford University Press USA, 2019.

［10］Reeta Wolfson, "Financial Social Work：What It Is, What It Does, Why It Matters in All Economic Times", Center for Financial Social Work.

［11］Reeta Wolfson, "Financial Wellness in the Workplace：A Mental Health and Bottom Line Issue", Center for Financial Social Work, https：//financialsocialwork. com.

［12］Solomon B. , "Black Empowerment：Social Work in Oppressed Community", Columbia University Press, 1976.

［13］S. G. Beverly, W. Elliott, M. Sherraden, "Child Development Accounts and College Success：Accounts, Assets, Expectations, and Achievements", CSD Perspective, Center for Social Development, St. Louis, Washington University, 2013.

［14］Toni Fitzpatrick, "A Post-Productivist Future for Social Democracy?", Social Policy and Society, 2004, 3（3）.

［15］Tripodi T. , "Program evaluation", in A. Minahan（Ed. ）, Encyclopedia of Social Work, Silver Spring, MD：National Association of Social Workers.

［16］Walter A. , "Friedlander, Introduction to Social Welfare（2nd ed. ）", Englewood Cliffs, NJ：Prentice Hall, 1961.

［17］World Bank, "Banking the Poor：Measuring Banking Access in 54 Economies," The World Bank, https：//openknowledge. worldbank. org/bitstream/handle/10986/13804/69961Banking0The0Poor. pdf? sequence = 1&isAllowed = y.

五、互联网资料

［1］国家统计局官方网站：《中华人民共和国 2021 年国民经济和社会发展统计公报》, http：//www. stats. gov. cn/tjsj/zxfb/202202/t20220227_1827960. html.

［2］世界银行、中国人民银行：《全球视野下的中国普惠金融：实践、经验与挑战》, 中国人民银行网站, http：//www. pbc. gov. cn/jingrxfqy/145720/3364077/3482997/2018021217010339459. pdf。

［3］香港大学社会工作及社会行政学系、政策二十一有限公司：《"儿童发展基金"计划参加者较长远发展研究》, 香港劳工及福利局官方网站, https：//www. cdf. gov. hk/sc/resources/download/download_ area. html.

［4］香港理工大学应用社会科学系：《"儿童发展基金"先导计划评估研究报告》, 香港劳工及福利局官方网站, https：//www. cdf. gov. hk/sc/resources/download/download_ area. html.

［5］香港理工大学应用社会科学系所:《"儿童发展基金"计划参加者的长远发展跟进研究》。香港劳工及福利局官方网站,https://www.cdf.gov.hk/sc/resources/download/download_area.html.

［6］中国人民银行G20杭州峰会财金渠道重要成果文件:《G20普惠金融指标体系》,http://www.pbc.gov.cn/goutongjiaoliu/113456/113469/3142307/2016091419074474029.pdf.

［7］中国人民银行G20杭州峰会财金渠道重要成果文件:《G20数字普惠金融高级原则》,http://www.pbc.gov.cn/goutongjiaoliu/113456/113469/3142307/2016091419074418496.pdf.

［8］中国人民银行官方数据,http://www.pbc.gov.cn/goutongjiaoliu/113456/113469/4238459/index.html.

［9］中华人民共和国国务院新闻办公室:《2014年美国的人权记录》,http://www.scio.gov.cn/m/xwfbh/xwbfbh/wqfbh/33978/34309/xgzc34315/Document/1471828/1471828.htm.

［10］中华人民共和国中央人民政府:《促进租购并举 扩大制度惠及面——我国建立住房公积金制度30周年综述》,http://www.gov.cn/xinwen/2021-11/30/content_5654889.htm.

［11］中华人民共和国中央人民政府网:《国务院关于印发推进普惠金融发展规划(2016-2020年)的通知》,http://www.gov.cn/zhengce/content/2016-01/15/content_10602.htm.

［12］中华人民共和国中央人民政府网站:《乡村振兴战略规划(2018-2022年)》,http://www.gov.cn/zhengce/2018-09/26/content_5325534.htm.

后　记

　　金融社会工作是国内外社会工作界都非常关注的一个新的学科增长点。在 2018 年调入江西财经大学人文学院社会学系工作之后，我开始接触到金融社会工作方面的信息，并组织研究生翻译和研读国外的最新文献。2019 年，我系社会工作本科专业开始谋划向金融社会工作方向转型，同时在社会工作硕士（MSW）培养中增加金融社会工作研究方向。年底，学院确定在 MSW 课程体系中加入"金融社会工作研究"。我自告奋勇承担了这项教学科研任务，经过几个月不分昼夜的奋战，终于梳理了金融社会工作的理论脉络，制定了基本的教学大纲。2020 年上半年，正是新冠疫情肆虐全球之时，MSW 的"金融社会工作研究"课程在线上开课。由于是门全新的课程，选课人数不多，恰好给了我们利用研究生课程的开放性和探索性进行理论前沿探讨的机会。参与探讨的研究生有张美玲、禹亦凡、唐丽婷、陈诗璇、冀佳佳、袁亦子等同学，他们提交的课程作业给了我很大的启发。2020 年暑期，我参加了由美国华盛顿大学圣路易斯分校和复旦大学联合举办的"社会治理与社会工作"暑期课程班，从顾东辉、郭申阳、黄进等老师的课程中受益匪浅，加深了对金融社会工作内涵的理解。

　　教材编写是课程建设和学科建设的重要基础之一。2020 年第一期金融社会工作课程结束之后，我就开始整理金融社会工作的教案，很快编写出了教材初稿。虽然时任学院领导尹忠海院长、杨尚勇书记经常鼓励我早日将书稿出版，但是我自觉成稿时间比较仓促，需要不断进行打磨，接受理论更新和实践检验。2020 年夏，我有幸结识了南昌市金融办负责金融事务的夏雯、杨国良等同志，与他们在金融社会工作实务方面的探讨进一步丰富了我对金融社会工作的认知。此后，经过 2021 年、2022 年连续两年"金融社会工作研究"课程的再检验，我终于可以在多次修改书稿的基础上诚惶诚恐地拿出这本金融社会工作的定稿。感谢经济科学出版社愿意冒着"风险"接受这本说不上成熟、还需要继续检验的粗鄙书作，尤其是责任编辑顾瑞兰老师在书稿编辑工作中付出的辛勤努力。

　　衷心感谢中国社会工作教育协会金融社会工作专业委员会副理事长、江西财经大学人文学院院长蒋国河教授和江西财经大学学科创新团队"当代中国经济社会学范式创新研究"项目主持人梁波教授等同仁一直以来对金融社会工作教材编写工作的支持、指导和督促，国家一流专业建设点"社会工作"为本书的出版提供了资助。另外，本书也得到了本人主持的 2020 年度国家社会科学基金一般项目"拉丁美洲社会学理论本土化及其启示研究"（项目编号：20BSH004）的经费支持，可以视为该项目的阶段性成果。

"万丈高楼平地起，一砖一瓦皆根基。"本书的问世绝不是我一个人的功劳，而是凝结了领导、学生、同仁、编辑等众人智慧的结晶。我要向他们表示由衷的感谢！由于能力所限，这本金融社会工作教材可能存在许多思考不够深入甚至疏漏之处，恳请读者不吝赐教。

愿金融社会工作未来可期，为促进金融市场的稳定和金融福祉的改善作出更大的贡献。

唐　俊

2022 年 8 月